옛 길을 걷다

옛 길을 걷다

초판 1쇄 인쇄 | 2010년 2월 10일
초판 1쇄 발행 | 2010년 2월 17일

지은이 | 신광철
발행인 | 이인구
편집인 | 손정미
디자인 | 眞鳥
표지디자인 | 서각가 정민영
인쇄 | 영프린팅
펴낸곳 | 한문화사
주소 | 경기도 김포시 고촌면 풍곡2리 237-3
내용문의 | 070-8269-0860
구입문의 | 070-8269-0860
팩스 | 031-913-0867
전자우편 | hanok21@naver.com

등록 2010년01월13일 제410-2010-000002호
ISBN 978-89-963836-0-4 03980

가격 15,000원

_ 이 책은 한문화사가 저작권자와의 계약에 따라 발행한 것이므로
  이 책의 내용을 이용하시려면 반드시 저자와 본사의 서면동의를 받아야 합니다.
_ 잘못된 책은 구입처에서 바꾸어 드립니다.

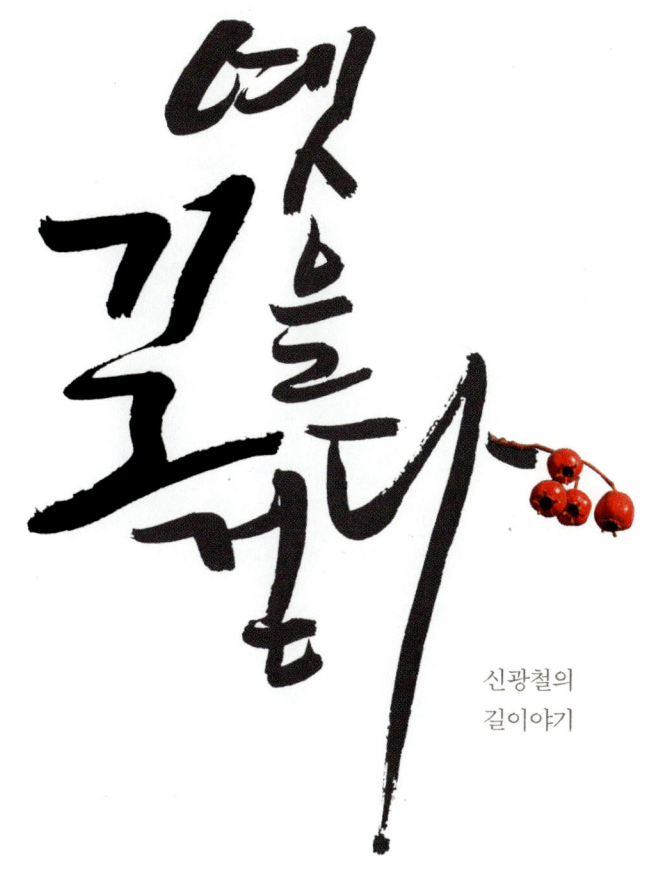

옛 길을 걷다

신광철의
길이야기

한문화사

목차

🍃 한국의 길

🍃 전통마을길
돌담 밑에는 이름 모를 들꽃이 피어 있는데 하늘의 마음을 읽기라도 한 듯 고운 길

아산 외암리마을 _14
무주 지전마을 _31
익산 함라마을 _46
성주 한개마을 _59
안동 하회마을 _75
대구 옻골마을 _90
경주 양동마을 _104

🍃 역사가 있는 길
역사가 흐르고 철학이 잠방거리는 길을 따라가다

선암사 길 _120
내소사 길 _136
향일암 오르는 길 _150

북촌 길 _164
문경새재 길 _178
다산초당에서 백련사 가는 길 _193
수원화성 길 _208
창덕궁 후원 길 _223
소쇄원 길 _239

🍃 걷고 싶은 길
웃음을 데리고 따라오기도 하고, 눈물을 데리고 찾아오기도 하는 바람이 향기로운 길을 가다

다랭이마을 _256
주왕산 내원동 길 _272
광양 청매실 마을 _288
삼척 굴피집 길 _303
퇴계 오솔길(녀던길) _319
울진 금강송 군락지 길 _334

한국의 길
바람이 불어오고 바람이 불어가고, 강물이 흘러오고 강물이 흘러가고

　인도의 갠지스 강을 배로 거슬러 올라가며 화장터에서 사람을 태우는 의식을 보았습니다. 장작더미 위에서 한 사람의 인생이 불로 사라지더군요. 그래도 뜨겁게 사라져서 다행이었습니다. 열정으로 산 인생이었겠지요. 하지만 갠지스 강 위로 불어가는 바람은 내게는 왠지 서늘했습니다. 남미 볼리비아의 거친 산을 넘어가면서 풀만 겨우 자라는 척박하기 이를 데 없는 곳에서 양떼를 몰고 다니다 식은 음식을 꺼내 먹고 있는 인디오들을 보았습니다. 진흙으로 지은 집들은 빗물에 젖어 무너지고 있었습니다. 차고 거친 바람이 불어가더군요. 띠띠까까 호수를 뗏목배로 건널 때에는 살아있음이 바람 같았습니다. 인디오들의 수도였던 페루의 쿠스코에서는 비가 내리는 날에도 우산을 쓴 사람들이 보이지 않았습니다. 얼굴에 웃음도 슬픔도 담지 않은 담담한 표정으로 보도 위를 걸어가고 있었습니다. 그들은 당당해 보였습니다. 그곳에서도 바람은 불더군요.
　저는 지금 네팔의 카트만두에서 만났던 풍경들이 다시 보고 싶습니다. 산악국인 네팔의 산은 높았습니다. 높은 바람이 불어가고 있었습니다. 어디에나 바람은 불고 있었습니다. 사람 사는 마을에는 쉬지 않고 바람이 불어오고 불어갔습니다. 바람 속에서 걷는 바람과 같은 여행이었습니다. 그 바람 부는 세상에서 만난 사람들은 강인한 삶을 일구어 가고 있었습니다. 저는 그들이 부러웠습니다. 황량한 곳에서 견디어내는 굳센 구릿빛 얼굴이 그랬습니다.

저는 왜 오지에서 만났던 사람과 풍경들이 그리워지는지 모르겠습니다. 부유하고 안락한 나라의 도시와 시골보다 가난하고 척박한 곳에서 생을 엮어가고 있던 사람들이 다시 보고 싶습니다. 힘든 환경에서 열정적으로 살아가는 반짝이는 눈이 그리워집니다.

힘들었던 여행에서 돌아와 조국, 한국의 산하를 걸었습니다. 우리의 산과 들과 사람에게는 특별함이 있습니다. 한국인 특유의 고소한 맛이 납니다. 단맛이 납니다. 자신이 태어나고 자란 곳에서 느끼는 자궁 안의 안락 같은 것인지도 모르지요. 여행지에서 허전한 바람이 불었던 가슴에는 흐뭇한 미소 같은 꽃이 피어나는 것을 느끼고는 했습니다. 태초의 편안함 같은 것인지도 모릅니다. 우리가 가진 삶의 안팎 풍경은 참 아기자기하고 살뜰한 열정을 가지고 있었습니다. 무엇보다 가슴 안에 도는 피는 뜨거운 그 무엇이 있었습니다. 그것은 자연을 받아들이는 우리의 태도였습니다. 참 맛깔스러운 것이었지요. 능청스럽게 하늘을 끌어안고 강물을 받아들이고 있었습니다. 한국미의 으뜸은 자연미였습니다. 우리의 전통마을에서 만났던 돌담과 한옥의 천연덕스러운 멋은 어디에 내어 놓아도 넉넉한 행복일 거라고 생각했습니다. 한국미의 특별함을 우리보다 밖에서 먼저 알고 찾아오고 있습니다.

인생의 고비를 다 겪은 길이 산허리를 끌어안고 휘어져 돌아가고, 언덕을 오르고 내리며 들꽃을 안은 풍경을 보았습니다. 들풀이 피어 있는 그곳에도 바람은 불더군요. 나풀거리며 꽃대를 세워 길을 배웅하고 있었습니다. 풍경을 바라보는 나그네는 더없이 고운 꿈을 꾸고 싶었습니다. 인생이 꿈이라는데 그보다 더 깊은 꿈을 꾸고 싶었습니다. 몽환이어도 괜찮을 거라고 생각했습니다. 우리의 길은 아지랑이가 피어오르는 봄이나 뜨거운 열기로 몸을 달구는 여름이나 낙엽이 굴러가는 가을, 다 아름다웠습니다. 그리고 길에서 길을 잃을 걱정으로 살아가는 사람들도 있었지만 각자의 생을 보듬어 안고는 제 길을 가고 있었습니다. 사람의 몸에는 길이 들어 있습니다. 산다는 건 자신 안에 있는 길을 풀어놓으며 가는 것이지요. 거미가 실을 뽑아 허공에 길을 만들듯이 사람도 자신 안에 있는 길을 내어놓으며 살아가는 것이었습니다. 어느 인생도 다른 어느 인생에 충고할 수 없음을 보았습니다. 인생의 무게는 같은 무게였거든요. 서울역 앞을 서성이는 노숙자의 인생이나 다국적 기업을 이끄는 인생이 다르지 않은 무게였습니다. 비행기로 세상을 빠르게 가는 사람이나 소가 끄는 달구지를 타고 가는 농부의 인생은 다르지 않았습니다. 같은 등위의 등고선에 있었습니다. 같은 무게로 형평을 이루고 있었습니다. 소가 끄는 달구지를 타고 가는 농부의 등 위로 따스한 바람이 불어가고 있었습니다. 겨울이 오겠지만 걱정할 일 아닙니다. 겨울을 건너야 봄이 오는 것을 먼저 아는 농부는 웃고 있었습니다. 아주 넉넉한 웃음을 얼굴 가득 담고 있었습니다.

우리의 산과 강은 사람을 넉넉하게 안아주고 따뜻한 아랫목처럼 몸을 덥혀주었습니다. 포근하지요. 젊은 날에는 하루 종일 걷다가 산길에서는 산기슭에서, 들길에서는 풀숲에서 대자로 누워 자고는 했습니다. 피곤한 생에 대한 애착이 없었음에도 왜 그리 떠돌아다녔는지 모르겠습니다. 자다가 깨어나면 다시 걷곤 했지요. 마을을 못 만나면 굶기도 했고, 이름 없는 마을과 산으로 들어가 지칠 때까지 걷기만 한 적이 여러 날 있었습니다. 지금도 기억에 남는 곳 하나는 대전역 광장입니다. 아스팔트 광장에서 한여름날 신문지를 깔고 덮고 자는데 구두 발자국 소리가 저벅거리며 제 옆으로 지나갔습니다. 소리가 들리는데도 좋더군요. 깊은 잠에 들었습니다. 아침이 올 때까지 구들장처럼 따뜻했습니다. 대접을 받은 기분이었습니다. 눈을 부비고 일어나 다시 다른 행선지를 찾았습니다. 지금도 대전역 광장을 지날 때면 그날의 온기어린 길바닥이 준 고마움을 되새기곤 합니다. 여행을 편안하게 하는 것은 가공식품을 먹는 것과 같습니다. 저는 여행을 하면서 목적지를 정해 놓고 다니지 않는 버릇이 있습니다. 그날 마음이 시키는 대로 떠나는 것이 전부였습니다. 휴대전화 없이 세상을 살고, 우산 없이 세상을 살아가는 제게는 그렇게 바람처럼 떠돌아다니는 것이 여행 같았습니다.

여행을 하려면 혼자 하고 거친 것을 받아들이는 마음이 중요합니다. 여행지에서 야영을 하면 더욱 좋고, 적어도 민박을 하는 것이 기억에 남습니다. 젊은 날에 여행을 할 때면 늘 텐트를 지고 다녔지요. 마음이 내키는 곳에 텐트를 치고 혼자 밤을 맞으면 적막과 고요와 직접 만나게 됩니다. 모든 생각이 자신 안에서 용광로처럼 끓기도 하고 고요해지기도 하지요. 어둠이 깊다는 말을 실감하게 됩니다. 하늘엔 별이 쏟아질 듯 가득합니다. 새소리만 멀리 또 가깝게 들려옵니다. 등불 하나에 의지하고 있다가 잠이 오면 그 등불마저 끄고 잠 속으로 빠져드는 게지요. 지치고 나른한 몸은 잠잘 때만큼은 축복입니다. 한여름날 소나기처럼 잠이 밀려오는 것을 받아들이면 벌써 아침이 옵니다.

진정 자신을 사랑하는 사람이라면 세상을 밝히려고 등불을 켜지 마시고 자신 안에 등불을 켜야 합니다. 그리고 고난을 피하려 하지 말고 받아들이는 순간 자신 안에 있던 샘에서 샘물이 솟아오릅니다. 열정도 되살아납니다. 고난이 없다면 인생도 밋밋했겠지요. 피할 수 없다면 온몸으로 받아들여야지요. 농부가 끌고 가는 달구지에서 짐을 내려놓으면 무엇으로 살겠습니까. 아침 출근길에 들고 가는 가방 안에 들어 있는 짐이 살아가는 힘이지요. 인생은 짐 진 자들에게 복이 오는 것이더군요. 할 일이 없다는 것만큼 지루하고 힘든 일은 없습니다. 목적이 없는 것만큼 크게 길을 잃어버리는 것은 없습니다.

길은 길을 부르며 떠나갔습니다. 저는 그 길을 따라 여행을 했습니다. 아름다운 길, 역사적인 길, 그리고 원형적인 길에서 많은 생각을 했습니다. 산다는 일은 분명 쉽지 않은 여정이지만 살아내는 일은 위대한 일이었습니다. 아름다운 일이기도 했습니다. 다시 저는 짐을 꾸리겠지만 돌아오기 위해 떠나는 것이니 가벼운 마음입니다. 여행은 분명 돌아오기 위해 떠나는 것이었습니다. 여행의 최종 목적지는 결국 출발지점이었습니다. 바람과 함께 다시 떠나가고, 바람과 함께 다시 돌아오겠지요. '길'이란 글 하나 내려놓아 봅니다. 아울러 책을 만들고 사진을 찍기 위해 현장을 함께한 이인구 사장님께 감사를 드립니다.

사람 속에는 길이 하나씩 들어 있다

바람이 막 지나는 길목에
실을 뽑아 거미줄을 치는 거미처럼
사람은 몸 속에
숨겨놓았던 길을
뽑아내 길을 만든다

사람은 길을 잃을 수가 없다
어느 길을 선택해 가더라도
내 몸 속에 있던 길이다

신광철의 '길'

먹은 것이 없음에도 체증이 생기는 걸 경험하게 됩니다. 체증을 내려가게 하는 것도 실은 아주 사소해 보이는 교감에서 오더군요. 체증이 내려가고 웃음이 파안일 때가 인생에 몇 번이었을까, 살아있음을 눈물 나게 그리워한 적이 있었던가, 생각해 봅니다. 아무 말도 못하고 높아만 간 하늘에 구름이 시간을 건너는 풍경만 바라보게 되지요. 진정 나는 나를 사랑했는가에 대하여 대답하기 막막했기 때문이었습니다. 굽은 허리 이끌며 돌담을 돌아가는 한개마을의 길도, 성주의 왕자의 태실을 따라 올라간 계단길도, 그리고 잉카의 하늘 밑에 난 길과 갠지스 강을 거슬러 올라간 뱃길마저도 아무런 관련 없이 독립된 듯해도 모두 만나고 있었습니다. 지상의 길들은 모두 실핏줄처럼 길을 통해 하나로 만나고 있었습니다. 길은 소통이었습니다. 하나의 고리처럼 이어져 있었습니다. 산다는 건 누군가와 다르게 걸어온 길을 어느 순간 공유하는 것인지도 모릅니다. 길이 그랬습니다. 소통을 통해서 공유하는 공감의 서사였습니다. 사람 사는 세상에서 가장 큰 마무리는 공감이더군요.

길이 부르면 다시 떠나야지요. 하늘 아래 바람이 있고, 바람 아래 사람이 살고 있었습니다. 길을 따라 걷다 보면 서성이던 눈물을 만나기도 하고, 살아온 삶에 대한 참회와도 만나지요. 길이 끊어진 곳에서 다시 길은 만들어지고, 길이 사라진 곳에 누군가 다시 길을 내고 있습니다. 삶은 산 사람들이 길을 여는 축제였습니다. 고난은 주저앉으라고 있는 것이 아니라 축제이게 하기 위해서 만들어놓은 장애물 같은 거였지요. 우리가 80살을 살아야 3만일 정도를 사는 것인데, 같은 오늘이란 날로 살거든요. 질리지요. 지루하고. 그러기에 극복하는 재미로 살라고 마련해 놓은 것이 고난이거든요. 아니라고요, 그럼 말고요.

길은 정주한 자들의 집과도, 떠도는 유목민의 게르와도 만나고 있었습니다. 수렵의 원시세계에 난 길도 문명의 도시에 다듬어진 포장도로와 만나고 있었습니다. 독립과 인과는 하나의 길에서 만나고 헤어지고 있었습니다. 길을 잃어야 천국을 만날 수 있다는 말, 남기고 갑니다.

2010년 정월 파주 통일동산에서 신광철

전통마을 길

돌담 밑에는 이름 모를 들꽃이
피어 있는데 하늘의 마음을 읽기라도
한 듯 고운 길

아산 외암리마을 _14
무주 지전마을 _31
익산 함라마을 _46
성주 한개마을 _59
안동 하회마을 _75
대구 옻골마을 _90
경주 양동마을 _104

아산 외암리 마을

외암마을은 돌담과 물이라는 이중주 위에 사람이 터전을 이룬 아름다운 마을

외암리는 물의 마을입니다. 돌담이 아름다운 마을이라 찾았지만 돌담이 주는 아름다움 외에 또 다른 아름다움은 물과 마을의 만남이었습니다. 흐르는 것 중에 큰 가슴 아닌 것이 없지만 물만한 가슴도 없습니다. 투명하면서도 사물을 비추는 그 특이성 때문에 물은 신비하지요. 흐르면서도 정지된 것처럼 하나로 연결된 존재이기도 해서 물은 신성을 증폭시킵니다. 그 흐르는 특성 하나로 산이나 들에서 출발한 물과 바다에 도착하고 있는 물은 거리를 극복하고 하나로 연결된 현재성의 기반 위에 있게 됩니다. 그러한 물의 특성을 마을에 들인 곳이 아산 외암마을입니다. 외암마을은 물의 관리를 자연의 원리에 따르고 있었습니다. 물을 품어 안고 또한 내보내는 마음의 품이 곱습니다. 곱다 못해 살갑더군요. 마음의 뜰 안쪽을 흘러가는 따뜻한 피 같았습니다. 집마다 물을 끌어들여 시내를 만들었는데 담장 밑을 일부 열어 물문을 만들었습니다. 물에게도 대우를 하는 마음의 품새가 그윽하기만 합니다. 여름에는 물을 안으로 들여 마당을 천천히 흐르며 휘어 돌다 나가게 하고, 겨울에는 물을 막아 집 밖으로 흐르게 하여 습도와 냉기를 조절합니다. 돌담 밑을 흘러가는 물과 마을에 사는 사람들의 정한을 때론 보듬고 때론 씻어내 주었습니다.

외암마을은 양반댁과 상민들의 거주가 한 마을 안에서 만나 때로는 어우러지고 때로는 위계의 조화를 만들어내고 있습니다. 양반마을의 질서가 남아있는 전통마을입니다. 외암마을은 충남 아산시 송악면 외암리로 오양골이라 불리는 마을이지요. 외암마을과 인접한 송악면 역촌리는 마을 이름답게 시흥역이 있었습니다. 외암마을은 그 역의 말을 거두어 먹이던 곳이라 하여 오양골이라 불립니다. 마을 사람들이 소를 먹이고 관리하는 일로 생업을 삼았던 듯싶습니다. 오양이란 외양의 사투리지요. 외양간이란 소와 말을 키우는 곳을 말하는데 오양간이라고도 합니다. 그 오양에서 연유한 이름이 오양골입니다.

마을 이름을 지칭하는 외암外巖은 마을 입구에서 뒤편으로 보이는 설화산에 우뚝 솟은 커다란 바위에서 비롯되었습니다. 외암마을은 설화산을 주산으로 하고 남서쪽에 위치한 봉수산을 조산으로 하는 자리에 있습니다. 중간에 위치한 면잠산이 마을의 안산입니다. 면잠산은 잠자는 누에와 같은 모양을 하고 있다하여 면잠산眠蠶山이라합니다. 마을 사람들은 면적산이라고 합

외암리 마을은 선이 곱다. 버선코 모양으로 살짝 들어 더 곱다. 유연한 곡선과 물을 들여놓은 마을이다.

니다. 마을 뒤편에 있는 설화산 너머에는 고려 말에 최영 장군이 맹사성에게 물려주었다는 맹씨행단이 있습니다. 우리나라에서 현존하는 가장 오래된 민가라고 합니다. 맹사성이 심은 600여 년 된 은행나무와 고택이 있습니다. 거대한 은행나무가 있어서 행단이라 부른 것으로 추정하나, 공부하던 자리의 의미인 행단이 된 것으로도 추정됩니다.

외암마을은 양반과 상민이 한데 어우러져 삶을 만들어가던 모습이 아직도 남아있습니다. 솟을대문이 그대로 보존되어 있기도 하고, 초가집도 복원되어 있습니다. 민초들의 집인 초가집과 돌기와집. 솟을대문과 높은 담장이 보여주는 양반집이 하늘 아래 함께여서 아름답습니다. 이미 사라진 양반과 상민이 늦은 여름 하늘 아래에서 공존의 어깨를 나란히 하고 있습니다. 외암마을의 가장 아름다운 점은 누가 뭐래도 돌담장입니다. 사람의 삶만큼이나 적당히 휘어지고 때론 곧은길을 드러내기도 합니다. 친근함과 엄격함이 적당히 버무려진 골목길로 이어져 있습니다.

양반 규수댁의 담장도 그리 높지 않습니다. 어느 길도 길의 끝을 보여주지 않지요. 인생의 의미를 알 것만 같은 순간에 자신의 꼬리를 잘라내는 도마뱀처럼 외암마을에서는 길이 처음 시작되는 곳에서 길이 끝나는 곳을 볼 수가 없습니다. 어느새 휘어지고 다른 영역을 표시하는 담장이 허리를 쑥 내밀어 시선을 막고 있습니다. 담장은 한때 힘을 자랑하던 양반집도 일직선으로 되어 있지 않습니다. 담장은 옆집과 영역을 주고받으며 들어가고 나온 자연스런 지형을 받아들이고 있습니다. 육지와 바다가 들쑥날쑥하고, 산과 물이 휘어져 몸을 섞고, 들과 강이 서로 몸을 끌어안으며 존재하듯이 한국의 집들과 길은 직선과 독점을 슬며시 밀어내고 있었습니다. 우리의 심성에는 경직된 직선과 혼자만이 전체를 가지려는 것을 거부하고 있었습니다. 사람은 자연의 일부이자 자연이라는 의식이 깊게 자리하고 있어 인위적인 마을이지만 인위만을 고집하지 않습니다. 한국인의 심성에는 늘 자연을 담고 있음을 외암마을에서도 다시 한 번 확인하게 됩니다. 한국인의 마음 안에는 하늘이 들어 있습니다. 인위는 잠시며 자연은 영원하다는 의식이 어디에나 배어 있습니다. 아직도 한여름 밤에 깔아놓은 멍석에 앉아 쪄 내온 감자와 고구마를 나누어 먹고, 옥수수를 나누며 정담을 이어가던 정취를 안고 살고 있는 것이 전통마을의 일부 남은 풍속입니다.

외암리 마을을 들어서면 돌담으로 이어진 마을 골목길을 만나 함께 걷게 됩니다. 돌담은 강요하지 않는 한가함과 동참을 요구하지 않는 생활풍경을 즐길 수 있습니다. 다른 재료를 쓰지 않고 돌담만으로 이루어진 마을입니다. 간혹 돌담 안에 흙을 이겨 넣어 돌담이 무너지지 않도록 한 것 외에는 돌만으로 만들어졌습니다. 외암마을의 돌담은 어느 마을의 돌담보다도 미감을 돋우고 있습니다. 마을길의 휘어짐을 받아들이고 밀고 당기는 맛이 돌담의 미적 장치를 기가 막히게 만들어 줍니다. 외암마을에서는 돌담과 물이 주고받는 나눔이 고맙고 살갑지요. 사람의 마을에 들어와 함께 어울린 돌담과 물길이 외암마을의 큰 아름다움입니다. 돌담을 끼고 도는 물길을 잘 다듬어서 더욱 길을 정감 있게 하고 있습니다. 물이 집으로 들어오는 곳에 문을 만들어 물의 양을 조절하거나 물을 차단하여 외부로 흘러가게 하는 장치를 만들었습니다. 어느 마을에서도 보기 드문 장치였지요.

우리 전통마을은 물을 중요하게 여겼습니다. 하지만, 외암마을에서처럼 물을 집안으로 끌어들여 흐르게 하는 방식을 쓴 경우는 드물지요. 주인의 취향에 따라 물을 집안으로 끌어들이는 경우는 있지만 마을 전체가 이러한 양식을 고루 받아들인 경우는 아주 드뭅니다. 물을 집안으로 들이는 일은 쉽게 결정할 수 있는 일이 아닙니다. 물은 득수라 하여 발복하게도 하지만 집 뒤로 흐르는 경우는 기를 차단한다 하여 금기시하기도 합니다. 이러한 복과 화를 불러오는 물을 함부로 집안으로 들여 어려움을 살 수도 있기 때문입니다. 외암마을에서는 물을 절묘하게 이용하도록 했습니다.

외암마을의 물의 원류는 설화산입니다. 설화산 계곡으로부터 출발한 물줄기가 마을 주거지의 남쪽 경계를 따라 흐르다 강당골에서 내려오는 개울과 만나 마을 입구로 흐릅니다. 외암마을 주변의 산수를 마을의 입향조인 외암 이간은 오산과 오수를 찬탄했습니다. 외암의 오산이란 설화산, 광덕산, 황산, 송악산, 면잠산이고, 외암의 오수는 용추, 인곡, 반계, 역천, 온정입니다. 여기서 용추는 강당골을, 인곡은 설화산에서 내려오는 개천, 반계는 두 개천이 합류하는 동구, 역천은 역촌리의 합수지점 그리고 온정은 온천을 말한다고 합니다.

이 물은 마을 전체를 아우르며 흐르는 물이지만 마을 안의 집집마다 끌어들여 흐르게 하는 절묘한 물의 이용을 볼 수 있습니다. 주요 양반가는 뒷산인 설화산 계곡에서 흘러내리는 시냇물을 끌어들여 인공수로로 조성하여 연못과 정원수로 이용하고 있습니다. 물을 마을의 고지대에서 저지대로 흐르게 하여 이 물을 집 안으로 끌어들여 이용하도록 했습니다. 돌담 밑에 수문을 만들어 집 안으로 들어오게 하였습니다. 집 안으로 들어온 물은 상황에 따라 이용하도록 배려되었고요. 연못에 물을 대기도 하고 여름에는 생활용수나 습도 조절용으로 사용하고 경우에 따라서는 화단에 물을 공급하는 용도로도 사용하였습니다. 물은 생활의 편의를 위해서만 사용한 것이 아니라 미적 장치로 만들어지기도 했습니다. 물을 직선으로 흐르게 하지 않고 곡선으로 휘어지게 하여 마당과 뜰 안의 미적장치로 이용하기도 했습니다.

송화댁이 그렇습니다. 우선 송화댁은 집이 아름답습니다. 문안으로 들어서는 입구는 협소하지만 들어서면 시선을 잡는 소나무가 일품입니다. 집 안에 솔밭이 있으리라고는 상상하지 못하고 들어섰다가 만나는 솔밭이 주는 기쁨이 적지 않더군요. 집 크기에 비해 소나무가 상대적으로 너무 크다는 생각이 들었지만 멋스러운 정경이 펼쳐지고 있었습니다. 집 안에 소나무 군락이 있다니 짐작이 언뜻 되지 않지요. 송화댁의 돌담 또한 일품입니다. 바깥쪽에는 밭과 만나고 밭들은 주변 산과 만나는데 돌담이 주는 곡선의 변화와 무게는 가히 최고라고 손꼽을만 합니다. 너른 마당에 야생화를 재배하고 있고 그 공간을 너른 어깨로 끌어안고 있는 돌담, 정말 곱더군요. 송화댁은 물을 잘 갈무리하고 있습니다. 꼬불꼬불하게 휘어져 흐르는 물길을 잘 다듬어 돌로 길을 만들어주었고, 더하지도 빼지도 않은 자연스러움을 받아들이려 한 순환과 수용의 물 흐름을 즐길 수 있도록 배려했습니다. 이 물은 공존의 배려 위에서만이 가능한 물의 이용이기도 했습니다. 윗집에서 물을 잘 사용하고 내려 보내야만 아랫집에서도 깨끗한 물을 사용할 수 있습니다. 하수구로 내려 보내는 구정물과 집안으로 끌어들인 물이 섞이지 않도록 해야만 아랫집에서도 사용할 수 있습니다. 공동체 의식이 잘 형성되어야 하는 물의 이용이었습니다.

우리의 경우 통행의 중심이자 심정적인 중심이 마을의 중심

외암마을은 돌담과 물이라는 이중주 위에 사람이 터전을 이룬 아름다운 마을입니다. 2000년 1월 7일 중요민속자료 제236호로 지정되었습니다. 마을은 북쪽 설화산雪華山을 주봉으로 그 남쪽 경사면에 동서로 길게 뻗어 있으며, 서쪽이 낮고 동쪽이 높은 지형 조건으로 주택은 거의 서남향 또는 남향입니다. 마을 곳곳에 냇물이 흐르며 입지가 좋고 일조량이 많으며 겨울에 북서계절풍을 막아 주는 등 지형적 이점이 있어 일찍부터 마을이 형성되었습니다. 500여 년 전에는 강씨와 목씨가 살았다고 전해지는데, 조선 명종 때 장사랑將仕郎을 지낸 이정 일가가 낙향하여 이곳에 정착하면서 예안 이씨 세거지가 되었으며 그 후손들이 번창하고 인재를 배출하여 반촌의 면모를

마을 밖에 넓은 공간이 여유롭다. 외암마을은 돌담과 물의 이중주가 독특한 마을이다.

갖추고 반가의 가옥이 생겨났습니다. 어느 일정기간 동안 진씨들이 터전을 이루고 살았는데 예안 이씨 이사종이 참봉 진한평의 장녀와 결혼하여 입향하여 조상의 묘역을 봉수산에 조성함으로써 예안 이씨들이 외암마을에 거주하게 되었습니다. 딸만 셋을 둔 진한평은 많은 재산을 가지고 있었고 이사종이 그것을 물려받음으로써 외암마을에 터전을 잡았습니다. 그 뒤 이정의 6대손이며 조선 숙종 때 학자인 이간이 설화산의 우뚝 솟은 형상을 따서 호를 외암巍巖이라 지었는데 그의 호를 따서 마을 이름도 외암이라고 불렀으며 한자만 외암外巖으로 바뀌었지요. 입향조入鄕祖 이사종의 5대손 이간이 유일遺逸로 천거됩니다. 이간은 외암마을의 상징적인 존재가 되었습니다. 유일이란 발탁되지 않고 남겨진 인물이란 뜻으로 학행과 덕행이 높은 재야의 선비를 말합니다. 이간은 또한 문정공이라는 시호를 받고 불천위로 모셔집니다. 불천위는 학문이 뛰어나거나 국가에 큰 공헌을 한 인물에 대해서 신위를 영구히 모시는데 유교사회에서는 최고의 영광으로 생각하였습니다. 이때부터 외암마을은 예안 이씨의 씨족마을로 자리 잡게 됩니다.

마을에는 조선시대 이정렬이 고종에게 하사받아 지은 아산 외암리 참판댁을 비롯해 영암댁, 송화댁, 외암종가댁, 참봉댁 등의 반가와 그 주변의 초가집들이 원형을 유지한 채 남아 있는데 전통가옥의 연구에 중요한 자료가 됩니다. 마을은 양반의 기세가 강하고 세시풍속도 농경사회와 비슷하며 느티나무제, 장승제 등을 지내고 있습니다.

한국인에게 느티나무는 정서적으로는 안정을, 기능적으로는 쉼터로 자리잡지요. 장승이 종교적인 면을 대변했다면 느티나무는 그보다는 한숨 죽인 느슨한 마음의 안정을 주는 신앙의 대상이자 친근한 휴식처가 되는 것이지요. 정담과 수다가 자연스럽게 그곳에서는 그늘을 즐기도록 장치되어 있습니다. 느티나무는 여름 공간이거든요. 외암마을에도 느티나무가 마을 중심을 조금 벗어난 길, 그래도 큰길에 속하는 곳에 자리하고 있어 마을 사람들의 안식처가 되고 있습니다. 느티나무는 한국인에게 성지와 휴식의 이중 공간이었습니다.

그리고 느티나무가 있는 곳은 마을의 중심이 됩니다. 마을을 찾아갔을 때도 인생을 많이 산 여인들이 모여 앉아 이야기를 나누고 있었습니다. 젊은 날에는 남과 여가 떨어져 있어야 했던 시절이 있었지만 이제는 어느 마을이나 남녀 구분 없이 정담을 나누고 있는 풍경을 만날 수 있습니다. 우리나라의 경우 중심이란 통행의 중심이자 정감의 중심을 마을의 중심으로 봅니다. 서양의 경우 마을 중심은 그야말로 동심원의 중앙처럼 한가운데를 말합니다. 그곳에 교회나 성당이 자리하고 있는 것을 볼 수 있습니다. 하지만 우리의 전통마을의 경우에서는 다릅니다. 중심은 심정적인 중심을 말합니다. 마을의 입구에 느티나무가 자연적으로 서 있는 경우 그곳이 마을의 중심이 됩

마을을 들어가는 입구에 작은 동산이 있다. 휴식과 마을 앞을 바라보는 관망의 공간이다.

니다. 마을을 방문하거나 사는 사람의 경우 어디를 갔다 오건 그곳을 통과해야 하거든요. 마을 입구가 중심이 되는 게지요. 마을 정자도 마찬가지로 마을의 전면에 배치됩니다. 우리의 경우는 역할이 중심을 세우는 경우를 흔히 볼 수 있습니다. 궁이나 관청의 경우는 산을 끼고 자리 잡고 있어 가장 후면에 자리합니다. 위계의 중심일 경우에는 맨 뒤에서 전면의 전체를 아우르고 지휘하는 모양새를 가지게 하거든요. 우리 전통마을이나 도시의 경우 중심은 상황에 따른 중심이 되는 것입니다. 물리적인 중앙이 아니라 역할의 수행에 따른 융통성을 가집니다. 한국인에게 중심은 그래서 자연스럽게 위치를 달리합니다. 전통마을의 경우 중심은 마을의 소식을 가장 쉽게 접할 수 있는 곳과 관망할 수 있는 곳에 자리합니다.

외암마을의 경우는 전통마을의 중심인 마을 입구에 정자와 생활의 중심인 물레방아가 자리하고 있습니다. 느티나무도 마을 입구에서 걸어서 잠깐인 멀지 않은 곳에 위치하고 있어 중심적인 역할을 수행하고 있습니다.

마을 입구에 함께 있는 장승은 또 다른 역할을 수행합니다. 친근함도 느티나무와는 다른 조금 더 신앙의 대상으로 격상됩니다. 우락부락하면서도 귀엽고, 거칠면서도 친근한 모습으로 다가옵니다. 장승은 돌로 만든 석장승과 나무로 만든 목장승이 있으며, 전국에 분포합니다. 장승의 기원에 대해서는 고대의 성기 숭배에서 나온 것, 사전寺田의 표지에서 나온 것이라는 설이 있습니다. 목장승은 솟대에서, 석장승은 선돌에서 유래한 것이라는 설이 있으나 확실한 기원은 알 수 없고 외암마을의 장승은 목장승입니다. 그 중에서도 나무를 거꾸로 뒤집어 장승을 만든 것이 이채롭더군요. 나무뿌리를 위로 올려서 나무뿌리가 마치 산발한 머리처럼 보입니다.

장승의 기능은 지역 간의 경계표 구실, 이정표 구실, 마을의 수호신 역할을 합니다. 길가나 마을 경계에 있는 장승에는 그것을 기점으로 한 사방의 주요 고을 및 거리를 표시하였습니다. 수호신으로 세운 장승에는 이정표도 없으며, '천하대장군'류의 표시도 없고 마을의 신앙 대상으로서 주로 병을 쫓는 것을 빌었습니다. 장승은 보통 남녀로 쌍을 이루며, 남상은 머리에 관모를 쓰고 전면에 '천하대장군', '상원대장군'이라 새겨져 있으며, 여상은 관이 없고 전면에 '지하대장군', '지하여장군', '하원대장군' 등의 글이 새겨져 있습니다. 장소에 따라 채색·형상·크기 등이 다르나 모양이 우락부락한 점만은 일치합니다. 장승을 서낭당·산신당·솟대와 동등한 것으로 인정하며, 액운이 들었을 때나 전염병이 돌 때에는 제사를 지냈습니다. 외암마을은 마을의 역사와 문화적 환경이 잘 보존되어 있으며 전통적인 모습을 지니고 있어 문화적 가치가 큽니다. 무엇보다 오랜 역사적 전통을 간직한 전통마을이며 아직도 생활공간으로서 사람이 거주하고 있는 활력이 넘치는 일터와 휴식의 공간이며 마을입니다.

외암마을은 넉넉한 마을이라는 느낌이 듭니다. 경제적인 부뿐만이 아니라 마음의 폭이 한결 넓어 보입니다. 양반가옥이 조금 높은 위계로 기와지붕과 돌담을 쌓았다면 일반 상민의 집은 초가지붕으로 담장의 높이도 낮습니다. 담장의 높이는 가진 자는 높아지고, 가진 것이 적은 자는 낮아집니다. 숨길 것 없고 중요한 것을 가지지 않으면 마음의 방목이 어우러지는 원리를 외암마을에서도 보게 됩니다.

마을은 걷기에 경사가 급하지 않아 아장아장 걸어도 좋고, 덩실덩실 걸어도 불편함이 없습니다. 먼 산과 가까운 산이 이웃하고 있어 마을은 능청거리지도 않고, 바지런을 떨지 않아도 좋습니다. 저마다의 가슴의 품만큼 세상을 살고, 마음이 가진 온기만큼 세상을 바라보며 살아가고 있었습니다. 세상은 자신의 마음의 빛깔대로 세상을 받아들이고 세상을 판단하게 되어 있음을 봅니다.

돌담 밑에 핀 꽃이 곱더군요. 무더기로 옹기종기 모여 오순도순 정담이라도 나누듯 소복하게 피었습니다. 어린아이들이 모여 귓속말을 하면서 머리를 맞대고 속삭이듯이 꽃들의 축제가 열리고 있었습니다. 여인들의 수다처럼 웃음이 배어 나오고, 콩닥거리는 어린 소녀의 짝사랑만큼이나 길은 숨바꼭질하듯 길의 뒤태를 보여주지 않았습니다. 길의 끝이 보일 듯해서 다가서

대갓집의 입구는 모양새부터 다르다. 넓은 마당인 듯하나 담이 들어서 있다. 안이 밖이고, 밖이 안이다.

면 다시 그만큼의 거리에서 뒤를 숨겨놓는 길. 전통마을의 길은 끝을 보여주지 않습니다. 길을 보려면 그만큼의 발품을 팔아야 가능합니다. 내놓은 듯하지만 비밀이 있는 사람처럼 끝을 보여주지 않고, 솟을대문처럼 자신의 위세를 보이려 하지만 이내 집터를 주고받아 담이 들어가고 나오는 모양새를 하고 있고 이웃한 집과 담장을 공유하면서 살아가는 곳이 우리의 전통마을입니다. 그러한 모습을 그대로 간직하고 있는 곳이 외암마을이었습니다. 공존의 틀을 만들어가면서 서로 어르고 달래며 마을의 전통과 질서를 찾아내고

있었습니다.

　외암마을의 길은 혼자 걸으면 혼자 걷는 대로 휘어져 돌아가는 골목길과 이야기하며 걸어 좋고, 돌담의 높이를 눈으로 어루만지며 돌담 안의 마당과 벽에 걸린 농기구 같은 살림살이를 살펴보는 즐거움도 수월찮습니다. 장독대의 풍경이나 마당에 심어놓은 채소와 화초가 저희들끼리 즐겁더군요. 둘이 걸으면 손을 잡고 걸어야 제 맛이 나는 길입니다. 이야기를 나누며 서로 본 풍경을 나누면 잡았던 손이 더 따뜻해질 수 있어 좋습니다. 여러 명이 걸어도 결국은 둘씩 짝을 지어 걸을 수밖에 없습니다. 길은 넓어봐야 둘이 편안하게 걸을 수 있는 좁은 길이지요. 기와집과 초가집이 주류를 이룹니다.

　문도 다양합니다. 우리에게 생소함을 주는 풍경을 만나면 그 나름대로 즐겁지만 잊었던 풍경을 만나면 더 즐겁습니다. 솟을대문이 열리고 닫힐 때 내는, 나무와 나무가 살을 대고 돌아가며 삐꺽거리는 소리가 귀를 시원하게 해줍니다. 초가집에 솟을대문이 있을 리 없고 어울리지도 않지만 잊었던 사립문이 눈을 반갑게 합니다. 수수깡으로 얼기설기 엮어 만든 문이 닫힌 듯 열린 듯 엉거주춤하게 틈을 보이고 있고, 대나무를 쪼개어 만든 문이 안살림을 감추지 않고 다 보여주는 풍경은 자연과 함께 살아가는 넉넉한 가슴을 헤아리게 됩니다. 바람이 마당 안에 찾아와 서성이면 고목처럼 서 있던 늙은 나무는 그림자를 슬그머니 내어 놓습니다. 바람은 아직 시원하지만 햇살은 따갑습니다. 그늘이 그리운 날에 바람과 그늘을 함께 만나면 마음까지 시원해지거든요.

　한국 전통마을은 서두르지 않는 노인을 연상시키지요. 산 만큼의 세월로 깨달은 지혜로운 노인을 닮았습니다. 몸으로 뛴다고 세상의 일이 이루어지는 것이 아님을 누구보다 먼저 아는 노인이 에둘러 만들어 놓은 길을 보는 듯합니다. 마을에서 가장 넓은 길이 허리를 휘어 감으며 하늘을 바라보고 있는 커다란 느티나무가 자리하고 있는 곳인데 마을의 중심 길입니다. 중심 길은 전통마을의 중심에 대하여 이야기한 것처럼 마을의 중앙에 나 있는 길이 아닙니다. 마을 사람들이 공통적으로 자연스럽게 받아들이고 인정한 심정적인 중심입니다. 우리의 의식세계에서는 중심이란 말을 좀처럼 쓰지 않습니다. 산이 높다는 말보다는 산이 깊다는 말을 쓰지요. 우리의 경우는 중심과 주변이 아니라 안과 밖이라는 활동의 영역을 고집하고 있습니다. 안이 중앙이라는 핵심을 뜻하는 서양의 이분법과 달리 안은 활동공간의 구분이기도 합니다. 남성이 권력을 독점하다시피 하던 유교 국가였던 조선에서 안은 여자의 공간이었고, 집안일을 하는 사람을 말합니다. 밖은 주변으로서의 변두리가 아니라 집안에서 봤을 때 밖입니다. 그곳은 남성의 활동영역이었습니다. 결국 호환과 전환이 어우러져 있는 것이 한국인 정서의 핵심입니다. 안에는 힘을 가진 남자가 아니라 여자가 거주하고, 밖에는 남성중심사회에서의 강자인 남자가 거주하는 것에도 이러한 현상은 보입니다. 독식을 인정하지 않으려는 의식이 강하게 한국인의 심성에는 들어 있습니다.

 중심 길은 우리 전통마을에서는 안길이라고 하는 이유도 여기에 있습니다. 안길에 연결된 길들은 샛길이 됩니다. 안길에 하나씩 샛길이 연결됩니다. 우리의 전통방식은 길과 안채가 직접 만나지 않습니다. 사거리를 굳이 만들지 않고 안길과 만나는 샛길은 접속의 개념에 충실합니다. 집터가 샛길과 만날 때에는 길과 집터 사이에 텃밭이나 바깥마당을 두어 길이 직접 생활공간과 만나지 않게 하고 있습니다. 안과 밖의 중간지대, 즉 완충지대를 만들어 안을 보호하려는 의도가 보입니다.

 외암마을에서 마을 돌담길은 아늑하면서도 정 많은 아줌마가 먼 길 떠나

담장의 곡선과 초가지붕의 곡선이 휘어진 길과 만난다. 부드러운 곡선의 천국이다.

는 사람에게 주먹밥이라도 쥐어줄 듯한 정감어린 길입니다. 일반 생활집을 그대로 이용해 식당을 하고 있는 집 앞에 써 놓은 글이 사람을 잡습니다. "시골밥상 먹고 가유." 안으로 들어가 밥을 시켰는데 밥이 고봉으로 나오더군요. 반찬도 나물 위주로 푸짐하게 나왔습니다. 가격은 뜻밖의 선물처럼 싸서 오히려 미안할 정도였습니다. 찌개며 나물이 모두 맛이 있었습니다. 외암마을에서 대접을 받고 나오는 기분이었습니다. 한 집 한 집 들어가 한옥이 가진 맛을 즐기다 보면 떠나기 싫어지는 마을입니다.

무주 지전마을

사랑의 징검다리를 놓는 반딧불이가 사는 마을

산에서 뚝 떨어져 나온 바위가 얼마나 구르면 둥글어질까요. 얼마나 많은 상처와 사랑을 배우면 각을 깎아내고 둥글어질까요. 세월이 흘러도 둥글어지지는 않습니다. 세월에 풍화는 되어도 각을 버리지는 않더군요. 하지만 물을 따라 흐르다 보면 물의 마음을 닮아가서 둥글어집니다. 물은 타원의 가슴을 가진 게 분명하지요. 그렇지 않고서야 돌이 동글동글해질 리가 없거든요. 사랑을 배운 마음이지요. 지전마을에 가면 둥근 냇가의 돌들이 모여 축제를 열고 있습니다. 시냇가의 돌들이 모여 마을의 돌담을 이루고 있습니다. 저마다의 가슴의 넓이만큼 차지한 집터를 안온하게 끌어안아 주는 돌담이 아주 소박하게 둘러쳐져 있습니다. 시냇가의 돌들은 담을 만드는 재료가 되어 사람의 정담을 들으며 저희는 저희들끼리 돌들의 이야기를 펼치고 있습니다. 옹기종기 이마를 맞대고 집들이 모여 이루어진 지전마을에서는 돌들이 모여 마을을 한결 부드럽게 해 주는 게지요.

돌담이 아름다운 마을을 찾다가 지전마을에 갔습니다. 두 번이나 방문하는 행운을 가졌습니다. 모자란 부분을 취재하러 가야 했기 때문이지요. 작지만 아름다운 마을이었습니다. 갈모봉 아래 남대천을 끼고 조용히 삶을 일구어가는 마을입니다. 어느 마을이나 삶을 끌어안지 않은 마을은 없습니다. 삶이란 땀을 배우지 않고서는 살아갈 수 없는 현장입니다. 삶은 언제나 땀을

산에서 떨어져 나온 바위가 골짜기를 내려오면서 물을 만나 둥글어진 돌들로 담을 이룬 마을

요구했고 땅은 성실하게 그에 대한 보답을 해 주었습니다. 지전마을은 산촌이지만 평야에 자리 잡아 더욱 평화로워 보입니다. 산수가 수려하다는 말이 잘 어울리는 마을입니다. 산은 적당히 몇 발치 물러서 있고, 전라북도 장수군 신무산과 덕유산에서 발원한 물이 무주에 이르러 남대천을 이루는데 평지를 만나 맑고 부드러워진 물이 마을을 끌어안고 돕니다.

지전마을은 지난 2006년 전국 열 곳의 돌담이 문화재로 지정됐을 때 비로소 세상에 이름을 내면서 알려졌습니다. 지전마을 700m 정도의 돌담이 등록문화재 제262호지요. 마을의 규모는 작았습니다. 30여 호의 집이 있으나 비어 있는 집이 눈에 띕니다. 돌담은 어깨 높이보다 낮은 높이로 담장 안을 기웃거리는 길손의 눈을 피하려 하지 않고 있었고요. 안과 밖이 다르지 않은 마을의 마음을 읽을 수 있었습니다. 감출 것도 없고 드러낼 것도 없는 산을 닮고 물을 닮은 사람들이 사는 마을임을 한눈에 읽을 수 있었습니다. 담장 안에는 꽃밭과 채소밭이 있습니다. 어떤 집은 꽃밭을 만들었으나 정형을 가지지 않았더군요. 화단이라고 이름붙이기에는 가꿔지지 않았고 깔끔하지 않으나 나름 자연스러운 모습으로 자리하고 있었습니다. 채소밭으로 가꾼 집도 마찬가지로 마당과 밭이 별도로 영역을 주장하지 않고 있었습니다. 채소밭에는 고추, 감자, 쑥갓 등이 자리 잡고 있었고요. 마을에서 아이들의 소리는 들을 수가 없었습니다. 햇볕이 강렬해 사람들이 집에서 나오지 않은 탓도 있지만 사람의 모습을 보기 어려웠지요. 아이들의 모습은 더구나 보이지 않았습니다. 동네가 시끄러울 만큼 아이들 떠드는 소리와 뛰어다니는 소리가 들려야 사람 사는 마을 같을 텐데 적막했습니다. 누구나 골목길의 추억이 있습니다. 또래 친구들과 숨바꼭질하던 기억, 땅따먹기, 구슬치기, 말뚝 박기 등 온갖 놀이의 무대가 바로 동네 골목길이었지요. 뛰어놀던 아이들은 다 어디로 간 걸까. 젊은 사람들은 모두 외지로 떠나가고 노인들만 남은 건 다른 산마을과 마찬가지였습니다. 문화재로 지정된 지방의 묵은 돌담길을 찾아 아이들과 추억 속의 놀이를 함께 하다 보면 즐거운 체험도 되고, 우리네 옛것에 대한 소중함도 동시에 가르쳐줄 수 있을 것이란 생각이 문득 들었습니다.

 담장 안의 풍경은 소박하고 정감이 어린 풍경이었지요. 마당밭에 심어놓은 감자에는 감자꽃이 피었습니다. 하얀 꽃인 걸 보니 파보나 마나 하얀 감자겠지요. 감자꽃이 실하게 핀 걸 보니 감자 알도 튼실하게 굵어지고 있는가 봅니다. 고추는 아직 어려 열리지 않았습니다. 이제 한참 자랄 준비 중이었지요. 마당 안에 자리한 화단과 채소를 심은 밭이 서로 네 땅 내 땅을 구분하지 않고 자신의 영역에서 봄 햇살을 즐기고 있었습니다.

 지전마을은 아담한 마을이지요. 어느 마을보다도 감나무가 많고요. 늦은 봄볕을 그늘로 가려주어 시원하게 느껴집니다. 정담을 나누며 걸으면 금세 마을의 끝이 나오고, 돌담을 즐기며 걷다 보면 어느새 다시 마을의 끝입니다. 작지만 오래 머물러도 마음 한편이 흐뭇하지요. 돌담 밑에는 이름 모를 들꽃이 피어 있는데 하늘의 마음을 읽기라도 한 듯 곱습니다. 이름을 불러줄 수 없어서 미안했습니다. 들꽃에 대한 지식 부족이었지요. 마음의 모양으로 꽃을 피운다는데 사람이 죽어 꽃으로 피어난다면 무슨 꽃이 될까 실없는 생각으로 즐거웠습니다.

지전마을이란 지명은 지초芝草가 많아 지전이라 불렸다고 합니다. 지초는 지초芝草, 자초紫草, 지혈芝血, 자근紫根, 자지紫芝 등의 여러 이름으로 부르는 여러해살이풀입니다. 우리나라 산과 들의 양지 바른 풀밭에 나는데, 예전에는 들에서도 흔했지만 요즘은 깊은 산 속이 아니면 찾아보기 힘들 정도로 귀해졌습니다. 지초는 뿌리가 보랏빛을 띠지요. 그래서 자초라는 이름이 더 붙었습니다. 굵은 보랏빛 뿌리가 땅속을 나사처럼 파고들면서 자라는데 오래 묵은 것일수록 보랏빛이 더 짙습니다. 잎과 줄기 전체에 흰빛의 거친 털이 빽빽하게 나 있고 잎은 잎자루가 없는 피침 꼴로 돌려나기로 납니다. 꽃은 5~6월부터 7~8월까지 흰빛으로 피고 씨앗은 꽃이 지고 난 뒤에 하얗게 달립니다. 어느 꽃인들 꽃이 진 자리에 열매 맺는 아픔을 이해하지 못할까요. 지초도 그러하여 꽃이 진 자리에 씨가 맺히는 것을 순리로 받아들였을 것입니다. 아름다움으로 길을 연 자리에 열매가 맺히고 씨가 맺히는 자연의 순리에 잠시 높은 하늘을 바라보았습니다.

지초는 신비로운 풀입니다. 겨울철 눈 쌓인 산에 지초가 있는 곳 주변은 눈이 빨갛게 물듭니다. 경험이 많은 약초꾼은 이른 봄철 눈이 녹기 전에 산에 올라가 눈밭에 남아 있는 붉은 자국을 보고 지초를 찾아낸다고 합니다. 지초는 하늘과 땅의 그늘지고 차가운 기운을 받아 자라는 약초이므로 여성의 자궁처럼 생긴 곳에서 많이 난다고 합니다. 지초는 그 상서로운 보랏빛 빛깔처럼 신비로운 약초입니다. 다만 야생 지초는 매우 희귀하여 구하기가 어려운 것이 흠입니다. 약초꾼들은 지초를 산삼보다 나은 신비의 약초라고 합니다.

또한 지초는 그 뿌리에서 보라색 물감을 얻는 까닭에 우리 겨레와 퍽 친숙한 식물입니다. 지초는 노란색과 빨간색 물감을 얻는 홍화, 파란색 물감을 얻는 쪽과 함께 우리 선조들이 염료작물로 즐겨 가꾸어 왔습니다. 지초는 염료보다는 약으로써의 쓰임새가 훨씬 더 뛰어납니다. 지초는 놀랄 만큼 훌륭한 약초라고 합니다. 우기는 게 아니라 지초의 효능을 아는 사람들은 그렇게 이야기합니다. 단방으로 쓸 수 있는 약재 중에서 지초만큼 높은 약효를 지닌 약초는 달리 없다는 것이 약초꾼들의 이야기지요.

지초에 대한 이야기 하나를 더 소개합니다. 상식 하나 얻을 수 있으니 귀 기울여 보세요. '지란지교芝蘭之交'란 말을 들어본 적이 있을 것입니다. 여기에서 지란이란 지초와 난초를 말합니다. 지란지교란 지초芝草와 난초의 만남을 일컫는 말인데, 친구 사이의 깊은 우정을 설명할 때 자주 인용되는 한자숙어지요. 지초와 난초는 향기가

지초가 많아 지전마을이라고 했다는 지전마을. 소박한 사람들의 마을이다.

좋은 식물입니다. 이쁜 것은 이쁜 것을 질투하고, 향기가 좋은 것은 또 다른 향기를 질투하는 법인데 지란은 다르지요. 향기의 배타성을 거부하고 다른 향과 만나 자신의 향을 전혀 다른 신비한 향기로 만들어 냅니다. 지초와 난초 향기는 서로 상생의 향기를 가져 만나면 더욱 사람들의 코를 즐겁게 합니다.

지초가 많아 지전마을이 된 돌담이 아름다운 마을. 마을에 들어서는 순간

지초와 난초의 만남을 '지란지교'라고 한다. 지전마을은 사랑과 우정의 청정지역이다.

마음은 아늑해집니다. 길은 사람을 안내하고 사람은 길과 정다운 대화를 나누게 되지요. 돌담이 들려주는 이야기는 넉넉하고 깊습니다. 그만큼 담이 주는 친근감이 만만치 않고요. 낮게 자리한 담에는 기왓장을 얹고, 슬레이트를 얹고, 항아리 깨진 것을 얹고, 큰 돌을 얹었습니다. 주인의 마음을 닮은 것이겠지요. 필요한 재료를 생활에서 이용하다 쓸모없어진 것들을 가져

다 없었습니다. 지전마을의 돌담은 시내에서 가져온 돌에 진흙을 개어 쌓았습니다. 양옆에는 돌들을 배치하고 중간에는 진흙을 이겨 돌 틈에 집어넣어 돌들 사이에 응집력을 가지게 합니다. 하지만 비가 오면 진흙은 물러져 주저앉지요. 진흙은 물이 상극인데 비가 오면 담에 물이 덜 젖도록 돌담 위에 지붕을 만들어 주었습니다. 경험에서 얻은 지혜지요. 아무렇게나 얹어 놓은 돌담을 보호하기 위한 기왓장이나 항아리 깨진 것들이 더욱 친근하게 해 주는 이유는 마음 한 편에 넉넉함을 받아들인 이곳 사람들의 마음의 품새 때문입니다. 돌담의 한 부분이 무너져도 대수롭지 않은 마음씨였습니다. 농사를 짓고 남는 날에 날을 잡아 하면 그만입니다. 급하지 않은 마음이 오히려 고맙습니다.

올망졸망한 골목길과 낮은 지붕의 집. 산의 곡선을 닮은 둥근 돌로 쌓은 담장. 조금조금 조심스러운 예쁜 마음들이 빚어 낸 곱디고운 마을. 한눈에 부촌이 아닌 걸 알 수 있습니다. 기와지붕을 한 집보다는 슬레이트와 양철지붕이 많고 흙벽이 많은 걸로 짐작이 됩니다. 사람이 살아가는 데 돈이 필요하지만, 행복을 퍼 담을 수 있는 그릇으로는 돈이 적당치 않습니다. 마음을 자연에 기대고 살아 가난한 살림에도 웃음은 데리고 다니면서 살아가는 마음들이 고맙지요.

지전마을에 가면 바람을 만나는데 그 바람이 둥글어진 돌멩이를 닮아 부드럽습니다. 적어도 아가의 손을 닮은 5월의 단풍잎 같은 바람은 사람마저 부드럽게 만듭니다. 아마 이 바람은 덕유산의 라제통문을 넘어온 바람인지도 모릅니다. 이 땅 위에 사는 모든 사람들이 마음을 나누고 살라는 바람의 배려인지도 모릅니다.

　지전마을을 끌어안고 있는 설천면은 역사의 아픔을 간직하고 있습니다. 설천면은 옛 삼한시대에 마한국馬韓國에 속해 있었습니다. 백제에 정벌되어 삼국시대에는 백제국 적천현에 속해 있던 고을이었습니다. 패망한 나라를 짐으로 지고 살아야 했던 곳이었습니다. 후일에도 이곳에서는 싸움이 그치질 않았습니다. 신라와 백제는 필요에 의해 우정과 적의를 나눈 사이였습니다. 가까이 하기엔 너무 먼 당신이었지요. 둘 중에 하나를 선택해야 했습니다. 우의를 다지든 적의를 품든 하나를 선택해야 했습니다. 언제 옆구리를 비수로 찌를지 모르는 사이였으니 그렇습니다. 백제의 적천과 신라의 무산은 서로의 이빨을 드러내 놓고 으르렁거리던 곳이었습니다. 무주茂朱는 무풍과 주계의 앞자를 따서 명명한 지명입니다. 한데 참 특별한 느낌을 가지게 합니다. 무풍과 주계의 만남이 그렇습니다. 무풍無風은 바람이 없다는 뜻입니다. 적멸의 무풍과 피를 상징하는 주계의 만남이 그렇습니다. 신라땅은 바람 한 점 없는 무풍이라 했고, 백제땅은 주계朱溪라 하여 '피의 강'을 말하고 있으니 말입니다. 주계의 주朱는 이곳이 얼마나 피를 많이 흘렸던 곳인지 단적으로 알 수 있습니다. 붉을 주朱를 쓰고 있습니다. '피가 흐르는 시내'라는 뜻이지요. 후일 백제를 무너뜨린 신라 때에는 단천丹川이라 고치는데 단丹이란 뜻도 붉은 단풍이 아니라 단풍 같은 핏빛을 상징하는 글자였습니다. 사람들은 무주 구천동하면 조용하고 맑은 감성을 떠올리기 때문에 아름다운 단풍을 떠올리지만 아닙니다. 피였습니다. 백제와 신라의 피의 전투장이었습니다. 죽이지 않으면 죽어야 하는 야수의 접경이었습니다. 이름은 역사의 변방에서 변했습니다. 적천赤川, 주계朱溪, 단천丹川, 하지만 의미는 같습니다. 모두 '피의 강'이란 뜻입니다.

소통의 아름다움으로 라제통문을 불어가는 바람이 답니다.

　　지금 그곳에는 이름도 아름다운 문이 있습니다. 신라와 백제가 통하는 문, 라제통문羅濟通門. 바람이 통하고 마음이 통하고 사람들이 웃으며 넘나들 수 있는 문입니다. 통문이란 이름에서는 소통의 냄새가 물씬 풍깁니다. 헌데 가만 생각해보니 통문이란 이름 앞에서 사람이란 이름이 씁쓸해집니다. 소통 이전에는 하늘 아래 국경이 없었습니다. 국경은 사람에게만 적용되는 영토 확장이란 욕망이 만들어낸 영역표시였지요. 적의로 죽이고 죽어야 하는 전쟁의 접점에서 덕유산은 백제와 신라의 국경이었습니다. 그렇더라도 통문이란 이름은 좋습니다. 태초에 국경이 없었지만 치열하게 싸우는 격전장이었다가 이제는 다시 통하는 문이 되었으니 말입니다. 라제통문은 높이 3m, 길이 10m 정도의 작은 바위굴입니다. 라제통문은 무주의 비밀을 이해하는 데 중요한 열쇠지요. 지전마을도 무주군의 한 마을이기 때문에 더욱 그러합니다. 본래 무주구천동 본류인 원당천 물줄기와 나란히 달리는 석견산石絹山은 신라와 백제의 경계였고, 그 능선으로는 설천과 무풍을 잇는 나제통도羅濟通道라는 고갯길이 있었습니다.
　　이 능선을 경계로 동쪽의 무풍은 신라 땅이었고, 서쪽의 설천·적상면과 무주읍 등은 백제 땅이었습니다. 일제강점기 때 우마차가 다닐 수 있도록 석견산에 굴이 뚫렸습니다. 처음 이름은 설천면에 있는 굴이라 하여 설천굴雪川窟. 그러다 이곳에 신라와 백제의 국경이었다는 유래에 나제동문羅濟洞門이나 라제통문 등으로 부르다가 언제부턴가 라제통문으로 굳어졌습니다. 지전마을은 지금도 예전의 지명을 가지고 있습니다. 지전마을은 무주군 설천면 지전리지요. 이곳에 얽힌 전설도 아름답습니다. 신라와 백제의 경계지역이었던 이곳에 의자왕의 딸 비화 공주와 신라의 무열왕에 관한 이야기가 전해지고 있습니다.

신라와 백제의 전쟁이 막바지로 치닫고 있었다. 의자왕은 죽었다. 의자왕의 딸인 비화 공주는 아버지의 원수를 갚으려 신라의 왕이 진을 치고 있는 지금의 라제통문 근처로 찾아갔다. 의지왕의 딸 비화 공주는 신라진영으로 찾아가 자신을 백제의 궁녀라 속이고 무열왕 앞에 나아가 아버지를 죽인 무열왕을 죽이고자 했다. 하지만 실패했다. 무열왕은 비화공주의 효성과 기품을 높이 사 살려주어 다시 백제땅으로 돌려보냈다.

라제통문이라는 이름과 잘 어울리는 전설입니다. 라제통문, 신라와 백제가 통하는 문. 라제통문이란 이름 앞에서 그래도 사람이란 존재는 화해를 만들어낼 수 있는 이성적인 존재라는 기분이 듭니다. 라제통문은 신라에서 백제로, 백제에서 신라로 넘어가는 문이란 바람이 내재되어 있습니다. 전라도에서 경상도로, 경상도에서 전라도로 넘어가는 문이라는 느낌과 더불어 마음과 마음이 통하는 문이라는 느낌이 들지요. 사람이 걸어간 흔적이 길이라면 왕래가 만들어낸 마음의 교감이 통通,이지요.

지전마을은 백제와 신라의 접경지대인 설천면에 있었다고 했지요. 설천면은 백제땅이었다고 했고요. 지전마을에 있는 돌담의 둥근 돌. 어쩌면 라제통문이 있는 산에서 바위가 굴러 골짜기에 떨어져서는 물에 떠밀리고 구르면서 부서지고 깨어지고 으스러져서 작아지고 모서리를 갈아내어 둥근 돌이 되고, 그 돌로 마을의 돌담을 만들어 마음의 모를 다스려 서로 화합하며 잘 살아내려 한 사람들의 비원이 만들었는지도 모르겠습니다.

지전마을은 더 없이 맑고 아름다운 마을입니다. 무주구천동이라는 지명이 주는 청정의 감성을 주체하기 힘듭니다. 마을을 끼고 도는 남대천에는 고목이 서 있습니다. 예사롭지 않은 고목이 횡대로 강을 따라 나열해 있는데 느티나무의 자태가 멋진 풍광을 만들어냅니다. 남대천과 느티나무가 만나고 내를 건너는 징검다리를 만나면서 지전마을을 다시 한 번 꿈꾸게 하지요. 시내를 건너는 징검다리는 막 봄꿈에서 깨어나 여름을 만나고 있습니다. 시내와 마을과 느티나무 그리고 마을을 두르고 있는 산은 더없이 아름답습니다. 물은 흐르고 느티나무는 서 있습니다. 흐름과 정지 사이를 징검다리가 연결해주어 손을 잡게 하는 착각에 빠집니다. 참 아늑하면서도 아름다운 풍경이지요. 이러한 모습을 한눈으로 바라볼 수 있는 곳이 있습니다. 마을에서 조금 떨어진 언덕으로 올라가면 큰 소나무가 두 그루 서 있습니다. 남대천 가

마을 밖 시냇가에 서 있는 느티나무에는 '나는 당신을 위해 서 있습니다'라는 푯말이 서 있다.

를 바라보는 언덕이지요. 관망의 장소로는 으뜸일 것입니다. 남대천을 따라 느티나무는 서 있습니다. 관망 좋은 소나무 그늘 아래 앉아서 남대천이 허리를 꺾으며 흘러가는 물소리를 들어보세요. 물소리가 장관입니다. 여름이면 물소리가 장관이니 물소리를 들으러 오라던 스님이 떠오릅니다. 유학사에 머무는 원담스님 생각이 납니다. 그 스님으로 해서 꽃차라는 것이 있는 줄도

사랑의 징검다리를 놓는 반딧불이가 사는 마을. 맑은 사랑만이 살 수 있는 청정지역이다.

처음 알았습니다. 그런 호사를 누려보기도 처음이었습니다. 뜨거운 물에 마른 벚꽃을 띄우니 한편으로 핑그르르 돌면서 꽃이 피어나는데 침묵이 더 아름다웠던 기억이 납니다. 그 스님이 또 다시 여름에 물소리 들으러 오라고 편지를 했었는데 몇 년이 지난 지금도 가보지 못했습니다. 특별한 일도 없으면서 마음 내려놓고 살지 못하는 건 어제와 오늘이 다르지 않습니다.

물소리로 귀를 씻고 바람으로 눈을 씻고 내려다보는 경치는 절경입니다. 특히 느티나무가 만들어내는 풍경은 사람의 마을이 선경임을 떠올리게 합니다. 하늘과 땅을 연결해주는 나무, 느티나무. 나무마다 길을 열어 하늘을 오르고 있습니다. 오래된 나무는 3백여 년이 넘었습니다. 느티나무 표지석 위의 글이 사람을 잡더군요.

나는 당신을 위해 서 있습니다. 앞으로 가까이 사랑해 주신다면 당신과 후손들 곁에서 억겁을 살으렵니다.

가슴을 후려칩니다. 누구의 발원문일까요. 마을 사람의 발원일까요, 아니면 나무의 발원을 사람의 입을 빌려 발원한 것일까요. 나는 느티나무처럼 누군가의 당신이 되어 서 있었던 적이 있었나 생각에 젖었습니다. 시냇물은 흘러내리고 느티나무와 마을은 머물러 있습니다. 태고 이래 흐르는 동적인 물과 머물러 서 있는 정지의 느티나무. 정지와 흐름을 바라보는 마을, 지전마을. 그들의 공존은 사람을 머물게 했습니다. 바람이 아주 부드럽게 붑니다. 바람의 결이 여인의 속살 같습니다. 바람 부는 언덕에서 왜 나는 실없이 즐거워지는 걸까요. 바람이 불면 들판으로 산으로 나가 바람을 맞던 버릇이 도진 걸까요. 나에게서 웃음을 배운 바람이 그대에게 다가가 웃음을 가르쳤으면 싶습니다. 그대라는 익명성에는 어떤 신비감이 돕니다. 여행지에서는 익명성에서 새싹이 돋는 기분입니다. 내 살에서도 새살이 돋아나고 있을지도 모르지요.

사랑을 해 보셨나요. 영혼을 나누는 일. 사랑. 사랑을 해 봤다면 아시겠지만 사랑의 길에서 기쁨을 만나게 되는데 천상의 기쁨이지요. 하지만 꼭 그만큼의 무게로 아픔이 따라오지요. 이별의 아픔입니다. 지옥 같은 아픔입니다. 한 사람과의 사랑한 날들은 또 다른 인생의 하루처럼 보였지만, 지나보면 인생의 빛나는 하루였음을 알게 됩니다. 고래의 등이 하나의 섬이 되는 것처럼 한 사람을 안고 살게 되는 게지요. 그 섬에 살 수 있어 행복합니다, 라고 말하기에는 이별이 주는 스산한 기운은 너무 아프지요. 보고 싶을 땐 어떻게 하냐고요. 그냥 아플 수밖에요. 백치의 웃음처럼 백치의 아픔도 순수하겠지요.

지전마을은 반딧불이가 서식하는 우리나라에서 몇 안 되는 청정지역 중 하나입니다. 반딧불이의 발광은 짝을 부르는 행위죠. 수컷이 내는 불빛은 암컷보다 두 배쯤 밝습니다. 수컷은 암컷을 발견하면 더욱 강한 빛을 내며 접근하고, 암컷도 이에 호응하면서 빛이 강해집니다. 반딧불이가 밤을 건너는 방법은 특별하지요. 사랑으로 밤을 건너거든요. 어둠 속에 빛의 다리를 놓으며 날아가는 구애방법은 어둠 속에 서 있는 사람에게는 더없는 신비지요. 어둠 속에 한 칸 건너 하나씩 빛의 징검다리를 놓으며 날아가며 자신의 위치를 알려줍니다. 사랑의 다리를 놓는 것입니다. 다른 놈이 빛을 발견하고 따라가며 교합을 이룹니다. 반딧불이의 사랑은 순수하고 맑습니다. 맑은 물이 아니면 살 수 없는 것은 사랑의 청정성 때문일 것입니다. 수놈이 징검다리를 놓으면 암놈이 징검다리를 따라 건너며 사랑을 만들어가는 어둠 속의 사랑의 축제입니다. 몸 안에 빛을 가진 생명, 반딧불이는 또 얼마나 빛을 갈망한 가슴일까요.

아쉽게도 나는 쉬어갈 시간이 넉넉하지 못한 나그네였습니다. 나그네라기에는 할 일이 기다리고 있는 사람입니다. 여름철에 찾아와 반딧불이가 벌이는 사랑의 축제에 참가했으면 싶습니다.

시골의 맛은 장터에서 생기지요. 무주 장은 새로 단장하면서 반딧불이 장터로 명명했다고 합니다. 이름에서부터 한결 정감이 가고 산뜻한 느낌이 듭니다. 경상도 말씨와 전라도 말씨와 충청도 말씨가 뒤섞여 있는 건 무주 장에서 만나는 즐거운 일이지요. 접경은 전쟁과 평화가 공존하는 장소이기도 합니다. 개인의 경우도 마찬가지지요. 가족 간의 다툼이나 이웃 간의 다툼은 인접성에서 파생된 일종의 조정 작업입니다. 아쉬운 건 폭력으로 해결하려 한 전쟁이 슬픔이었던 게지요. 하지만 지금은 경상도와 전라도 그리고 충청도까지 가세하여 손을 잡고 있는 곳입니다. 싸우면서 친해졌나 봅니다. 싸우면서 멀어지는 것보다야 한결 낫지 않은가요.

지전마을에서는 한참 돌담 쌓기 작업이 한창이었습니다. 돌담을 쌓은 것은 사람이고 무너뜨린 것은 세월인데 세월의 뜻은 무엇이었을까 또 쓸데없는 생각에 젖어봅니다. 워낙 실없는 사람이라 부질없는 생각으로 시간을 보내고 있습니다. 나는 살아오면서 내내 생각했습니다. 산다는 건 어차피 흔들리는 일이었습니다. 살아있는 생명체가 흔들리는 건 위험스러운 것이 아니라 한바탕 춤을 추며 살라는 것이었는지도 모르지요, 잔치라는 것을 알리려는 계시였는지도 모른다는 말씀입니다. 살아있음을 찬양하고 싶었고, 찬양하는 자리에서 나는 사람을 사랑하고 싶었습니다. 그 자리에서 나는 사람임을 자랑스러워했습니다. 그리고 무엇보다 나는 신보다 모자라고 어수룩한 사람을 더 사랑했고, 신에게 기도하지도 빌지도 않았습니다. 모자란 대로 부족한 대로 나는 사람임을 즐기려했습니다. 자족했습니다. 신을 닮으려 하지 않았습니다. 완성을 위해 노력하는 사람의 발자국 하나하나에 축복 있으라고 마음으로 기원했습니다. 지전마을에 축복 있으라고 외쳐 봅니다. 끝

익산 함라마을

재료의 다양함과 축조의 방법이 격을 달리한 돌담의 종합박물관, 함라마을

　함라마을에 갔을 때 호랑나비 한 마리가 팔랑거리며 마을을 건너가고 있었습니다. 나비 한 마리가 시간을 건너고 있습니다. 나비 한 마리가 한 사람의 마음 안을 건너고 있습니다. 나비가 건너는 건 시간이지만 그 시간은 한 사람의 마음 안에 평화를 안겨줍니다. 함라마을은 역사를 건너고 있었고요. 살아있는 날에 살아있음을 스스로 보아야 한다고 저는 말하곤 합니다. 나비 한 마리 팔랑이며 마음을 건너는 그런 날은 살아있을 때 살아야 한다고 우기고 싶어지는 날이었습니다.
　함라마을은 역사 앞에서 떳떳했는가 물어보기 전에 아름다웠습니다. 함라마을은 오랜 역사와 전통을 가진 마을이었지요. 함라는 마한 땅으로 함해국咸奚國이었다고 합니다. 백제 때 감물아현甘勿阿懸으로 개칭되어 오다가 삼국통일 후 신라 경덕왕 때 임피군의 담당하에 함열현으로 명칭이 바뀌었다고 합니다. 전문적인 용어와 한문이 나오니 머리가 아프다고요. 그럴 만도 합니다. 그래도 조금은 더 살펴보지요. 함열은 고려를 거쳐 조선 5백 년 동안 현청縣廳소재지로서 관아가 이곳에 있었습니다. 함열현은 고려를 거쳐 조선시대 내내 유지되었습니다. 별호는 함라咸羅였고요. 그 전부터 함라라는 이름은 이 마을의 지명으로 있었기에 함라라는 이름을 가지게 되었을 거라 추측됩니다. 함라마을은 역사가 깊고 전통이 있는 마을이었습니다. 공식

돌담의 박람회장 같은 마을이다. 예각의 돌과 마음을 다스린 흙이 만나 돌담을 이루고 있다.

적으로 함라라는 지금의 지명을 가지게 된 것은 1914년 행정구역 개편에 의해 익산군 함라면으로 개칭되면서였습니다. 마을 뒤의 함라산을 주산으로 하여 그 옆으로 부를 가져온다는 길상의 의미로 알려진 소가 누워있는 형상의 와우산이 있습니다. 와우산은 마을 전체를 싸고 있고 앞으로는 넓은 들이 펼쳐져 있어 일찍이 부농촌으로 자리 잡았습니다.

  함라마을의 담장은 토석담이 주류를 이루고 있으며, 이 외에도 토담, 돌담, 전돌을 사용한 담, 이들을 혼합한 담장 등 다양한 형태의 담이 섞여 있습니다. 다양함에 있어서 어디도 따라올 수 없을 만큼 여러 가지 형식을 도입했습니다. 무엇보다 함라마을 돌담의 특징은 다양함이지만 대부분의 돌담이 돌과 흙이 만나 돌담을 이루고 있다는 점이 특별했습니다. 흙만도 아니고, 돌만도 아닌 흙과 돌이 만나 쌓였습니다. 마을 사람들의 넉넉한 가슴 덕분에 이러한 모습을 볼 수 있게 되었습니다. 다양함을 수용한다는 것은 배려의 마음에서 출발하거든요. 그만큼 삶을 받아들이는 품이 넓다는 것이겠지요.

돌담의 재료와 만들어진 시기가 달라 돌담의 모양도 색도 다르다.
천연덕스럽게 같은 담으로 어우러져 만나고 있다.

함라마을의 돌담은 돌이 흙을 만나 푸근해진 표정이다.
휘어지고 틀어지고 높이가 다르지만 마을의 분위기와 어울린다.

    돌과 흙의 만남. 이들의 만남은 과정의 미학이었습니다. 돌이 흙이 되기 위해 만난 세월이 얼마였을까요. 삼국시대 이전의 마한에서부터 출발했다는 그만큼의 세월을 가지면 돌은 흙이 될 수 있을까요. 가고 오는 것들을 다 끌어안을 수 없다면 흘러가는 것을 즐기면 되겠지요. 흘러가는 것들을 다 끌어안은 것이 흙이 아닌가 싶습니다. 세월이 쌓이는 것인지 흘러가는 지를 아직도 알지 못하는 객으로서는 흙의 마음을 읽을 수 없었습니다. 그래도 미루어 짐작하는 마음만으로도 즐거웠고 마음이 숙연해졌습니다. 함라마을의 돌담길을 걷는 재미와 의미는 흙과 돌의 만남을 바라보면서 그 안에 터전을 이루고 살아가는 사람들의 마음의 품새를 가늠해보는 것이었습니다.

    흙, 시간을 다 끌어안아 마지막으로 푸근해진 마음이지요. 함라마을의 돌담, 돌과 흙의 만남이 햇살 아래 데워지고 있었습니다. 함라마을은 천 년이 지나고도 더 오랜 세월을 지난 역사를 가진 마을입니다. 참 오래 되었지요. 사람이 수렵과 유목에서 정착을 시작한 이래 우리나라에서는 몇 안 되는 오래된 마을일지도 모릅니다. 흘러가는 세월을 흘려보내면서 다양한 사람을 만났겠지요. 역사의 질곡만큼이나 사람의 인내와 아픔도 보았겠지요. 물론 환희도 있었을 겁니다. 그러한 변화와 머무름의 곡절 속에서 이 돌담은 다양함을 가지게 되었나 봅니다. 함라마을의 돌담은 재료와 형식에 있어서도 다양합니다. 돌담의 종합박물관 같습니다. 돌은 함라마을의 땅에서 밭을 일구고 집터를 만들다 나온 돌들로 이루어져 있습니다. 물을 만나 동그랗게 모가 닳은 조약돌이 아니라 흙에서 바로 얼굴을 들고 나와 모양이 제각각입니다. 아직도 모서리를 가진 돌들이지요. 함라마을에선 돌은 혼자서 서 있지 않습니다. 돌만으로 돌담을 만들지 않았다는 이야깁니다. 돌은 흙을 만나 궁합이 맞는 조화와 단단함을 가지게 되었지요. 백회로 흙의 역할을 대신한 것들도 있지만 주된 재료는 흙이었거든요. 단단한 돌과 포근한 흙이 만나 아름다운 돌담을 만들었습니다. 정감어린 마을 돌담길을 걸으면서 푸근해지고 가슴 안쪽에 화단을 만든 것처럼이나 마음이 넉넉해집니다. 함라마을의 돌담길은 고정된 것과 변화되어지는 것이 만나고 때론 헤어지고 있었습니다.

바위가 부서져 흙이 되는 시간이 얼마나 될까요. 사람의 생이 만들어내는 기쁨과 슬픔의 양이 얼마나 될까요. 사람의 힘으로 만들어 놓은 탑이 무너지는 시간만큼 될까요. 괜한 생각에 마을 돌담길을 걸으면서 싱숭생숭하기도 했습니다.

마을의 담장은 평쌓기 방식으로 축조되었습니다. 평쌓기란 시루떡처럼 한 줄 한 줄 쌓아올리는 방법을 말합니다. 함라마을의 담장 높이는 일반 농가의 담장이라는 점과 주택의 규모가 그리 크지 않은 점에 비하여 높은 것이 특징입니다. 가리고 싶은 마음의 높이만큼이 담장의 높이가 되겠지요. 이곳은 예전에는 지금의 국도와 같은 역할을 한 길이었습니다. 조선시대 한양으로 과거시험을 보러 가던 전남의 인재 대부분이 말을 타고 이 길을 지나갔지요. 지금은 한적한 마을이 되었지만 조선의 인재들이 지나고 관리들이 지나던 길이었습니다. 함라마을은 역사의 수레바퀴가 지나가고 한 사람이 인생의 고비를 넘을 때 걸었던 길을 가지고 있는 유서 깊은 마을입니다. 그러면서도 제가 방문했을 때에는 드러내지 않고 감추지도 않은 모습으로 조용히 햇볕에 반짝이고 있었습니다. 침묵만한 무게가 어디 있을까, 싶은데 함라마을이 그랬거든요.

함라라는 명칭은 주산인 함라산에서 취한 것으로 전해집니다. 허균을 아십니까. 홍길동전을 지었다고 알려진 인물, 허균. 허균은 한국인에게는 널리 알려진 인물입니다. 불운한 인생을 살다 간 천재 허균. 이렇게 한 사람의 인생을 정리해도 별로 틀리지 않은 말인 듯합니다. 시대와 맞서 싸웠으나 참담한 실패를 한 탓이였지요. 허균에 대한 평은 다양합니다. 시대를 못 만나 불운하고 세상과 불화했던 천재이기도 하지요. 그의 나이 43세 되던 해인 광해군 3년 1611년 1월, 허균은 함열로 귀양 와 1613년까지 4년 동안 머무르게 됩니다. 이 조용한 마을 어디에서 어떻게 귀양살이를 했는지에 대한 기록은 전하는 바가 없습니다. 함라마을과 허균의 인연은 계획된 것이 아니라 즉흥적이었을지도 모르지요. 유배지를 심각하게 고민하지는 않았으리라 보입니다. 허균의 삶을 한마디로 정의하기는 참으로 어렵습니다. 그에게는 그만큼 복잡한 요소들이 많이 있습니다.

허균은 명문 집안에서 자유분방한 천성과 높은 학문적 재능을 타고 태어났습니다. 확실히 허균에게서는 분탕함과 거리낌 없는 천재의 냄새가 나지요. 당시의 소외 받는 자들에게 동정을 보였습니다. 특히 그는 후실의 아들이라 서자가 아니었음에도 불구하고 서자들과 가까이 지냈으며, 당시에 배척받았던 불교를 가까이 했습니다. 기생들과도 교분을 나누었지요. 일곱 차례나 관직에서 쫓겨났으면서도 고위직까지 진출한 유일한 인물이기도 합니다. 세상을 뒤엎는 혁명 소설 『홍길동전』을 썼지만 정작 주인공 홍길동은 살아왔던 세상을 개혁하기보다는 이상국을 찾아 떠나는 이율배반적인 모습을 보이기도 합니다. 시대의 한계인지 허균 개인의 한계인지는 모르겠습니다. 혁명을 꿈꾸었지만 혁명에는 이르지 못한 천재였습니다. 왕조를 뒤엎을 평등까지는 이르지 못했습니다.

지금의 입장에서 과거를 재단하는 것도 분명한 오류겠지요. 하지만 『홍길동전』에서 세상을 뒤엎을 수 있는 강력한 능력을 갖추고 있으면서도 왕까지를 포함한 만민이 평등한 세상을 만들지 못했듯이 허균은 자신이 꿈꾸었던 세상을 완성하지 못하고 죽임을 당합니다. 그것도 비참하기 이를 데 없는 능지처참을 당하게 됩니다.

천국을 배워온 몸짓으로 나비가 날아가는 함라는 허균의 유배지

일곱 차례나 관직에서 쫓겨난 앞뒤 사정을 살펴보면 허균은 이해하기 힘든 인물이었지요. 평소 자유분방한 행동으로 방탕아라는 비난을 받아 온 탓으로 관직 임용이 늦어집니다. 처음부터 허균의 출세 길은 무난하지 않았던 게지요. 29세 때에는 장원급제하여 형의 도움으로 1597년 황해도 도사에 임명되지만 서울의 기생들을 임지로 데려가 별장을 짓고 기생들을 데리고 놀았다는 이유로 파면됩니다. 해직되어 서울로 돌아온 그는 이듬해인 1598년 보란 듯이 문과 급제자들을 대상으로 10년마다 시행하던 시험인 문과 중시에 장원 급제합니다. 허균은 분명 천재였습니다. 인재 중에 인재를 뽑는 시험에 당당히 일등을 한 것입니다. 조정의 중요 문서를 다루는 관리로 임용됩니다. 그러나 일 년도 못 가 방탕한 생활로 다시 해직됩니다. 후에 복직되었으나 양반의 품위를 손상한 자로 탄핵받아 관직을 박탈당합니다. 삼척 부사 재임 시에는 불교에 심취해 관청 안에서 염주를 목에 걸고 일하는가 하면 결승 흉내를 내기도 해 유교 사회에 정면으로 도전했다는 이유로 다시 쫓겨납니다. 예측 불가한 존재이기도 했습니다. 당시 영의정을 지냈던 박순의 서자 박응서 등을 비롯해 권력가의 서자 7명이 여주 남한강가에 토굴을 파고 거처를 마련하여 시도 짓고 술을 마시며 지내기도 했는데, 이들은 거처 이름을 '무륜당無倫堂'이라 하고, 또 스스로를 '죽림7현竹林七賢' 또는 '강변칠우江邊七友'라 불렀습니다. 윤리가 없다는 것은 조선에서 선비가 가져야 할 일반적인 상식을 뛰어넘는 방탕하고 패륜적인 행동이었습니다. 더구나 양반가의 자제이면서 관리였던 허균에게 말입니다. 이들과 스스럼없이 어울릴 만큼 허균의 의식세계는 파악하기 힘든 존재였지요.

독특했던 허균이란 존재가 오랜 역사를 가진 함라마을과 인연을 맺게 됩니다. 허균이 함라와 인연을 맺게 된 것도 일탈의 결과였습니다. 시험 감독관으로 있으면서 친구와 친척들을 우선 합격시키는 부정행위를 저질렀다는 이유로 다섯 번째 해직을 당하고 귀양을 가게 되는데 그 귀양지가 바로 함라마을이었습니다. 허균은 함라마을에 와서 어떤 생각을 했을까요. 파격과 일탈로 세상과 부딪혔던 분방한 사내 허균, 자유를 실행하려 했지만 번번이 사회의 냉대와 손가락질을 감내해야 했던 불운한 천재. 허균의 관직 생활은 평소 서얼 차별 같은 신분 제도의 모순에 불만을 품은 적의의 표현이었습니다.

조금만 허균에 대해 더 이야기해 보렵니다. 허균은 마지막으로 역모와 관

소설 『홍길동전』의 저자로 알려진 허균이 유배되었던 함라마을은 예전에는 나라의 중심도로로 과거보러 가는 사람들의 길이기도 했다.

련이 되어 사형을 당합니다. 어떤 죽음도 가벼울 리 없지만 허균의 죽음의 상황은 절박했습니다. 허균을 사랑했던 광해군은 허균을 역모로 모는 무리에 반해서 허균을 두둔하려 하지만 역부족이었습니다. 1618년 8월 광해군이 직접 인정전에 나아가 허균 일당을 심문합니다. 이미 다른 역모 혐의자들은 심문을 마친 후였습니다. 모두 고문에 의해 역모를 시인했지요. 허균의 차례가 되자 그의 입에서 당파 싸움 과정의 음모와 비리가 터져 나올 것을 두려워한 대신들이 왕을 만류합니다. 왕이 "사형을 속히 해야 마땅하겠지만 물어야 할 것을 물어 본 뒤에 사형을 하는 것이 어떻겠는가?"라고 합니다. 대신들은 "도당들이 모두 승복했으니 달리 물어볼 만한 것이 없습니다."라며 만류합니다. 왕이 거듭 "오늘 사형하지 않겠다는 것이 아니라 심문한 뒤에 사형하고자 하는 것이다."고 말합니다. 역모자에게 무슨 변명의 기회를 주냐며 대신들의 만류는 더욱 거세었습니다. 왕이 마음대로 할 수 없어서 허균을 죽이자는 무리의 청을 따릅니다. 허균을 죽여야 한다는 이이첨의 무리가 서둘러 형리들에게 허균을 끌고 나가게 했습니다.

이날의 일을 다룬 기록에는 "왕이 끝내 군신들의 협박을 받고 어쩔 수 없이 따랐다."고 적었습니다. 왕이 몸소 국문하는 과정을 목격한 사관의 기록입니다. 1618년, 광해군 10년 8월 24일의 『광해군 일기』의 기록이지요. 적의에 찬 허균의 반대파들은 서둘러 허균을 끌고 나가게 하자 허균은 사형을 집행하기 위해 끌려 나가면서 비로소 죽음이 임박했음을 알고 크게 소리칩니다.

"하고 싶은 말이 있다."

국청의 상하, 허균을 죽이자는 무리와 형을 거행하는 자들 모두 못 들은 척하니 왕도 어찌할 수 없어서 그들이 하는 대로 맡겨 둘 따름이었습니다. 무슨 말이 하고 싶었을까요. 하고 싶은 말이 반전을 불러올 수 있는 말이었을까, 아니면 자신의 소신을 만천하에 부르짖고 싶었을까요. 그것은 허균만이 압니다. 그러나 시대와 한바탕 싸우고 또한 시대와 한바탕 놀았던 사내, 허균은 죽었습니다.

꿈을 꾸었고 그 꿈을 실현하려 했으나 끝내 이루지 못한 한 사내는 그렇게 갔습니다. 한 사내의 인생이 남긴 족적은 깊고 큽니다. 허균이 방탕한 생활로 시대에 불만을 표현했던 것만은 아니었습니다. 방탕과 파격적인 삶을 살았던 허균은 뜻밖에도 함라마을에 유배되어 와 저술에 착수합니다. 1611년 함열로 귀양을 와 있는 동안 그간 800년 동안의 시가를 96권으로 묶은 『성소부부고惺所覆瓿藁』 등 여러 작품을 집필한 것으로 알려졌습니다. 처음엔 64권이었는데, 현재 26권만 남아 있습니다. 참으로 엄청난 양의 책의 저술이었습니다.

허균은 확고한 철학을 갖고 있었고, 정치와 사회에 대한 뚜렷한 주관이 있었던 게지요. 학자들의 견해에 의하면 『성소부부고』가 43세에 엮어졌고 다음 해인 44세경에 『홍길동전』이 써졌을 거로 추측합니다. 그렇다면 『홍길동전』의 고향은 함라마을일 가능성이 높습니다. 허균이 유배를 온 나이가 43세였고 47세 되던 해에 유배에서 해제되었으니 더욱 그럴 가능성이 있습니다. 허균은 광해군 3년 1611년 1월, 지금의 함라로 귀양 와 4년 동안 머물렀습니다. 1611년은 허균의 나이 43세 되던 해이고 다음 해가 44세지요.

허균에게도 한가했던 때가 있었습니다. 그때도 뻐꾸기는 울었을 것입니다. 한가함과 유유하고 자적함을 즐겼을 것입니다. 제 개인적인 생각으로는 아마 허균의 인생 중 가장 깊이 있는 성찰의 기간이 함라마을에서의 유배기간이었을 지도 모른다는 생각을 했습니다. 그만큼 저술활동에 몰입했고, 허균답지 않은 책도 지었습니다. 그의 저술 중에서 허균의 또 다른 면모를 보게 하는 『도문대작』이라는 책이 있습니다. 이것도 물론 함라마을에서 지었지요. 『도문대작』은 1611년에 허균이 귀양지의 거친 음식을 먹게 되자 전에 먹었던 좋은 음식을 생각하면서 쓴 책이지요. 우리나라 팔도의 명물 토산품과 별미음식을 소개한 책입니다. 도문은 도살장의 문을 말하고 대작이란 질겅질겅 씹는다는 뜻입니다. 『도문대작』은 고기를 먹고 싶으나 먹을 수가 없으므로 도살장에 걸린 고기를 씹는다는 뜻으로 지은 이름이지요. 가당치 아

대지의 기울기에 몸을 맡긴 담이 고운 기와를 얹었다.
함라마을은 담장 공사가 한창이었다.

니한 것을 부러워한다는 말입니다. 사람 속은 알 수 없다는 말이 여기에서도 적용됩니다. 한 사람을 하나의 철학이나 사상에 가두는 일은 분명히 조심해야 할 덕목입니다. 이 『도문대작』은 음식에 관한 책으로는 가치 있는 책입니다. 조선시대의 음식문화를 알려주는 좋은 내용이기도 하고 검은 엿, 하얀 엿이라는 말이 처음 문헌상에 기록된 저술이기도 합니다.

　허균이 가장 맛있다고 한 것이 무엇인지 아세요. 지금은 먹어보기 어려운 것들이지요. 하지만, 추측해보시고 한 가지는 남북이 통일되면 드셔 보세요. 함경도 산山갓김치와 호남정맥 이남의 죽순짠지가 좋았다고 기록하고 있습니다. 호남정맥이 그럼 어디냐고요, 호남정맥은 노령산맥으로 알려진 산맥입니다. 우리나라 산경표에는 호남정맥인데 일제 때 노령산맥으로 이름이 바뀝니다. 뚜렷한 지명적인 근거가 없습니다. 노령산맥, 우리나라 산경표식 지도표기로 호남정맥은 영남과 호남지방의 경계를 이루는 산맥이며, 노령은 전북 정읍시와 전남 장성군 사이에 있는 276m의 고개, 또는 갈재라는 곳입니다.

　함라마을에 갔을 때 살결 같은 바람을 만났습니다. 바람은 꽃에게로, 매실나무에게로, 뻐꾸기 소리에게로, 나에게로 다가와 여인이 남정네를 몰래 훔쳐보듯이 스치며 지나가더군요. 아마 매실나무에는 오래 머무는 듯 했습니다. 나뭇가지가 제법 흔들렸거든요. 햇살은 돌담에 머무르고 매실나무에도 흠씬 젖어 있었습니다. 햇살이 젖었다는 표현이 어색하다고요. 그렇기는 하지만 햇살이 찰싹 달라붙은 것이 젖어 있는 것처럼 보였거든요. 너무 나무라지 마세요. 여행을 즐기다 본 것을 느낀 대로 적은 것인데 교과서처럼 따지면 제가 할 말이 없거든요.

  산이 얼마나 떠나고 싶었으면 제 살을 갈라 바위로 절벽을 굴러 떨어졌을까. 저 돌은 얼마의 세월로 자신을 쪼개어 주먹만 한 돌이 되었을까요. 돌이 삭아 흙이 되기까지 얼마나 마음을 다스렸을까요. 자신을 다스린 흙이기에 돌을 끌어안고 있겠지요. 자신을 보듬어 안은 가슴이기에 부드러워져서는 식물을 기르겠지요. 만물을 살아가게 하는 근원이 땅에 있었습니다. 땅의 모체는 흙이었지요. 그래서 흙에서 자라는 것들은 모두 꽃을 피우나 봅니다. 호랑나비가 팔랑거리며 날아갑니다. 꽃에 앉습니다. 천국을 배워온 몸짓입니다. 함라마을에선 사소한 것들도 꽃이 피어나듯 의미가 있습니다. 어느 집에서는 돌담길을 따라 꽃을 심었습니다. 돌담을 따라 핀 꽃은 참 곱습니다. 예쁘지 않은 꽃이 어디 있겠습니까. 하지만 돌담과 어우러진 꽃은 더욱 아름다웠습니다. 마을 입구에 들어서려면 파출소를 거쳐야 합니다. 파출소 돌담이 그랬습니다. 돌담이 도레미송이라도 부르는 듯 예쁜데 그 밑에 꽃이 가지런하게 피어 있었습니다. 마을 주민들과 만나는 파출소에 근무하는 사람들의 마음이었겠지요. 화장실이 없어서 파출소를 이용한, 같이 동행한 사람의 눈길에서도 꽃을 바라보는 따뜻한 마음이 느껴졌습니다.

  우리 전통마을의 길들이 다 그렇습니다만 곡선과 직선 그리고 이어짐과 끊어짐이 예측하기 힘이 들지요. 담장의 높이도 저마다 각자 마음의 높이만큼 쌓아 모두가 다른 모습, 다른 표정을 가지고 있습니다. 흙담의 경우 물과는 상극이지요. 비가 오면 젖어서 허물어져 그것을 막기 위하여 돌담에 지붕을 씌우거나 하단에 물이 튀어도 괜찮도록 돌만으로 기단을 쌓고는 합니다. 헌데 이것들도 정형화시키지 않고 마을 사람들의 마음의 모양새대로 만들어놓아 다양함에 더욱 가세하고 있습니다.

함라마을은 돌담마을로 지정되어 알려진 마을입니다. 돌담이 아름다운 마을 길을 따라 걸으면서 손을 잡아도 좋고, 손을 놓고 남의 집 안마당을 훔쳐보는 재미도 쏠쏠합니다. 아직도 미완의 돌담마을이긴 합니다. 마을 전체가 돌담은 아니었거든요. 그렇지만 한국적인 미학이 자리 잡기 시작한 것에 마음이 흐뭇했습니다. 다른 전통마을과는 다른 돌담형태도 인상적이었고 다양함이라고 표현했지만 다른 재료와 다른 형태의 돌담을 가진 풍경은 분명 독특했습니다.

역사 깊은 마을에 다양함을 기반으로 하는 전통이 잘 숙성되어가는 것을 볼 수 있었습니다. 장독대에서 익어가는 된장과 고추장처럼 세월이 향기롭게 발효될 수 있는 공간이었습니다. 지붕도 다른 마을과는 다르게 양철집, 슬래브집, 기와집, 초가집 등 다양했습니다. 역사로 아름다워지는 마을이었지만 변화 또한 받아들이는 기품 있는 마을이었습니다.

시대와 맞싸운 실패한 혁명가, 허균에 대한 자취는 어디에서도 찾을 수 없었지만, 삼국시대 이전의 마을답게 의젓한 모습에 반했습니다. 세월도 아름다움의 재료가 될 수 있음을 함라마을에서 보았고, 이곳을 방문한 나그네는 즐거웠습니다. 함라마을, 그곳은 천국을 배워온 몸짓으로 날아가는 나비를 보았듯이 천국을 배워가는 마을이었습니다. 🙠

성주 한개마을

북쪽으로 사립문을 내고 사도세자를 추모한 사도세자의 호위 무관 이석문의 고향

한개마을을 이야기하면서 빼놓아서는 안 되는 인물과 건물이 있습니다. 북비고택입니다. 북비고택은 이석문이 터를 잡았습니다. 북비고택北扉古宅이라는 명칭은 사도세자의 죽음과 관련이 있습니다.

1762년 영조 20년, 영조는 아들인 사도세자를 뒤주에 가둬 죽이려 하고 있습니다. 장소는 휘녕전이었습니다. 세상에 어느 어머니가 제 자식을 죽여 달라고 요청하는 일이 벌어질 수 있겠습니까. 조선의 역사에서 그러한 일이 벌어졌습니다. 세자를 죽이라고 요청한 사람은 바로 사도세자의 생모인 영빈 이씨였으며 죽이라는 명령을 내린 사람은 친아버지인 영조였습니다. 누구보다 세자를 사랑했던 어머니 영빈 이씨가 모성애를 버리고 세자를 죽여 달라고 한 사실을 어떻게 이해해야 할까요. 어머니는 자식을 죽여 달라고 남편에게 이야기하고, 남편은 자식을 죽이려는 패륜의 현장에 한 사내가 아이를 안고 들어옵니다. 아무도 들어오지 못하게 하는 것을 막무가내로 밀치고 들어섭니다. 아이를 안고 들어온 사람은 사도세자의 호위 무관이었던 이석문이었습니다. 호위 무관 이석문에 의해 안겨 들어온 아이는 사도세자의 아들이었고, 사도세자를 죽이려고 하는 영조의 손자였습니다.

이 비극의 현장에 아이의 아버지와 아이의 할아버지 삼대가 함께 있었습니다. 할아버지가 아버지를 죽이려는 현장에 아이는 울며불며 애원을 합니

다. 아버지를 살려달라고. 그러나 애원은 허공에 메아리칠 뿐입니다. 이 아이가 바로 후일 정조가 되는 영조의 세손이었지요. 그때 세손의 나이는 11살이었습니다. 사도세자의 나이는 불과 28세였고요. 정조는 아버지가 뒤주에 갇혀 죽어가는 것을 목격한 자식이었습니다. 호위 무관인 이석문은 세손을 데리고 들어가 사도세자의 죽음을 막으려 어명을 어기면서까지 살려달라고 애원을 합니다. 이석문은 영조가 나가라 해도 나가지 않고, 돌을 들어 뒤주 위에 올려놓으라 해도 올려놓지 않았습니다. 세손, 후일 정조는 할아버지가 아버지를 죽이는 현장에서 아무런 힘이 되지 못했습니다. 세손은 아버지를 살려달라고 할아버지인 영조에게 간절하게 매달렸지만 소용없었습니다. 사도세자를 지켜야 할 호위 무관 이석문도 이 자리에서는 아무런 힘이 되지 못했습니다. 도리어 이석문은 어명을 거역한 죄로 곤장 50대를 맞고 관직에서 쫓겨납니다. 결국 사도세자는 뒤주에 갇혀서 죽임을 당합니다.

눈물을 훔치며 고향으로 돌아온 사도세자의 호위 무관이었던 이석문은 남쪽으로 난 사랑채 문을 헐어 담으로 둘러치고 북쪽 담을 헐어 작은 문을 답니다. 북비北扉라는 말은 북쪽으로 난 사립문이라는 뜻입니다. 그리고는 매일 새벽 의관을 정제하고 비명에 죽어간 사도세자의 원혼을 달래기 위해 북향사배를 합니다. 사도세자가 죽어가는 것을 바라보기만 한 자신이 부끄럽고, 안타까워서였습니다. 신하된 자로 본분을 다하지 못한 죄를 스스로 단죄하려는 충절이었습니다. 낙향한 뒤부터 죽는 날까지 10년 동안 하루도 빠짐없이 실행했습니다. 사람들은 그를 북비공北扉公이라고 불렀습니다.

사도세자의 호위 무관 이석문의 아픔과는 달리 한개마을은 다양한 풍경을 자연스럽게 품에 안고 있습니다. 제가 다녀본 전통마을 중에서 가장 자연스러움을 간직한 마을이었습니다. 자연이 마을에 그대로 내려앉은 양 길은 땅의 기울기를 받아들이며 휘어 돌기도 하고 직선을 일부 받아들이기도 하면서 아주 편안하게 했습니다. 한옥이 주는 기품과 단정함이 일품이었는데 정

담과 벽이 수더분한 모습으로 어울린다. 사도세자를 추모하기 위해 북쪽으로 사립문을 낸 호위 무관 이석문의 고향인 한개마을은 지조가 대쪽 같은 마을이다.

말 특별한 것은 인위적인 건물에서 무위가 드러나더군요. 얼마나 반갑던지요. 한국 전통마을의 아름다움은 질리지 않게 하는 그 무엇이 있었는데, 그것이 바로 정형 속에 비정형이었어요. 말이 좀 어렵나요. 한국의 미는 일정한 틀을 가지고 있으면서도 그 틀의 일부를 허물어버리지요. 아주 특별한 다정함으로 다가오게 하는 힘이 바로 그것에서 발원하지요. 예를 들어 담이라는 형식적인 틀은 단절일지도 모릅니다. 안과 밖을 나누는 구분 말입니다. 그래서 일정한 높이와 재료로 돌을 가져다 씁니다. 하지만, 현대건축과 달리 직선을 고집하거나 일정한 높이를 만들지 않습니다. 확정된 틀의 일부를 무시하고 비정형을 들여놓는 것이지요. 정형 속에 비정형의 일부를 받아들이는 태도지요. 담의 높이가 땅의 기울기에 따라 높아지고 낮아지는 형태를 보이게 되고 담장도 일직선을 고집하지 않아 휘어지는 것이 흔한 사례입니다.

마당에는 비가 오는 날 흙에 빠지지 말라고 놓은 걸음 돌이 징검다리를 연상하게 놓여 있는 것도 전통마을의 마음씀씀이였습니다. 예쁜 마음이었습니다.

한개마을은 선비의 마을입니다. 선비 하면 서늘한 기품이 느껴지기도 하지만 꼬장꼬장한 노인이 떠오르기도 합니다. 선비의 상은 한마디로 정의하기에는 어려움이 있습니다. 한개마을 한주종택에 들렀을 때 사랑채에 걸린 현판이 네 개가 있었지만 유독 하나가 눈에 들어왔습니다. 주리세가主理世家라는 글이었습니다. '주리를 신봉하는 자가 대를 이어 사는 집'이라고 이해됩니다. 성리학의 한 줄기인 주기와 주리론 중에서 하나를 못 박듯이 정해놓고 집안에 걸어놓은 것입니다. 주리는 이언적이 선구자이며 이황이 발전시켜 영남학파를 형성하게 하는 근원이 되기도 합니다.

단도직입적으로 말하면 사람의 마음의 흐름상태 중에서 사단四端인 인의예지仁義禮智의 측은惻隱·수오羞惡·사양辭讓·시비是非 등의 마음과, 칠정七情으로 희노애구애오욕喜怒哀懼愛惡欲 일곱 가지 인간의 감정을 가리키는 것 중에서 사단은 기氣에서 나왔고 칠정은 이理에서 나왔다는 주장입니다. 다시 말해 이성적인 산물은 이에서, 감정적인 것은 기에서 나왔다고 하는 것이 주리론의 핵심입니다. 그럼 이와 기를 이야기해야겠지요. 책을 덮을 것 같은 느낌이 옵니다. 조금만 참고 읽어주시기 바랍니다. 정말 조금만 더 설명하겠습니다. 아주 쉽게 그리고 무식하도록 선명하게. 솔직히 무식이 제 모습이니 어여삐 여겨 주시기 바랍니다.

이理는 모든 사물의 생성과 변화의 원리를 주관하는 근본 원인을 말합니다. 그럼 기氣는 무엇이냐면 이의 원리가 현상적으로 구체화되는 요소입니다. 쉽게 말해서 이는 형이상학적인 관념적인 것이고 기는 형이하학적인 구체적인 것입니다. 조금 더 이야기하면 내가 한개마을에 올 때 차를 타고 왔겠지요. 차를 모는 사람이 이理고, 차는 기氣지요. 사람이 결정한 길을 자동

차가 실행을 했지요. 운전자는 이고 자동차는 기라는 것이지요. 이렇게 무식해도 되나 모르겠지만, 철학은 선명한 꿈을 꾸기 바라는 자들의 몽상이라고 우기고 싶어지는 날입니다.

    우주의 생성원리로서 보다 근원적인 것이 이인가 아니면 기인가 하는 문제가 논쟁의 중심이 되는데, 주리론자들은 도덕적 신념과 그 실천을 중요하게 여겼습니다. 이 집 주인의 철학을 읽을 수 있습니다. 강한 자기주장도 같이 볼 수 있고요. 어떤 철학으로 이 세상을 이끌어가든 관심이 없이 살아가는 일에 열중한 일반 백성에 의해 세상은 이루어지는지도 모릅니다. 먹을 것과 입을 것 모두 그들에 의해서 나오거든요. 농사를 짓는 사람도, 그릇을 만들고, 직접 몸으로 집을 짓는 사람도 일반 백성이었습니다.

    철학에 아랑곳없이 역시 정형을 고집하지 않은 흙 돌담에 얹힌 수키와가 곱고, 직선을 고집하지 않은 적당히 휘어진 담장에서 편안함을 느낍니다. 한개마을에서는 여름을 밝혀줄 배롱나무가 이제 막 꽃망울을 피우기 시작했는데 100일을 가겠지요. 배롱나무의 휘어진 형태가 한개마을의 돌담과 닮았습니다. 길도 닮았습니다. 몸을 틀어 길의 끝이 보이지 않는 길을 따라가다 보면 작은 모험이라도 체험하는 양 새로운 풍경이 얼굴을 내밀고는 합니다. 참 길이 곱지요. 돌담이 들려주는 이야기가 다정하게 들리지요. 돌담이 내어주는 풍경이 다감하기도 하고요. 길을 걷는 내내 즐거웠습니다. 배롱나무는 한 나무에서 꽃이 피는 날이 100일이나 되는 꽃입니다. 열흘을 넘기는 꽃은 우리나라에서는 드뭅니다. '화무십일홍 인불백일호 花無十日紅 人不百日好'라고 했잖습니까. 꽃은 열흘 붉은 것이 없고, 사람은 백 일을 한결같이 좋을 수 없다는 말이지요. 헌데 배롱나무는 그의 열 곱은 오래가니 특별한 나무지요. 지면 새로 피어나고, 피어난 꽃 옆에 다른 꽃망울이 피려고 준비하고 있는 배롱나무. 품위가 있는 꽃이지요. 한개마을처럼 단정한 모양새와 스스로를 단죄하면서 마음가짐을 다듬는 전통이 있는 마을에 어울리는 꽃이었습니다.

한국의 마음, 그 안을 걷는 기분이 들게 하는 마을

한개마을에서는 사랑도 배롱나무의 다른 이름인 목백일홍처럼 피고지고 지고 피며 100일이 아니라 100년은 가나 봅니다. 모두가 오래된 전통으로 우뚝 서 있으니 말입니다. 짧은 사랑도 길게 늘일 수만 있다면 얼마나 좋을까요. 달팽이처럼 넉넉한 시간을 들인 사랑으로 말입니다.

달팽이의 느린 걸음이
시간을 걸음마 시키고 있다

시간을 더디게 끌고 가는 힘이
달팽이에게는 있다 생의 전부를 짊어진
달팽이는 사랑에도 생의 전부를 건다
등에 지고 다니는 달팽이집에는 사랑만
있고 사랑이 아닌 것은 어느 것도 없다
달팽이는 투명한 촉수로 낮아진 하늘을
더듬어 꿈틀거리는 사랑을 잡는다
달팽이는 이 세상의 시간을
같은 속도로 이해하는
달팽이를 사랑하고 있다

달팽이는 짧은 사랑도
길게 늘여 놓는다

_신광철의 「달팽이의 사랑」 전문

초가집에 불이 켜지고 징검돌이 가지런하다. 집은 사실 공간을 만드는 일이다. 그 공간을 채운 것이 사랑이라야 살맛이 난다.

세상을 살아가게 하는 힘으로 사랑만 한 것은 없을 듯합니다. 한개마을은 성주 땅에 있지요. 성주 하면 '참외의 고장'입니다. 참외가 달고 맛이 있습니다. 전국 생산량의 60%가 넘는다고 합니다. 둘러보면 온통 참외 밭입니다. 참외를 사서 둘이 나눌 수 있는 사이인 사람이라면 짧은 사랑도 길게 늘일 수 있겠지요. 그런 사람이 이 세상에 있다면 참 성공한 사람이구나 하는 생각을 했습니다. 성주에 오실 때는 같이 오셔서 드시고 가시면 되지요. 참외는 다른 채소와 달리 몸에 노랗고 긴 골을 가지고 있지요. 그 참외의 골마다 단물이 들어 답니다. 사랑의 골짜기에 단물이 들어 있듯이 길고 오랫동안 이어갈 사랑을 만들어주는 성주로 오셔서 참외도 드시고 한개마을의 정취도 느껴보시면 삶이 한결 가벼워질 겁니다. 날개를 달아드릴 수는 없지만 참외가 단 성주를 소개시켜 드릴 수는 있습니다. 두 사람만의 사랑의 골짜기를 걸어보는 느낌으로 한개마을을 걸어보시면 됩니다. 아기자기하고 올망졸망

한국의 전통 길은 직선으로 만나지 않는다. 사거리가 거의 없다. 각을 세운 부분끼리의 부딪힘을 꺼려서다. 삼거리의 각도 부드럽다.

하고 그림 같은 길을 걸을 수 있습니다. 한국의 마음, 그 안을 걷는 기분이 들지요. 아늑하기도 하고, 적막하기도 하고, 정답기도 합니다. 다만, 아쉽다면 그리 길지 않아 꿈결 같은 걷기가 아쉬움을 가지게 하지요.

    시름일랑 벗어놓고 걸으면 사람 사는 동네에서 사람 사는 기분이 들지요. 바람이 살랑 지나가거든 귀 기울여 바람의 이야기를 들으셔도 좋습니다. 햇살은 적막과 함께 어울려서 길이고 돌담이고 한옥지붕에 내려앉아 자분자분 시간의 발자국을 내고 있었습니다. 시간은 그림자로 돌담을 건너고 있었고요. 사실 시간이란 직선이었는데 때론 느슨하게 때론 화살처럼 강하게 우리를 흔들었지요. 가만 보면 시간은 변함없이 그리고 오차 없이 세상을 지배하고 있었는데 받아들이는 우리의 마음이 수시로 변한 것이었습니다. 일희일비하는 마음이 문제였던 것이지요. 산은 앉은 자세로 천 년을 가고, 강은 흐르는 일로 천 년을 갑니다. 숲이나 산짐승들은 좌정한 산의 듬직한 배경으로 편하게 사는 것이었습니다. 물의 지속이 물에 사는 물고기들을 기르고 물가에 사는 풀들을 기르는 것이었습니다. 우리는 어디쯤을 흐르고 있는 걸까요. 인생의 어느 지점을 지나고 있는 걸까요. 사람의 행동이 어디에선가 멈추겠지요. 사람이 멈춰선 곳에 꽃이 피겠지요. 아마 그럴 거라고 생각합니다. 눈물이 떨어진 자리에도 꽃이 피고, 사람이 멈춰선 자리에도 꽃이 피겠지요.

    길은 길을 찾아가고, 길은 떠났지만 끝나지 않았습니다. 길이 끝난 자리에 누군가 새로이 길을 내고 있으니 말입니다. 한개마을의 마을길도 바깥을 지향하고 있는 것을 봅니다. 마을 안길이 아주 특별합니다. 자식의 응석을 다 받아주는 어머니의 마음처럼 넉넉하고 푸근한 길이었지요. 너무나 자연스러운 변화와 풍경을 만들어내고 있었는데 그것은 가만히 들여다보니 의외로 우리의 상식을 깨는 것들이었습니다. 직선으로 만들어진 도시에서 살아온 저 같은 사람에게는 더욱 그랬습니다. 구불거리며 휘어져 간 길과 높이가 일정하지 않게 굴곡을 받아들인 것들이 정상이 아니라고 생각했지만, 이내 마음을 고쳐먹었습니다. 자연은 일정한 틀을 고집하지 않았는데 사람들은 자르고 토막 내서 각을 지게 만들고 분할을 자행했습니다. 우리의 전통은 그렇지 않았습니다. 받아들임의 미학과 어울림의 미덕이 만나 마을을 만들고 사람들을 길렀는데 그것은 일종의 파격이었습니다.

격은 적당히 무너뜨리면 파격이 되면서 무한한 아름다움을 던져주지요. 우리의 전통은 파격을 능청스러울 정도로 자연스럽게 받아들이는 독특함을 가졌지요. 한개마을이 그랬습니다. 다른 전통마을도 아름답고 나름의 독특함을 가지고 있었지만 한개마을은 또 다른 특별함을 가지고 있었습니다. 다른 전통마을에 비해 더 많이 파격을 들인 것이었습니다. 사도세자를 죽여서는 안 된다며 세손을 데리고 들어가 영조에게 저항하던 사도세자의 호위 무관이었던 이석문의 돌출행동처럼 말입니다. 곤장 50대와 파직이라는 죄 아닌 죗값을 받았지만, 그는 당당했습니다. 한개마을의 파격이 그렇습니다. 위엄과 기품이 느껴지는 마을입니다. 고집이 없다면 성취도 없습니다. 우직할 만큼 마음이 가는 길을 걸어가는 사람이 성공을 하지요. 성공보다 더 중요한, 하고 싶은 일을 하며 살아 그 길에 작은 탑 하나 만들 수 있다면 더없이 값진 삶을 산 게지요.

경상북도 성주군 월항면 대산리에 자리한 한개마을은 1450년경 진주 목사를 지낸 이우가 정착해 터를 잡은 성산 이씨 집성촌입니다. 마을 앞으로 낙동강 지류인 백천이 흐르는데 이곳에 큰 나루가 있었다고 해서 한개마을이라 불리게 됐습니다. 순우리말 이름으로 '한'은 '크다'는 뜻이고, '개'는 '나루'를 의미하지요. 마을이 세워질 당시만 하더라도 나루에 드나들던 배들이 많았다는데 지금은 강이라고 하기에는 너무도 초라한 모습으로 변해 배 한 척 드나들기 힘들 정도입니다. 나루는 초라해졌지만 마을은 꿋꿋이 수백 년간 역사를 이어오고 있습니다.

한개마을에는 70여 채의 한옥과 초가 등이 어우러져 있고 몇 집을 제외하고는 현재까지도 사람들이 살고 있는 집입니다. 이곳에는 북비고택과 교리댁, 하회댁 등 보존상태가 특히 뛰어난 집들이 많습니다. 마을의 건물들은 대부분 18세기 후반에서 19세기 초반에 걸쳐 건립됐습니다. 한옥의 경우 집집마다 안채와 사랑채, 부속채 등이 잘 배치되어 있습니다. 한개마을 안내소를 지나 올라가다 보면 진사댁 바로 지나 길이 두 갈래로 나뉩니다. 왼쪽으로 길을 잡으면 한개마을을 대표하는 교리댁, 북비고택, 월곡댁 등 고택들을 만나볼 수 있습니다.

감나무가 돌담의 모서리를 안고 있다. 함께여서 어울린다.
걷는 내내 한국 토속의 맛이 달다.

한 집 한 집 다 들어가 쉬어가면서 이곳에서 생을 일구어가는 분들과 이야기도 나누고 삶의 깊은맛을 느끼고 싶지만, 이곳을 찾아오는 사람이 저 뿐은 아니겠지요. 저야 객이지만 주인은 늘 객을 맞아야 하는 불편함이 있겠지요. 제가 어느 종갓집을 방문하고는 양반으로 산다는 것이 그리 만만한 일이 아니라는 생각을 했습니다. 양반댁의 며느리는 더욱 그랬습니다. 부자가 부럽고 명예와 권력을 부러워하지만, 그것을 유지하는 일은 고된 일이었습니다. 찾아오는 사람이 없는 날이 드물었다고 합니다. 사랑채가 모자라서 별도로 집을 늘려야 했고, 그 시중을 드는 주체는 종이 아니라 안사람이었고 며느리였습니다. 종갓집에는 소반이 무려 열일곱 개가 있었습니다. 겸상이 아니라

큰 네 쪽 째리는 이불장, 작은 네 쪽은 책을 넣어두는 서고다. 아래쪽은 눈꼽재기창으로 작은 창을 내어 문을 열지 않고도 밖을 내다볼 수 있게 만든 소통의 문이다.

독상을 내주는 것이 예의였다고 합니다. 밥을 하고 상을 차려 내가고 설거지 하는 일만으로도 하루가 모자랐다고 했습니다. 젊은 시절 무릎을 하도 많이 써 지금은 무릎이 아파 걷는 것도 힘들다고 했습니다.

전통마을로 살아왔고 살아가야 할 한개마을은 삶의 터전이었습니다. 북비고택은 한개마을의 상징성이 강한 곳이니 빼놓지 말고 들러야 하는 곳이지만, 다른 집도 사는 분의 불편을 고려해서 조용히 구경할 수는 있습니다.

한개마을은 전통을 간직한 마을 자체가 감동을 주지만, 마을 길이 압권입니다. 마을 길을 만드는 담장이 그 맛을 전해주지요. 한개마을 옛 담장은 장인이 아닌 마을 주민들 스스로의 힘에 의해 세대를 이어 만들어지고 또 덧붙여진 우리 민족의 미적 감각과 향토적 서정성이 고스란히 담겨 있는 유산이지요. 마을 담장의 주류를 이루는 것은 토석담입니다. 전통한옥들과 잘 어우러져 자연스런 마을의 동선을 유도하면서 아름다운 마을 속에 잘 동화되어 있어 문화재로서의 가치가 높습니다.

마을을 둘러보다가 '진사댁'이란 곳을 들어갔습니다. 다른 집에 비해 단장이 잘 되어 있고, 마당에는 나무들이 주인의 손길을 받아 윤택이 흐르고 있었습니다. 주인어른은 풀을 뽑고 있었습니다. 화단을 가꾸는 일은 풀을 뽑는 일이 반이라고 했습니다. 회갑을 막 넘은 할머니로 보았는데 무려 76세라고 하십니다. 안색이 맑고 고왔습니다. 이 집으로 17살 때 가마 타고 시집을 와 지금까지 남편과 살고 있다고 했습니다. 말씀하시는 동안 웃음이 얼굴에 수시로 담겼습니다. 참 맑은 분이셨지요. 성함을 슬쩍 물어보았지요. 이름이 재미있었습니다. '이술이'였습니다. 술해, 술일, 술시에 태어나셨다고 합니다. 성함이 이씨 성을 가졌고 술일, 술시 두 개의 술을 가졌다고 해서 아버지가 술이라고 이름을 지어주었다고 합니다. 가만 생각해 보면 술해까지 넣어서 '술삼'이 맞을 듯한데 두 개를 적용한 마음은 모르겠습니다. '진사댁'은 전통마을체험 공간으로 개방해 민박이 가능하다고 했습니다. 이곳에서 하루를 묵으면 아주 색다른 체험을 하게 될 것입니다.

한옥의 구조도 아주 특별했습니다. 안채, 사랑채, 새사랑채로 구성되어 있습니다. 새사랑채가 안채와 나란히 앉아있는데 새사랑채를 안으로 들인 것도 드문 일이지요. 안채는 여성의 공간이고 사랑채는 남성의 공간이어서 엄연히 구별되어야 하는 서로 간에 금역의 장소였거든요. 말이 그렇지 진사댁은 여러 가지로 파격을 가져온 집입니다. 한옥은 위계가 확실히 서도록 지어지는 것이 일반적인데 진사댁은 달랐습니다. 안채와 사랑채의 공간이 트여 있는 것도 그렇고 두 개의 사랑채를 가지고 있는 것도 처음 보는 일입니다. 그만큼 개방성이 확연한 집이었지요. 특히 새사랑채는 별난 구조지요. 남과 다르다는 것부터가 기분을 즐겁게 하는데 그건 저만의 생각인가요. 새사랑채는 누마루처럼 꾸민 마루 한 칸과 온돌방 한 칸, 창고로 구성되어 있습니다. 누마루에서 방으로 들어가는 문은 卍자 모양으로 멋을 냈습니다. 운치 있는 장소였습니다. 오밀조밀하게 꾸며져 앉아있는 내내 즐거웠습니다. 그곳이 마음에 들어 눈길을 보냈더니 주인어른이 권하기에 얼른 올라앉아 보았지요. 아주 조그만 공간이 맛깔스러웠지요. 붙어 있는 방에서 하루 묵었으면 인생의 하루가 빛나겠구나 싶었는데 민박이 가능하다고 합니다. 하지만, 저는 이미 성주 읍내에서 묵고 이제는 다른 곳으로 가야 하는 객이었으니 그런 호사는 미루어야 했습니다. 조금 더 이야기하고 싶은 것이 있습니다. 방에 대한 이야긴데 가시게 되면 한 번 살펴보세요. 신혼부부 둘이 묵으면 딱 맞을 정도 크기의 방입니다. 한쪽 벽면에 문이 세 개가 있는데 크기가 다 다르고 용도도 달랐습니다. 같은 크기와 같은 위치에 통일시켜야만 직성이 풀리는 요즘의 건축법과는 사뭇 다른 다정스러움이었거든요. 한 개는 이불장, 한 개는 책을 넣어두는 서고였고 또 하나가 기발했습니다. 뭐냐고요, 바람의 공간이었습니다. 여름에 문을 열지 않고도 밖의 바람이 들어오도록 한 문이었습니다. 둘은 넣어두는 공간이었고 하나는 소통의 공간이었습니다. 장독대가 가지런히 이쁜 진사댁에서 음료수까지 얻어 마시고 나오는 기분이 소년 같았습니다. 오십이 넘은 초로의 나이에 이런 호사로 살아가는 재미를 느끼게 되니 그것도 고마운 일이었습니다. 이슬이 할머니 고맙습니다.

한개마을에는 조선 영조 때 사도세자의 호위 무관을 지낸 이석문, 조선 말의 유학자 이진상 등 명현을 많이 배출하였습니다. 경상북도 문화재로 지정된 건조물과 민속자료 등도 많이 있습니다. 월봉정, 첨경재, 서륜재, 일관정, 여동서당 등 다섯 동의 재실이 있고, 이석문이 사도세자를 그리며 북쪽으로 사립문을 냈다는 북비고택, 이진상이 학문을 닦던 한주종택, 20세기 초 목조 건축인 월곡댁, 마을에서 가장 오래된 교리댁 등이 경상북도 민속자료로 지정되어 있습니다. 진사댁을 빼놓으면 안 되겠지요.

특히 동네 어귀에 들어서면 대번에 배산임수를 고려한 마을 지세가 눈에 들어옵니다. 북쪽 영취산을 중심으로 좌우로 산이 둘러싸고 있고 중앙의 구릉지에 마을이 들어서 있으며, 마을 앞쪽으로는 낙동강 지류인 백천이 흐르고 있습니다. 백천의 물은 줄었지만, 한개마을의 정취는 여전합니다. 전통한옥들 사이로 자연석에 황토를 발라 쌓아올린 토석담 3,300m가 유려한 곡선을 이루며 한국미를 보여주고 있습니다.

안동 하회마을

하회탈과 하회마을만이 가진 역사성은 유성룡과 유윤룡 두 형제를 만나면서 완성된다

낙동강은 안동 하회마을을 끌어안고서 넉넉해집니다. 안동 하회마을은 두 형제를 품고서야 완성이 됩니다. 하회河回, 말 그대로 물이 돌아간다는 뜻을 가진 마을입니다. 우리말로는 한결 부드럽고 정감이 가는 물도리마을이지요. 우리말이 가진 어감이 가슴을 잠방잠방 적시게 하지 않나요. 젖어서는 몸으로 스며들게 하는 기분이 들지 않으시나요. 낙동강 줄기가 마을을 휘감고 S자로 흐르며, 산들이 병풍처럼 마을을 둘러싸고 있습니다. 하회마을은 연화부수형蓮花浮水形으로 마치 연꽃이 물 위에서 꽃을 피운 형상이라고 합니다.

옛 모습을 고스란히 간직하고 있는 이 마을에 조선시대 성리학자 서애 유성룡의 후손인 풍산 유씨를 비롯해서 광주 안씨, 김해 허씨 등의 종친들이 모여 살고 있습니다. 씨족마을이지요. 골목골목 자연석을 끌어안고 서 있는 돌담과 능청스럽게 시간에 젖어 있는 골목길의 높낮이의 변화가 도란거리는 듯합니다. 기와집과 돌담과 길이 주고받으며 만들어내는 고즈넉한 풍경이 마음을 흐뭇하게 합니다. 포장되지 않은 언덕길은 하회마을을 찾는 이에게 마치 시간을 거슬러 올라가게 하는 정감의 시간적인 후퇴를 발견하게 됩니다. 하회마을을 하회마을이게 하는 것은 하회탈과 하회마을만이 가진 역사성에서 찾아야 하겠지만, 두 형제를 만나게 되면서 완성됩니다.

하회마을은 유운룡과 유성룡 두 형제에 의해 마무리된다고 했습니다. 두

낙동강이 마을을 감고 돌아 하회마을, 물도리 마을이라고 한다. 유성룡과 유운룡 두 형제를 품고서야 완성된다.

형제가 살던 집과 정사에 의해 하회마을이 꼭짓점으로 치닫는 것을 확인하게 됩니다. 풍산 유씨 큰 종가인 '양진당'과 서애 유성룡의 종택인 '충효당'을 볼 수 있습니다. 양진당은 조선 선조 때의 문신이자 유성룡의 형인 유운룡의 종택이며 풍산 유씨 종가입니다. 유운룡의 아버지인 입암 유중영의 고택이라는 뜻으로 '입암고택立巖古宅'이라는 현판이 걸려 있습니다. 하회마을에 있는 집들 중에 백미는 유성룡의 충효당입니다. 집으로 들어가 안채의 마루에 앉으면 한국적인 미학에 빠져들게 됩니다. 후원의 돌담이 후원으로 내어놓은 두 개의 문을 통해 문득 찾아와서는 풍경이 되는데 감동하게 됩니다. 우리의 집 구조는 두 개의 문화를 받아들인 까닭에 북방의 구들과 남방의 마루가 만나서 서로 상생의 협주곡을 연주하고 있음을 보게 됩니다. 어느 나라에서도 볼 수 없는 우리만의 독특한 건축양식이지요. 이 구들과 마루의 구조는 궁궐과 개인의 건축물 그리고 풍류를 즐기던 루와 각 그리고 정사 같은 곳에도 똑같이 적용되어 있음을 보게 됩니다. 하나의 건축물에 겨울과 여름의 공간이 서로 다른 공간을 차지하고 있습니다. 우리의 문은 여름에는 완전 개방되어지는 특색이 있지요. 여러 번 언급했지만, 문을 횡으로 접고 접은 문을 들어서 상부에 걸어두면 문 자체가 가진 멋스러움과 함께 풍격이 찾아옵니다. 풍경을 내부로 끌어들여 하나의 액자처럼 보이는 한국적인 정취는 기막힌 조화와 자연과 사람의 만남의 공간을 마련해줍니다. 충효당이 바로 그런 조화로운 후원의 풍경을 마루로 끌어들이고 있음을 보게 됩니다. 안동 하회마을의 원지정사에 가서 앉으면 부용대가 방안으로 들어와 있는 것을 한눈에 확인할 수 있습니다. 방안이, 방안이 아니라 부용대와 같은 공간에 앉아있는 착각을 불러오게 합니다. 방이 폐쇄된 공간이 아니라 열린 공간임을 알게 됩니다. 한국적인 건축의 특징이 안과 밖이 하나의 풍경과 공간을 만들어내도록 설계되어 있다는 것입니다. 아주 묘한 건축구조지요.

  부용대를 중심으로 만송정 솔숲 건너편 상류 쪽에는 유운룡의 겸암정사가 보일 듯 말 듯 자리하고 있고, 하류 쪽인 하회마을과 부용대를 오가는 나루터 건너편에는 옥연정사가 키를 낮추어 조용히 자리하고 있습니다. 부용대 위쪽으로 올라가 하회마을을 바라보면 낙동강이 하회마을을 감아 도는 풍경과 하회마을의 전경이 한눈에 들어오는데 이곳에 오르지 않고는 하회마을을 다 보았다고 말할 수 없습니다. 하회마을의 골목골목을 누비면서 집 대문과 돌담이 오순도순 어깨를 나눈 모습이나 지붕들이 고만고만한 높이로 키재기를 하는 모습을 보면서 아늑한 한국의 정취를 느꼈지만, 마을을 벗어나 흐르는 물을 건너 부용대에 오르면 마치 선경에 든 듯한 하회마을을 조망하게 됩니다. 부용대에 오르고서야 하회마을이 주는 정취를 제대로 만끽할 수 있습니다. 하회마을에 오시거든 부용대는 꼭 빼놓지 말고 올랐다 가시기를 권합니다.

  하회마을은 두 형제를 품고서야 완성된다고 말씀드렸듯이 유운룡과 유성룡 형제에 의해 완결되어집니다. 부용대도 두 형제를 끌어안고서야 진정한 부용대의 절경을 드러낼 수 있습니다. 겸암정사와 옥연정사 사이로 나 있는 기막힌 길이 풍경을 완성하거든요. 부용대 하단에 낙동강이 바로 발아래 보이는 길이 있습니다. 한 사람이 겨우 갈 수 있는 아주 좁고 험한 길입니다. 바위를 파내고 만들어 놓은 길이라 조금만 방심하면 낙동강에 추락할 수밖에 없을 듯 아슬아슬한 느낌의 길입니다. 이 길은 형제의 길이기도 합니다. 형 유운룡과 동생 유성룡의 형제애가 깃든 길이지요. 부용대 위쪽으로 나 있는 길이 소나무 숲을 지나고 하회마을이 한눈에 들어와 나름 멋진 길이지만, 낙동강과 함께 흐르는 부용대 하단의 암반 길은 절묘하기만 합니다. '서애 오솔길'이란 이름이 붙어 있는가 봅니다. 동생 유성룡이 옥연정사에서 있다가 집으로 돌아올 때는 형이 있던 겸암정사를 들러서 오곤 했다고 합니다. 어쩐 일인지 이 형제의 형제애를 돈독히 하기 위한 길에는 대추나무가 암반에 뿌리를 내려 다 자라지 못한 키로 여러 그루 있습니다. 주인 없는 대추나무가 오가는 사람들의 가을을 흐뭇하게 하겠지요. 기린초도 꽃을 마악 피웠더군요. 군락을 이루고 피어 있는 기린초의 노란빛이 위태위태한 길을 걷는 길손의 마음을 위로해 주었습니다.

유성룡은 이순신을 천거한 사람으로 잘 알려져 있습니다. 선조가 이순신의 사람됨을 의심하자 "이순신은 한동네 사람이어서 신이 어려서부터 아는데, 직무를 잘 수행할 사람이라고 여겼습니다."라며 두둔하고 있습니다. 선조가 그를 아는가, 라며 재차 묻자, "성품이 굳세고 강직하여 남에게 굽힐 줄을 모르는데, 신이 수사로 천거하여 임진년에 공을 세워 정헌에 이르렀으니 매우 과람됩니다."며 이순신의 성품을 이야기하는 내용이 선조실록에 있습니다. 유성룡과 이순신은 한동네에서 살았으며 집도 별로 멀리 떨어지지 않은 곳에 있었다고 합니다. 유성룡의 나이가 이순신의 나이보다 세 살 위가 되니 이순신과 유성룡이 형, 동생 하면서 친하게 어울려 놀았을 것으로 짐작됩니다.

조선의 비극이었던 임진왜란을 극복하는데 지대한 공을 세운 이순신을 추천했고 국방을 튼튼히 할 것을 역설한 유성룡은 부드러움과 단호함을 겸비한 조선 최고의 재상이라는 평을 받기도 했습니다. 유성룡은 전란 직전 '내 고장은 내가 지키자'는 취지의 '진관법'을 제안하는 등 국방 문제에 큰 관심이 있었습니다. 임란 때 속오군을 만들어 양반들에게도 병역 의무를 지웠습니다. 더욱 놀라운 사실은 종군을 조건으로 노비 신세를 벗게 해주는 신분 타파책을 실시하기도 했습니다. 후일 정조는 그를 일러 이렇게 말했습니다. "젊었을 때부터 이미 우뚝 거인의 뜻이 있었다."고요. 유성룡은 21세가 되던 해에 퇴계 이황의 제자로 들어가게 되었는데 이황은 유성룡의 학문을 보고는 "이 젊은이는 하늘이 낸 사람이다."며 칭송을 아끼지 않았다고 합니다.

　하회마을에서 유성룡의 흔적은 곳곳에 남아있습니다. 하회마을에 있는 그가 살던 충효당과 옥인정사 그리고 병산서원 등이 실체적인 증거이기도 합니다. 그만큼 그의 족적이 나라에 끼친 영향이 컸음을 확인할 수 있습니다.

가장 잘 다듬어지고 정갈한 전통마을, 안동 하회마을. 길이 끝을 보여주지 않아 꿈속 같은 미궁이다.

충효당 마루 위에는 제비집이 세 개나 둥지를 틀고 있습니다. 주인의 마음 씀씀이를 확인할 수 있는 증거이기도 하지요. 제비집 밑에 나무를 대어준 고마운 마음이었습니다. 훈훈한 마음으로 충효당을 둘러보았지요.

하회마을은 볼거리가 몇 가지 있습니다. '하회별신굿탈놀이'와 '선유줄불놀이'가 있습니다.

하회별신굿놀이는 서민의 애환을 끌어안고 한바탕 노는 마당놀이고, 선유줄불놀이는 선비들의 풍류놀이였습니다. 서민과 양반이 다른 세계를 즐기고 누렸던 것이지요. 두 개의 상반된 세계에서 살아온 사람들이 만든 놀이가 공존하게 된 것도 다른 마을에서는 보기 드문 일이지요. 공존의 틀은 놀이에 참여하게 되면 알게 됩니다. 서민이 양반을 조롱하는 하회별신굿놀이도 즐기다 보면 서로 주고받음의 생활양태에서 비롯되었고, 또 다른 깨달음과 교훈을 주고 있어 함께 즐길 수 있는 놀이가 되고 있음을 보게 됩니다. 능청스러운 몸짓과 능글능글한 목소리의 이매와 뒤태와 몸놀림이 가볍기 이를 데 없는 부네나 파계승, 양반이 모두 다 같이 한통속으로 어울려 질펀한 웃음을 선사합니다. 울분도 있고 원망도 있을 수 있지만, 결국은 모두 다 풀어내고 해소하면서 살아야 하기에 파국 없이 놀이꾼 모두가 나와 덩실덩실 춤을 추며 마무리를 합니다. 이런 것이 탈놀이가 600년이란 장구한 세월을 이어오게 한 원동력이겠지요.

울분도 있고 원망도 있지만 결국은 다 풀어내고 해소하면서 살아야 하는 마을 공동체

1980년 중요무형문화재 제69호로 지정되었습니다. '하회가면극'이라고도 합니다. 약 600년 전부터 음력 정초마다 동민들의 무병과 안녕을 위하여 마을의 서낭신에게 제사 지낸 동제였습니다. 10년마다 대제, 마을에 액이 있거나 특별한 신탁神託이 있을 때는 임시제를 올렸다 합니다. 이때 신을 즐겁게 하고자 부락 사람들이 광대와 악공이 되어 이 가면극을 벌였습니다. 내용은 파계승에 대한 조소와 양반에 대한 풍자 등이며, 모두 12마당으로 구성되어 있으나 10마당만 전하고 있습니다. 재래의 탈놀이 중에서도 가장 단순한 옛 모양 그대로를 전승하는 서민극이기도 합니다. 하회탈의 유래는 슬프지요.

허도령이 있었다. 그는 꿈에 신으로부터 가면제작의 명을 받게 되었다. 가면을 다 만들기까지 작업장에는 외인이 들어올 수 없는 금줄이 쳐 있었고, 그는 매일 목욕재계하여 전심전력으로 가면을 만들었다. 그런데 허도령을 몹시도 연모하는 처녀가 있었으니, 그녀는 불타는 연심을 억제하지 못하고 하루는 허도령의 얼굴 모습이나마 보고 싶어 그만 휘장에 구멍을 뚫고 허도령의 모습을 엿보고 말았다. 금단의 일을 저지른 것이다. 입신지경이던 허도령은 그 자리에서 피를 토하며 숨을 거두었다. 그러므로 마지막 열두 번째의 이매탈은 미완성인 채 턱 없는 탈이 되고 말았다. 그 후 마을에서는 허도령의 넋을 위로하기 위하여 서낭당 근처에 단을 지어 해마다 제를 올린다고 하였다. 마을 주민들은 별신 행사 시 외에는 가면을 못 보는 것으로 알고 있으며 부득이 보아야 할 경우, 신에게 고하고 나서 보아야 하는 줄 알고 있을 뿐 아니라 만약 가면을 함부로 다루게 되면 탈이 난다고 두려워한다.

하회탈은 우리나라의 많은 탈 가운데 유일하게 국보로 지정된 귀중한 우리의 문화적 유산이며 가면 미술 분야에서는 세계적인 걸작으로 평가받고 있습니다. 하회탈은 양반, 선비, 중, 백정, 초랭이, 할미, 이매, 부네, 각시, 총각, 떡다리, 별채탈 등 10개와 동물형상의 주지 2개가 있었다고 합니다. 그러나 언제부터인지 총각, 떡다리, 별채탈은 분실된 채 전해지지 않고 있습니다. 관상을 적극 도입하여 만들어졌다는 하회탈은 또 다른 별미를 주어 즐

고와서 안쓰럽고 정다워서 미련이 남는 풍경이다. 안으로 마음을 다스린 고운 여인 같다.

겁게 합니다. 관상을 염두에 두고 한 번 보시면 더욱 재미가 있을 것입니다. 양반탈은 하회탈 중에서도 가장 대표적인 탈이며 가면 미술의 극치라는 평을 받고 있습니다. 전반적으로 부드러운 표정이지만, 허풍스러움과 여유스러움도 함께 가진 복합적인 표정이지요. 부네탈은 갸름한 얼굴, 반달 같은 눈썹, 오똑한 코, 조그마한 입으로 우리 전통사회에서 미인의 조건으로 꼽던 얼굴이지요. 놀이에서는 양반의 첩이나 기녀 같은 신분으로 등장합니다. 눈꼬리와 입 끝에 웃음기가 배이면 바람기 있는 여자 상으로 보며 반달 같은 눈썹은 예능에 소질을 타고난 상으로 보지요. 선비탈은 통속적인 사회구조에 적응하지 못하고 항상 불만에 찬 표정을 하고 있습니다. 요즘으로 말하면 지식인의 표정이지요. 선비의 위엄과 선비답지 못한 거만스러움도 함께 담겨 있습니다. 콧날 끝이 넓고 관골이 발달한 것도 대표적인 선비 상이지요. 하나만 더 볼까요. 지루하실 것 같아서요. 하회탈의 전설에 전해 내려오는 이야기처럼 턱이 없는 채로 전해 내려오고 있는 탈입니다. 선비의 하인으로 바보스러운 병신역할을 맡고 있습니다. 일그러진 얼굴은 어리석음이 배어 있습니다. 비틀어진 코는 사지 중 어느 하나가 비틀어진 병신이라는 것을 표현하고 있으며 아래로 처진 눈꼬리는 악의가 없음을 말해주고 있습니다. 관상과 성격을 탈 안에 담아내는 놀라운 능력을 가진 탈이지요. 예를 하나 더 들면 초랭이탈은 양반의 종 신분으로 경망스러운 표정을 하고 있습니다. 앞짱구인 이마는 고집불통의 상이고 짧은 코는 성질이 조급하다는 것을 암시하고 있는 것이 그렇지요. 몸짓에도 그대로 성격을 담았습니다. 양반걸음 팔자걸음, 맵시 있다 부네걸음, 사뿐사뿐 색시걸음, 선비걸음 황새걸음, 엉덩이춤 할미걸음, 방정맞다 초랭이걸음, 능청맞다 중의 걸음, 심술궂다 백정걸음, 비틀비틀 이매걸음. 재미있지 않으신가요.

하회탈은 사실적 조형과 해학적 조형을 합하여 각 신분적 특성을 표현하였으며, 그 특성에 합당한 관상까지도 지니고 있습니다. 또한 얼굴은 좌우를 비대칭적으로 만들어 고정된 표정을 피하고, 모두가 각 성격의 특성에 알맞은 표정을 짓도록 만들어졌습니다. 그래서 탈의 기능도 매우 뛰어나지요.

특히 양반, 선비, 중, 백정탈은 턱을 분리시켜 인체의 턱 구조와 같은 기능을 갖게 하여, 말을 할 때 실제의 모습처럼 실감나게 느낄 수 있도록 만든 것은 다른 탈에서는 볼 수 없는 특징이기도 합니다. 가령 탈을 쓴 광대가 웃기 위해 고개를 뒤로 젖히면 탈은 입이 크게 벌어지며 웃는 모습이 되고, 화를 낼 때에도 광대가 고개를 숙이면 탈은 윗입술과 아래턱 입술이 붙어 입을 꾹 다물어 화가 난 표정을 짓기도 합니다. 이를 뒷받침하듯 "탈이 신령스러워 탈 쓴 광대가 웃으면 탈도 따라 웃고, 광대가 화를 내면 탈도 따라 화를 낸다."라는 말이 전해져 내려오고 있습니다. 하회탈은 모두가 오리나무로 만들어졌으며 제작 시기는 대략 고려 중엽쯤으로 추정되고 있습니다. 무엇보다 놀이꾼들이 즉흥적으로 던지는 한 마디 한 마디가 걸쭉하면서도 폐부를 찌르는 날카로움을 가지고 있어 사람들을 웃게도 하고 울게도 하고 진지해지게도 합니다. 유교 사회에서 절대지존이었던 공자를 평하는 것을 보아도 알 수 있습니다. "공자도 애 낳고 살았어."라면서 성본능을 까발리기도 하지요.

다음으로 양반들의 놀이였던 '선유줄불놀이'가 있습니다. 해마다 음력 7월 16일의 한여름 밤에, 하회의 선비들이 중심이 되어, 부용대 밑을 흐르는 강 위에서 선유시회船遊詩會, 선비들이 배를 띄워놓고 시를 지으며 불꽃놀이를 하는 축제가 있었는데, 이 축제를 오늘날은 속칭 하회줄불놀이라 합니다. 이 불꽃놀이는 높이가 70m 이상인 부용대 절벽 밑을 흐르는 화천과 백사장 상공의 여기저기에서 은은하게 작은 불꽃들이 터지고, 화천에서는 달걀불이라 부르는 등불들이 상류로부터 유유히 떠내려 오면서 불빛이 강물에 아롱거리는 가운데, 강 위에서 배를 띄우고 선유시회를 합니다.

시 한 수가 지어질 때마다 부용대 정상에서 불을 붙인 솔가지묶음을 절벽 아래로 던져 활활 타는 불꽃이 폭포처럼 떨어질 때, 백사장과 배 위의 모든

사람 하나 겨우 지날만한 골목을 들어가면 당산나무가 서 있다. 마을의 가장 깊은 곳이자 중심이다. 신목에 걸린 많은 염원이 주렁주렁 하다.

   사람은 일제히 "낙화야!"라고 크게 환성을 질러줍니다. 이 낙화는 백사장 위의 은은하게 터지는 수없이 작은 불꽃과 강 위의 달걀불이 강하고 약하게, 길고 짧게 그 밝기와 주기를 조절하면서 불꽃놀이의 흥취를 한껏 고조시킵니다.
   줄불은 뽕나무 숯을 갈아서 만든 숯가루에 소금을 섞은 다음 창호지로 만든 좁고 긴 봉투에 담습니다. 그것을 몇 개의 매듭으로 묶어 긴 새끼줄에 매다는 것이지요. 일종의 폭죽과 같은 성격이지만 화약 대신 숯가루를 쓰기 때문에 폭발할 정도는 아닙니다. 부용대에서 건너편의 만송정까지 두 줄로 큰 줄을 매고 여기에 숯 봉지를 줄줄이 달아맵니다. 줄에 매단 숯 봉지에는 쑥으로 불을 붙입니다. 줄불은 한 매듭이 다 타거나 소금이 타오를 때 폭죽 터지는 소리를 내지요. 아래로부터 불을 붙이면 줄을 따라 타올라가는 모습이 장관입니다. 달걀불은 달걀껍데기를 모아 두었다가 일부만을 잘라내고 그 속에 피마자기름을 넣은 다음 솜 심지를 꽂고 불을 켭니다. 그리고 짚으로 만든 똬리에다 올려놓습니다. 줄불이 타기 시작하고 상류에서 띄운 달걀불이 물결을 타고 흘러내려 오면 불이 춤을 추는 듯 강물을 아로새깁니다. 그리고는 부용대 위에서는 낙화놀이가 동시에 행해집니다. 낙화놀이는 솟갑에 불을 붙여서 아래로 던지는 놀이로, 줄불과 달걀불 낙화놀이가 한꺼번에 이루어지면서 부용대 일대를 대낮처럼 밝게 합니다. 그 아래의 백사장과 강에서는 사람들이 뱃놀이를 하면서 구경하고 선비들은 시회를 열었던 놀이입니다.

이 놀이는 광복 후 경축행사로서 한 차례 있었으며, 그 후 약 30년 전 주한 외교사절들에게 하회마을의 문화를 소개하기 위하여 이 놀이를 보여주자 모두 환호를 연발하며 감탄하였다고 합니다. 준비의 어려움으로 인해 탈놀이처럼 자주 개최할 수는 없었습니다. 이 불꽃놀이는 깎아지른 듯 높은 절벽과 그 밑을 흐르는 강변의 백사장과 소나무의 3가지 요소가 잘 갖추어진 자연경관 및 농익은 문화적인 힘이 뒷받침되어야 하므로, 서민들이 중심이 되었던 별신제의 탈놀이와는 대조를 이루었던 행사입니다.

'한국정신문화의 수도, 안동'이라는 말이 인정될 만큼 안동은 도산서원이나 병산서원 그리고 하회마을이 가진 멋과 전통으로 한국의 대표적인 정신을 상징하는 데 그 몫을 톡톡히 하고 있습니다. 안동 하면 하회마을이 떠오르고 정신으로는 퇴계 이황의 선비정신이 떠오르지만, 음식의 맛은 전라도라는 등식이 우리에게는 있습니다. 하지만, 유독 경상도에서도 안동은 음식문화로도 한몫하고 있습니다.

우선 나열을 해 볼까요. 숨넘어가지는 마십시오. 의외라고 생각할 만큼 종류가 제법 됩니다. 안동간고등어 ,헛제삿밥, 건진국수, 안동식혜, 안동찜닭, 안동소주입니다. 한 지역에서 이렇게 많은 음식이 전 국민의 사랑을 받는다는 것은 이례적인 일입니다. 전통은 음식에까지 깃들여 있음을 보게 됩니다. 안동 하회마을의 마을 길을 걷고 유성룡이 지은 옥연정사에서 유성룡의 형인 유운룡이 지은 겸암정사를 잇는 부용대 하단의 아슬아슬한 암반 길을 알리려다가 그만 제가 배가 고팠는지 음식이야기로 접어들었습니다. 길에 접하지 않은 것들이 사람 사는 세상에는 없지요. 길과 마당은 소통의 장소거든요. 마당이란 공간도 길이기는 마찬가지거든요. 길이 머무르면 잠시 마당이 되지요. 길은 창고와 연결되고 변소와도 연결되고 텃밭과 논도 길에 인접해 있습니다. 그 중에서도 여행자를 머무르게 하는 것은 식당이지요. 여행지에서 만나는 그 지방의 특산물을 먹어보는 즐거움도 색다르거든요. 기왕에 나온 이야기니 그 유래와 특성에 대해 조금 더 이야기해 보지요. 재미있지 않을까요. 길을 걷다 보면 출출해지고 출출하면 먹고 싶은 법인데 안동 음식에 대해 이야기해 보지요. 푸지게 맛을 즐겨볼 수 있으면 더욱 좋고요. 문화를 연구할 때 음식을 빼놓고는 지방의 특색을 논하기 어렵습니다.

　안동간고등어는 많은 사람들에게 호평을 받는 특산물입니다. 고등어가 상하는 것을 방지하기 위하여 소금을 넣어서 간고등어라고 합니다. 백두대간을 넘어와 안동을 지나면서 상하게 되므로 안동에서 소금으로 절여 오래 저장하도록 한 것입니다만 지금은, 전 국민이 즐겨 찾는 기호식품이 되었습니다. 안동의 대표적인 다른 음식으로는 안동식혜가 있지요. 다른 지방의 식혜와는 달리 고춧가루와 무, 밥, 엿기름을 이용해서 만든 발효식품인데, 겨울에 살얼음이 약간 낀 안동식혜의 맛은 어느 지방에서도 찾아볼 수 없는 고유 음식입니다. 또한 안동손국수는 콩가루와 밀가루의 절묘한 배합으로 담백한 맛을 자랑합니다. 헛제삿밥은 제사를 지내고 나서 비벼먹는 데에서 유래했다고도 하고 제삿밥을 가장해서 먹었다고도 하는데 안동지방 양반네들의 전통에서 비롯되었음을 엿볼 수 있습니다. 새로이 생긴 음식으로는 안동찜닭이 전국적인 열풍을 몰고 오기도 했습니다. 안동에 특징 있는 음식 중에서

양반가답게 잘 다듬어져 있다. 적요가 길에 흠씬 젖어 있다.

건진국수를 아시는지요. 건진국수는 안동지방 사투리로 건진국시라고 불리기도 하는데, 그 이름은 국수를 삶아 찬물에 식혀서 건져냈다고 해서 붙은 이름이라고 합니다. 예전엔 건진국수와 꼭 함께 먹었던 것이 조밥 한 공기와 각종 푸성귀로 즐기는 쌈이었답니다. 그것은 다른 간식거리가 없던 시절에 국수만 먹으면 배가 쉬 꺼지므로 거친 농사일로 허기진 뱃속을 든든하게 해주기 위해서였지요. 예전의 안동 사람들은 자신들의 고향이 교통이 불편해서 외부와의 교류도 어렵고 땅 또한 척박하여 생활이 넉넉하지 못한 탓으로 스스로의 본향을 오지라 하였습니다. 오죽하면 딸에게 쌀 한 말이나 먹여 시집보내면 다행이라는 말이 있을 정도였으니까요. 안동지방의 토속음식에 대해 이야기했으니 그중 한 가지는 먹어봐야겠지요. 안동지방만의 특색이 있는 음식이라 그런지 맛이 뜻밖이었고 재료 또한 독특했습니다. 달아야한다고 생각한 식혜에 고춧가루가 들어간다거나 국수에 밀가루가 아닌 콩가루가 들어가는 것도 이색적이었습니다. 헛제삿밥이라는 이름이 남달랐듯이 그 유래 또한 품위를 중히 여기는 양반마을의 기질이 그대로 배어 나오는 음식이었습니다. 문화라는 것은 같은 울타리 안에 사는 사람들의 마음으로 빚은 관습이나 행동양식을 말하는 것이었는데, 음식에도 그러한 특성이 들어 있음을 보게 됩니다.

가장 하회마을다운 것이 무엇이냐고 물으면 난감해지지요. 지금까지 소개한 것들이 모두 안동 하회마을만의 독보적인 특성이자 자랑이라고 할 수 있으니 말입니다. 저는 개인적으로 마을 중심에 있는 서낭당을 방문해보라고 권하고 싶습니다. 마을 남촌댁에서 양진당으로 향하는 중심로에서 가다 보면 오른쪽으로 난 조그만 골목길이 있습니다. 한 사람이 겨우 지날 만큼 좁지요. 은밀한 장소이기 때문인데 들어서는 순간 색다른 느낌이 들 겁니다. 삼신당 신목의 출현이 그렇습니다. 고목의 위압적인 크기와 나무를 두르고 있는 하얀 기원문들이 압권이거든요. 안동은 한국 속의 작은 한국이라고 하는 분들도 계시더군요. 하지만, 의미를 생각하지 않고 보면 아무리 깊은 뜻도 지나쳐버리니 공부하고 가시면 안동의 진가를 만나실 수 있습니다.

미술사학자 유홍준의 평처럼 "남도 답사 일번지는 따뜻한 고향의 품, 외갓집의 편안함, 정겨운 이웃을 생각하게 하고, 영남 답사 일번지는 지적인 엄숙성, 전통의 저력, 공동체적인 삶의 힘을 연상케 한다."는 말의 의미를 새겨봄직 합니다. 꼴

대구 옻골마을

풍수의 원리를 마을 전체에 적용하고 비보까지도 직접 행한 풍수의 마을

얼마나 세상을 받아들였으면 저처럼 능청스럽게 아름다울 수 있나요. 화난 놈을 끌어안고 도닥거리고, 응석 부리는 놈을 끌어안고 타이르는 것처럼 제멋에 겨운 제각각의 형과 선을 다 받아들였음에도 턱없이 아름다운 정경을 만들어내는 것은 무슨 곡절입니까. 우리의 건축물은 하나하나를 뜯어보면 어떤 것은 정형화되어 균형이 잡히고 정확한 비례에 맞게 만들어져 있습니다. 또 어떤 것은 전혀 전체에 어울릴 것 같지 않은 엉뚱함을 그대로 드러내고 있습니다. 헌데 묘한 일은 전체적으로 보면 그 정형과 비정형이 만나 더 큰 울림을 주고 있음을 확인하게 됩니다. 한 가지 예를 들어 모든 기둥마다 주춧돌을 놓아 세운 것이 정형이라면 그 주춧돌의 크기와 모양이 제각각인 것이 비정형이라 할 수 있겠지요. 같은 모양이나 크기의 주춧돌로 되어 있는 것도 있지만, 대개 자연 그대로의 모양을 가지고 있습니다. 헌데 가만히 들여다보면 이 불균형이 훨씬 자연스럽고 정감이 간다는 것이지요. 마음을 느슨하게 해주는 역할을 합니다. 천연덕스럽다고 하는 말이 근사치에 가깝겠지요. 한국인의 심성에 자리 잡은 종교도 영향을 주고 있지 않았을까 싶습니다. 가까워지기 어려울 듯한 불교와 유교, 도교 그리고 토속신앙이 한데 버무려져 서로 밀어내면서도 끌어안을 수밖에 없는 토양 속에서 우리 한민족은 살아왔습니다. 이처럼 다양한 종교를 가지고 있으면서도 이로 인한 불

다른 전통마을에 비해 직선을 받아들인 마을이 옻골마을이다. 풍수사상의 배산임수에도 충실한 마을이다.

화가 적은 것은 이례적이라고 할 수 있습니다. 이는 한민족의 융합력이 대단하다는 것을 알 수 있습니다. 우리 한민족의 의식 속에는 여러 가지 종교적인 철학과 교리가 얽히고설켜서 나름의 조화로운 세계를 구축하고 있습니다. 지금은 기독교까지 가세해서 더욱 다종교 사회가 되었습니다. 그럼에도, 잘 어울리는 것은 다행스럽기도 하고 대견하기도 합니다. 이러한 여러 요소가 결합해서 만들어진 것이 우리의 건축이고 심성이었습니다. 다른 것을 포용하는 바가 제법 큰 것이 우리의 미의식이었는데 그것은 한민족의 심성에 자리 잡은 의식, 심층의식이 그러한 성격이라는 것이지요.

  옻골마을에 갔을 때는 해거름녘이었지요. 어둠이 마을을 찾아들기 시작할 때였습니다. 사진을 찍고 있는데 할머니 한 분이 오시기에 인사를 드렸지요. 제가 마을이 곱다고 했습니다. 손을 저으시며 볼 것도 없는데 뭔 사진은 그리 찍느냐 시며 차 한 잔 하고 가라고 했습니다. 마음이 고우신 분이었습니다

다. 그러잖아도 예사롭지 않은 집 구경을 하고 싶던 차에 지나는 객을 박대하지 않고 집으로 불러들여 차 한 잔을 권하시니 그 마음이 정말 고마웠습니다. 그 집은 옻골마을에서 가장 깊은 곳에 위치하고 있는 백불고택이었습니다. 그 집에 살고 계신 할머니였습니다. 할머니는 시집와서 지금까지 살고 있다고 하셨습니다. 안동이 고향이시며 먼 길을 오고 갈 때는 가마를 타고 다니셨다고 하셨습니다. 시집올 때도 물론 가마를 타고 왔다고 하셨습니다. 연세가 어떻게 되시냐고 물었더니 예순다섯이라고 하셨습니다. 예순다섯은 훨씬 넘어 보이셔서 다시 한 번 여쭈었더니 이번에는 쉰다섯이라고 하셨습니다. 어이가 없어하니 안에 있던 며느리가 나오면서 손사래를 치며 치매가 있다고 하셨습니다. 어른이 되는 기간이 긴 만큼 어른이 되면 다시 어린아이로 돌아가는 과정이 필요하다고 어느 분이 말씀하시더군요. 할머니는 다시 어린아이로 돌아가고 있었습니다. 죽음도 우리는 돌아간다고 합니다. 온 곳으로 다시 간다는 것을 의미하지요. 그래서 우리의 잠재의식 속에는 어떤 종교를 가졌든 얼마만큼은 이러한 생각을 받아들이고 있음을 보게 됩니다. 의식적이든 무의식적이든 그러한 생각을 하는 것이 한민족의 특성이기도 합니다. 교회를 다니면서 점을 보러가고, 절 뒤편에는 산신각이 있고, 무당이 절을 찾거나 산을 찾고, 우리의 의식 속에는 자신도 모르는 사이에 불교와 유교, 도가적인 사고를 혼합적으로 가지고 있습니다. 공자 사당이나 유비 사당이 있는 것도 이러한 종교적인 혼재의 한 양상이라고 할 수 있습니다. 유교의 성인이 종교적인 대상이 되어 있는 게지요. 아니라고 우기면서도 자신도 모르게 빠져 있는 모습을 발견하고는 쑥스러운 웃음을 짓게 되지요.

옻골마을은 경주 최씨 광정공파匡正公派 후손들의 집성촌입니다. 조선 중기의 학자 최동집이 1616년, 광해군 8년에 이곳에 정착하면서 경주 최씨의 집성촌이 되었습니다. 옻골은 마을 남쪽을 뺀 나머지 3면의 산과 들에 옻나무가 많아 붙은 둔산동屯山洞의 다른 이름이지요. 우리의 마을 이름은 아주 쉽고 지명을 외우는 데 더없이 편하고 쉽게 다가오는 이름들을 가졌지요. 둔산동이라고 하면 기억하기 힘이 들어도 옻골마을하면 지명이 다가오는 느낌을 가지게 됩니다. 당연히 옻나무가 연상되고 그러한 사연이 마을 이름과 연관되어 있음을 짐작하게 합니다. 감나무골은 감나무가 많은 골짜기 마을이라 생각하면 틀림없지요. 한문이 우리의 문화 속에 들어오고 정착되면서 기가 막히게 절묘한 우리 이름들이 사라졌습니다. 아쉽지요.

옻골마을은 경주 최씨 종가 및 보본당사당報本堂祠堂을 비롯해 20여 채의 조선시대 가옥으로 이루어져 있습니다. 경주 최씨 광정공파 칠계파漆溪派의 후손들이 모여사는 동성촌락同姓村落입니다. 칠계漆溪는 옻골의 한자표기지요. 임진왜란 때에 대구 의병장으로서 왜적을 격파하고 많은 전공을 세워 공신이 된 최계崔誡 선생의 아들이며 효종 임금의 세자시절 사부였던 최동집 선생의 자손이 대를 이어 살아온 땅입니다. 1616년에 정착한 이래 380여 년간을 계속 이어오고 있는 마을입니다.

옻골마을에 들어서면 마을 초입에서부터 직선에 가까운 길이 곧게 마을을 꿰뚫고 있습니다. 길은 세 개의 길로 마을로 올라가면서 길게 이어져 있습니다. 골이라는 단어에서 알 수 있듯이 골짜기형의 공간에 마을이 자리하고 있습니다. 마을의 담들이 대개 직선형의 길로 조성되어 있어 시원한 느낌이 들게 합니다. 경주 최씨 종가로 올라가는 길은 오른쪽 길로 올라가다 마을의 중심 지점에서 만나 일직선으로 이루어져 있고 그 길의 끝이 종가의 문입니다. 종가가 옻골마을의 중심이자 마지막 기착점입니다. 전형적인 배산임수형 주택들로 이루어져 있습니다. 우리나라의 전통가옥들은 지형을 그대로 이용해 집을 짓다 보니 문이 집마다 다른 방향으로 나고 좌향도 다른 방향으로 앉아 있는 것이 흔한 일입니다. 길에 면하는 방향으로 좌향을 틀기도 하는데 옻골마을은 그렇지 않았습니다. 옻골마을의 집들은 전형적인 배산임수형 가옥들로 지어져 있습니다.

마당을 직선으로 양분하고 있는 마당돌이 저마다의 크기로 다정도 하고 다감도 하다.

조금만 풍수에 대해 이야기하겠습니다. 명당이란 한문의 뜻을 그대로 풀면 밝은 땅이지요. 밝은 땅이란 사람 살기 좋은 땅을 말합니다. 재난이 없고 병이 없이 화목하게 살 수 있는 곳을 말합니다. 풍수는 풍수지리학의 준말입니다. 한문을 뜻대로 풀면 바람과 물 그리고 땅의 운용과 이치를 연구하는 학문입니다. 풍수는 또한 장풍득수의 줄임말이기도 합니다. 지리의 기본은 장풍득수와 배산임수 그리고 지형의 형세를 읽는 학문입니다. 굳이 풍수를 이야기하는 이유는 옻골마을이 풍수에 의해 영향을 받았고 집들은 풍수의 원리를 적극 수용하고 있는 등 풍수를 여러 면에서 받아들인 마을이기 때문입니다. 저는 풍수공부를 하면서 무서운 학문이라는 것을 느꼈지요. 지금은 미신이라는 오명을 뒤집어썼지만, 한 집안의 운명과 개인의 인생까지도 맞추는 것을 직접 보았고 그 원리를 깨우치게 되었습니다. 먼저 풍수의 원리를 설명한 다음 부연 설명하지요.

장풍득수藏風得水란 바람은 가두고 물은 얻는다는 뜻, 그대로지요. 바람이 들어오지 않는 사발 같은 원형의 지역을 길지로 봅니다. 득수란 물이 왼쪽이나 오른쪽에서 흘러오거나 한 지역을 감싸고 흘러드는 것을 물을 얻었다고 하거나 감아준다고 하지요. 그것이 득수지요.

배산임수背山臨水는 산에 등을 기대고 물을 바라본다는 뜻입니다. 배산이란 집의 좌향을 말할 때 건물이 산을 기댄 듯한 형세를 말하고 임수란 집의 전면, 즉 집이 낮은 곳의 물을 바라보고 있는 땅을 말합니다. 임臨은 낮은 곳을 바라본다는 뜻이거든요. 다시 말하면 뒷마당이 높은 산 쪽에 있고, 앞마당과 문은 물이 바라보이는 낮은 곳에 있는 것을 말하는 것입니다. 풍수에서 가장 기본적인 원리지요. 조금 더 나아가면 머리가 아파집니다. 옻골마을의 집들은 거의 배산임수형을 하고 있다는 것을 설명드리기 위한 전제였습니다.

풍수원리를 말씀드리면 이렇습니다. 산을 알면, 다시 말해 산소를 보면 그

묘의 자손들의 인생을 알 수 있고, 가족의 운명을 알면 그 가족의 선대 묘를 그릴 수 있다는 원리지요. 말 같지 않은 말 하지 말라고 하겠지만 그것이 사실입니다. 인생이 심심한 분은 그 원리가 맞는 것인지 확인하시기 바랍니다. 저는 풍수를 배우면서 놀랐습니다. 믿거나 말거나에 나올 만한 일들을 여러 번 겪었지요. 한 번은 묘주와 함께 산소를 보러 갔었습니다. 여러 명이 공부도 할 겸해서 함께 갔었습니다.

어머니의 산소를 자식이 못 찾는 일이 벌어졌습니다. 몇 명이 무리를 지어 산으로 올라갔는데 자신의 어머니 산소를 찾지 못하는 일이 벌어진 게지요. 눈이 무릎에 조금 못 미칠 만큼 내리기는 했지만, 일 년에 한두 번은 가는 산소를 찾아가는 사람으로서 어머니의 산소를 못 찾는 일은 드물지요. 물론 공동묘지여서 헷갈리는 경우가 있을 수도 있었겠지요. 헌데 묘한 일은 거기에서 일어났습니다. 저에게 풍수를 가르쳐주던 사람이 거꾸로 산소를 찾아주는 일이 벌어졌습니다. 그 산소는 당사자 외에는 아무도 모르는 일이었는데 이러한 일이 벌어졌습니다. 처음에는 황당했지요. 저뿐만이 아니라 그곳에 있던 사람들이 모두 놀랐습니다. 하지만 풍수를 공부하면서 제가 알게 된 사실은 한 사람의 운명을 알면 묻힌 곳의 산 형세를 알 수 있는 것이었습니다. 산에 오기 전에 술자리에서 있었던 돌아가신 어머니와 묘주의 인생을 대충이나마 들어 산의 형세를 그려낼 수 있었던 것입니다. 운명을 산에 대입해서 묻힌 곳을 찾아낸 것이었습니다.

너무나 쉽고 과학적인 원리에 의해 풍수 지리학은 만들어져 있었습니다. 풍수지리는 공식이었습니다. 반대로 산소를 알면 그 자손의 운명이 한눈에 보이는 것이었지요. 풍수가 제자리를 잃어버린 것은 유학자들에 의해 조작되고 형식화되어 본래의 학문으로서의 원리는 빠지고 주역이나 음양오행설이 풍수의 원리에 들어가면서 변질하였기 때문입니다. 방향이 중요한 것이 아니라 산세가 중요했습니다. 패철이 없어야 풍수를 제대로 배울 수 있음을 보았지요. 산과 물과 지형만을 보고 풍수를 말해야 하는 것이었습니다.

공이 많은 학자나 관리에게 임금이 상으로 내리는 나무, 회화나무가 입구에서 반기는 마을

옻골마을은 수령 350년이 넘는 거대한 회화나무 두 그루가 버티고 서 있는 어귀부터 시작됩니다. 회화나무는 우리 선조의 최고의 길상목입니다. 이 나무를 집안에 심으면 가문이 번창하고 큰 학자나 인물이 난다고 하였으며, 이 나무에는 잡귀신이 감히 범접을 못하고 좋은 기운이 모여든다고 하였습니다. 우리 선조는 이 나무를 매우 귀하고 신성하게 여겨 함부로 아무 곳에나 심지 못하게 하였습니다. 그래서 회화나무는 고결한 선비의 집이나 서원, 절간, 대궐 같은 곳에만 심을 수가 있었고 특별히 공이 많은 학자나 관리에

전통마을에서는 사거리 대신 삼거리를 선택했다. 옻골마을도 마찬가지지만 직선의 날카로움을 택했는데 다행히 넓이의 가감으로 넉넉함을 들여놓았다.

빗물이 튀어도 무너지지 말라고 받침돌은 굵은 돌로, 작은 돌은 진흙과 만났다. 솔가지로 기와 대신 얹은 것이 이채롭다.

게 임금이 상으로 내리는 나무였습니다. 회화나무가 길상목으로 꼽히게 된 것은 중국의 주나라 때부터이며 조정에 회화나무 세 그루를 심었는데 3공, 우리나라의 경우로는 3정승이 회화나무를 마주 보며 앉게 한 데서 유래하였다고 합니다. 3정승의 벼슬을 기원하는 나무라고 해도 지나치지 않습니다. 왕권국가에서는 나무도 위계에 의해 구분하였습니다. 천자의 무덤에는 소나무, 제후의 무덤에는 측백나무, 3정승 같은 벼슬을 한 사람의 무덤에는 회화나무를 심어서 질서를 확연하게 구분했습니다. 천자와 제후는 일반 백성이 근접할 수 없는 영역이고 선비로서 가장 높은 벼슬이 중국의 경우는 3공, 우리의 경우는 3정승이었기에 관운을 기원하며 마을 입구에 심은 것이라 할 수 있습니다. 선비들의 가치관을 엿볼 수 있습니다. 회화나무가 심어진 곳이 마을입구나 마을의 중심이지만, 왕궁에도 회화나무가 심어져 있습니다. 창덕궁에 가시게 되면 좌측에 세 그루의 회화나무가 심어져 있음을 관심 있게 보시기 바랍니다. 옻골마을에는 마을로 들어서는 입구에 두 그루의 회화나무가 늠름하게 서 있습니다. 원래는 세 그루를 심었을 것으로 추정됩니다. 회화나무를 학자수學者樹라고 하는 것만 보아도 선비마을에는 회화나무가 심어져 있는 것이 나름의 의미가 있음을 알 수 있습니다.

 마을의 북쪽은 팔공산에서 출발한 산 능선이 병풍처럼 둘러 큰 바위가 우뚝 솟아 있고, 동으로는 검덕봉이 높이 서 있으며 서쪽에는 긴 등줄기를 드러내며 산이 마을을 끌어안고 있습니다. 산의 높이에 비해 평지가 좁아 골짜기 형태에 자리잡은 마을입니다. 안골로 이어지며 남쪽으로는 느티나무 고목들이 숲을 이루고 있으며 연못이 있습니다. 마을로 들어서면 팔공산이 병풍처럼 둘러싸고 있는 모습이 보이는데, 정상에는 마치 거북이 머리처럼 보이는 바위가 있습니다. 그 모양이 거북이 머리처럼 생겼다 하여 '생구암'이라 부르는데, 거북이는 물이 필요하다 하여 마을 입구 서쪽에 연못을 조성하였습니다. 이러한 풍수사상은 정통풍수에서는 금기시하는 것인데 산을 동물의 형태로 받아들여 풍수를 설명하고는 합니다. 동쪽은 양의 기운을 받기 위해 숲을 만들지 않았고, 서쪽은 음의 기운을 막기 위하여 연못 주위에 울창한 느티나무 및 소나무 숲을 조성해 놓았습니다. 거북이가 물에서 놀라고 인공으로 만들었다는 그 연못입니다. 풍수지리학상 서쪽은 음의 기운이므로 이 음의 기운을 막기 위해 느티나무 숲을 조성하고 남쪽으로는 이 마을 지대가 조금 높은 관계로 앞에 흐르는 금호강의 지류가 보여 여기로부터 액운이 들어오는 것을 막기 위해 느티나무 숲과 함께 복숭아밭을 조성했다고 하는데, 모자란 것을 보완하는 것을 비보라고 합니다. 하지만, 서쪽이 음의 기운이 강하니 거북이가 물을 먹어야 한다면서 연못을 파는 일 같은 것이 풍수를 잘못된 길로 들어서게 하는 원인이기도 합니다. 음과 양의 기운은 오로지 산의 형태를 보고 말하는 것이 정통풍수지요. 음의 방향에 있어서 음의 기운이 들어오는 것이 아니라 산의 형태나 물의 흐름을 보고 기운을 파악해야 하는 것이지요.

사람이 살아가는 이유는 무엇일까, 사상도 철학도 심리학도 해결하지 못한 가장 근본적이면서도 일상적인 물음에 대한 답은 '그냥'이라는 말도 한몫 끼어듭니다. 그냥이란 말에서는 바람 냄새가 나지요. 흐르는 물의 마음을 담고 있기도 합니다. 이유가 있어야 살고 이유가 있어서만이 죽는 것이 아니었거든요. 종가댁 주인이셨던 할머니의 치매가 다시 어린아이로 돌아가는 과정이었듯이 그냥 살아있음을 살아있는 그대로 받아들이고 살아가면 되는 것이 가장 삶에 대한 깊은 이해인지도 모릅니다. 따지고 조각내서 살펴보아야 삶은 여전히 미궁이었거든요. 한국의 전통마을을 다니면서 온몸으로 생을 받아들이면 사람은 한결 가벼워지면서도 구수하게 깊어지는 특성이 있는 것을 보았습니다. 세상을 잘 받아들인 사과가 단맛이 들듯이 세상을 잘 살아낸 사람이 아름답습니다. 사람다운 맛을 가지고 있음을 보게 됩니다. 종갓집에 가마 타고 시집와서 평생을 잘 살아낸 분이었지만 몸이 하나씩 고장이 나면서 기억력도 사라지고 과거의 기억도 지워져 가고 있습니다. 다 잃어

양반집에만 심을 수 있었다는 능소화가 곱게 피었다.

버리고 다 잊어버리고 나면 다시 어린아이처럼 천진스러워져서는 밝고 맑은 사람이 됩니다. 그러면서도 세상을 잘 살아낸 분이 치매가 걸려 다시 어린아이로 돌아가는 과정은 숙연하기만 합니다.

   돌아가는 과정은 참 가슴이 시립니다. 여행을 갔다가 돌아올 때 지쳐서 돌아오듯이 인생도 돌아가는 내림의 계단에서 힘들어 보입니다. 하지만, 할머니는 마을을 찾은 손을 맞아 차 한 잔 하고 가라며 예전의 마음씀을 여전히 가지고 계셨습니다. 집은 퇴락해가고 있었지만, 할머니의 몸도 쇠잔해가고 있었지만, 고운 마음은 여전하셨습니다. 길이 끝나면 다시 길이 시작됩니다. 길이 끝나는 곳에서 새로이 길은 시작되고 있습니다. 길은 순환이며 돌아오는 과정이었습니다. 길이 떠나는 것을 목적으로 하는 것 같지만 결국은 돌아오는 길을 찾아내는 귀소본능을 가진 것이 길이기도 했습니다.

옻골마을의 길이 직선을 고집한 것은 선비의 마음을 담아내고 싶어서였는지도 모릅니다. 우리 전통마을의 길들이 만나는 모양은 T자형이라고 하지만 각을 한 부분 죽여서 Y자형으로 원만하게 이어지는 길이 더 많은데, 옻골마을의 길들은 T자형 길이 만나고 있었습니다. 그만큼 옻골마을의 길은 직선의 본능을 가지고 있었습니다. 가도 가도 끝이 없는 인생길, 끝이 없어 매듭을 지을 수 없는 것도 인생길이었는데 옻골마을에서의 길들은 집과 집의 연결로서의 역할에 더 충실했나 봅니다. 한옥이 원래 닫힘과 열림의 이중성에 의해 통제되는 공간이지만 유독 옻골마을에서는 닫힘 쪽에 무게를 두고 있음을 보게 됩니다. 옻골마을에서 상징성이나 규모로 보아 가장 큰 종갓집인 백불고택은 안채가 폐쇄성이 깊어진 것을 들어서자 느끼게 됩니다. 우선 좁고 깊게 느껴집니다. 깊다는 의미는 좁아서 깊어진 느낌이지요. 공간이 열린 곳은 하늘뿐인데 마당이 좁아 하늘이 아주 좁게 보입니다.

종갓집을 통하는 문이 세 개 있습니다. 세 개의 문은 각각 다른 방향으로 나 있습니다. 집의 후면을 제외하고 한 방향에 하나의 문을 내었습니다. 문의 용도는 사뭇 달랐지요. 안채로 직접 연결된 샛문, 집의 중앙으로 들어가는 정문인 셈인 사랑 마당과 연결된 문, 별묘와 보본당 포사로 연결되는 곳에 있는 문으로 그 용도와 모양 그리고 크기까지 달랐습니다. 처음 방문한 사람에게는 미로 같은 느낌이 들게 합니다. 들어가는 길도 다 달랐습니다. 아주 특별한 집이었지요. 세 개의 출입구가 각각의 용도에 의해 구분되었는데 이는 여성 공간의 폐쇄성과 관련이 있어 보입니다. 결국은 문을 통해 다 연결되지만 방문한 사람에게 허용된 공간을 구분하는 역할도 있어 보입니다.

세상의 모든 문은 길과 만나게 되어 있습니다. 길은 소통을 위한 공간이지만 사람을 안내하지는 않습니다. 다만 열어놓고 있을 뿐이지요. 사람은 선택을 해야 합니다. 선택이란 선택되지 않은 것을 버려야 하는 행위지요. 하나를 가지는 순간 나머지는 가질 수 없습니다. 가진다고 욕심을 내봐야 길은 하나밖에 없습니다. 사람은 아쉽게도 두 개의 길을 동시에 가질 수가 없습니다. 여성 공간의 폐쇄를 만들어내는 순간 남성도 같이 폐쇄되는 것을 피할 수가 없습니다. 남성생활의 반이 여성에게서 얻어지고 생활하게 되기 때문이지요. 조선의 폐쇄성은 여성을 폐쇄로 몰아간 데서 기인하는지도 모릅니다. 다시 말해 사람을 가두기 위해서는 가둔 것을 지켜야 하는 얽매임이 따라붙기 마련입니다. 누군가를 미워하는 순간 자신의 마음 안에 미움이 먼저 자리하게 되어 있는 것과도 유사하지요.

옻골마을은 전형적인 씨족마을입니다. 같은 성을 가진 혈연으로 이루어진 마을입니다. 가족공동체의 확장으로 이루어진 마을인 셈이지요. 피가 가진 그 연대성과 직접성은 어느 집단보다도 끈끈하고 밀접한 공동체임을 보게 됩니다. 남자와 여자가 만나 만드는 가장 작은 단위의 집단이지요. 사랑과 사랑이 만나서 감정의 축제가 열리는 것이 아니라, 전통마을에서는 집안과 집안이 만나는 조건의 결정이 있었지요. 사랑해서 함께 살아야 하는 것이 아니라 함께 살도록 짝이 이미 지어져 있어 살아야 하는 굴레이기도 했습니다. 인생이란 과정이 상당 부분 정해 있어 움치고 뛸 수가 없는 사회였습니다. 조선시대를 살던 사람들은 힘이 들었겠지만, 지금은 품격이 넉넉한 마을이 되었습니다. 방문자의 행동이 조심스러울 만큼 적막이 자리하고 있지만, 이곳에 오면 한국미의 산책을 즐길 수가 있습니다. 꽃

경주 양동마을

신라 천 년의 고도 경주에 있는 조선의 전통마을, 양동마을

　신라 천 년의 도시 경주에서 조금 벗어나면 양동마을이 있습니다. 이곳은 신라가 아닌 조선의 전통마을입니다. 한국 최대 규모의 대표적 조선시대 동성 촌락으로 수많은 조선시대의 상류주택을 포함하여 500년이 넘는 고색창연한 54호의 오래된 기와집과 이를 에워싼 낮게 자리한 110여 호의 초가로 이루어져 있습니다. 양반가옥은 높은 지대에 있고 낮은 지대에는 하인들의 주택이 양반가옥을 에워싸고 있습니다. 계급이 엄연히 존재하던 시기의 가옥들이라 위계가 고스란히 남아있습니다. 경주 강동면 양동마을은 조선 중기 이후 다양하고 특색 있는 우리나라 전통가옥구조를 한눈에 볼 수 있는 고건축의 전시장 같습니다. 돌담의 모양과 길이도 각자의 개성과 모양으로 어우러져 향기나는 마을이었습니다.

　고색창연古色蒼然하다는 말 언뜻 이해가 가지 않는 말입니다. 고색창연하다는 말은 오래되어 예스러운 풍치나 모습이 그윽하다는 것인데 일상생활에서 만나기에는 쉬운 일이 아니지요. 오래 묵어 그 깊어간 세월의 흔적을 담은 것이 멋스러움으로 다가온다는 말인데, 그게 될 성싶지 않거든요. 양동마을에 오면 그 말이 은근히 붙임성을 가지고 다가오는 것을 밀칠 수가 없습니다. 정말 세월이 쌓이는 것을 눈으로 확인할 수 있는 퇴적층처럼 연륜을 안은 모습들이 참 곱습니다. 기와집과 아담한 초가가 돌담길로 정겹게 이어

신라 천년의 경주에 조선의 전통마을이 예외처럼 존재한다.

진 이곳은 찾는 이의 마음을 푸근하게 감싸주며 어린 시절 고향의 추억을 떠올리게 합니다.

  길이 길의 꼬리를 물고 사라지면 다시 다른 길로 이어지는 정이 담뿍 드는 길로 이어져 있었습니다. 길이 끝나는 곳은 언제나 집이었지요. 마당에서 길은 머물고 그곳에는 사람이 살고 있었습니다. 집과 길은 마당에서 비교적 넓은 자리로 만나고 있었습니다. 마당은 길의 휴식처이거나 머묾의 공간이었지요. 마당은 길이 가장 진화한 형태라고 하면 너무 문학적이라고 욕하시려나.

  제가 찾아간 날은 비가 오는 듯 마는 듯했습니다. 여우비 같았지요. 여우비 따라 길을 걷는 재미가 쏠쏠했지요. 이슬비에 옷 젖는 줄 모르듯 고색에 취해 즐거움을 누리는 것도 더없는 기쁨이었거든요. 전통마을을 걸으며 살아온 날들과 살아갈 날들의 연결고리인 발자국들이 흐릿하게 양동마을 길에 찍히고 있음을 보았습니다. 중심은 제가 만드는 발자국들이었습니다. 과거와 미래의 중심축은 현재였습니다. 여우비에 젖고 살짝 침투하듯 고개를 내미는 햇살이 교차하는 현장에서 저는 행복했습니다. 큰 숲이라는 뜻의 거림에서 안골로 올라가던 길에 그네가 있습니다. 나이 들어 그네를 타는 맛도 별나데요. 그네도 가만 생각하면 자연을 그대로 받아들인 놀이잖아요. 민 만큼 뒤로 올라가는, 올라간 만큼 앞으로 가는 절묘한 형평의 법칙을 받아들인 놀이지요. 관성의 법칙과 하중을 이용한 자연놀이지요. 혼자 타는 것보다 둘이 타는 것이 더 짜릿하겠지요. 춘향과 이도령이 만난 곳이 그네 타는 곳이었잖아요. 양동마을을 방문하게 되면 둘이 마주 서서 그네를 뛰어보세요. 절묘한 사랑놀이가 될 듯합니다. 왜 절묘하냐고요, 타 보시면 아시겠지요. 저 만큼 나이 들면 못하거든요. 젊은 날에 해 보는 것이 좋습니다.

    양동마을은 안동 하회마을과 함께 대표적 민속촌으로 손꼽히는 우리나라 최대 규모의 반촌입니다. 세도깨나 쓰는 양반마을이라는 이야기지요. 옹고

양동마을은 위계가 두드러지는 전통마을이다. 양반은 높은 지대에 자리하고 그 부속노비들의 집은 밑에 자리하고 있다.

집 같은 면에 의해 전통이 지켜지는 것도 선비로서의 자존심과 양반으로서의 체통에 근거하고 있는지도 모릅니다. 양동마을의 양대산맥으로 여강 이씨와 월성 손씨가 양대 문벌을 이루면서 지금까지 이어져 내려왔습니다. 뼈대 있는 집안으로서 조선시대 전통 문화와 자연을 고스란히 간직하고 있습니다. 경주 손씨와 여강 이씨의 양 가문에 의해 형성된 마을입니다. 손중돈, 이언적을 비롯하여 명공과 석학을 많이 배출하였습니다. 마을은 경주시에서 동북방으로 20km쯤 떨어져 있으며, 마을의 배경이자 주산인 설창산의 문장봉에서 산등성이가 뻗어내려 네 줄기로 갈라진 산등성과 골짜기가 물勿자형의 지세를 이루고 있습니다. 내곡, 물봉골, 거림, 하촌의 네 골짜기와 물봉 동산과 수졸당 뒷동산의 두 산등성이, 그리고 물봉골을 넘어 갈구덕으로 마을이 구성되어 있습니다. 동산과 골짜기의 조합이 양동마을을 이루는 근간입니다. 동산은 양반들의 거주지로, 골짜기는 상민들의 거주지로 구별이 되어 있어 한눈에 높고 낮음을 알 수 있는 것도 양동마을만이 가진 특별한 점이기도 합니다. 양반집 한 채에 상민의 집 4, 5채 정도 되는 구조로 형성되어 있습니다. 기와집과 초가집은 이렇게 만나게 됩니다. 초가집 5가구를 다 합해도 기와집 한 채만 못한 것은 물어볼 필요가 없는 것이겠지요.

    양동마을은 풍수형국으로는 한자의 말 물勿자형의 명당이라고 합니다. 보통의 마을들이 배산임수의 남향받이에 아늑하게 자리 잡은 것에 반해 이곳은 말 물勿자처럼 뻗어 내린 네 줄기의 산등성이에 굵직굵직한 기와집들이 들어서 있습니다. 이들의 옛집들은 조선 초기부터 지어지기 시작해 조선 중, 후기의 대표적인 가옥들로 원형을 잘 보존하고 있습니다. 건축 형태와 가옥 구조는 당시의 신분제적 사회 성격을 드러내 주고 있습니다. 대 종갓집일수록 높고 전망이 좋은 곳에 자리 잡고 있으며 그 아래에 방계 후손들의 집이 있습니다. 대갓집들은 노비들이 살았던 가랍집 또는 하배집이라 불리는 초가들을 발밑에 거느리고 있습니다. 노비들의 집이었던 게지요. 지주와 노비의 관계를 보여 주는 마을의 구조가 남아있는 마을은 양동마을이 유일하다는 생각이 듭니다. 언덕 꼭대기에 너른 기와집, 그건 양반 지주 집입니다. 그 아래에 있는 초가집들은 그 양반집에서 허드렛일을 하는 노비들의 집입니다. 양반과 노비의 거주지를 아예 구분시켜 놓은 곳은 드문 일입니다.

양동마을의 길은 다른 전통마을의 길과는 달랐는데 전통마을 자체의 특이성에서 출발합니다. 다른 전통마을의 경우에는 평지이거나 일정한 기울기를 가진 곳에 가옥이 들어서는 것이 일반적인데 이곳은 산줄기마다 집이 올라서 있었습니다. 계급의 차이를 그대로 반영하여 양반집은 높은 곳에 상민들은 낮은 지대에 자리하고 있었습니다. 길도 집을 따라 나 있어서 오르내림이 예사롭지 않습니다. 계층에 따른 위계가 고스란히 반영된 것도 다른 마을에서는 볼 수 없는 형식이었습니다. 집이야 대표적인 인위의 집대성이지만 길은 두 층위를 연결해주면서 소통과 교류를 주관하고 있었습니다. 낮은 곳의 하층민들이 높은 곳의 상류층의 집들을 오가며 일을 도왔을 것입니다. 그 사이에는 경사가 급한 길이 나 있습니다.

일제강점기 때까지만 해도 이 가랍집에는 외거노비들이 살았다고 합니다. 외거노비란 집을 따로 내어 밖에서 거주하며 대갓집의 일을 봐주는 형태의

높은 곳에 위치한 양반가 밑으로 노비들의 집이 네다섯 채씩 모여 있었지만 지금은 노비들은 마을을 거의 떠나고 없다.

노비를 말합니다. 노비들은 8·15해방과 6·25전쟁 전후의 혼란기를 통해 뿔뿔이 떠나갔다고 합니다. 양반의 얼굴을 쳐다만 보아도 불경죄가 성립되고 바로 처벌이 가능했던 신분제가 있던 시대였습니다. 벼슬이라도 한 양반이 길을 지날 때에는 머리를 땅을 향하여 숙이고 지나갈 때까지 들어서는 안 되는 일이었지요. 머리를 들면 몽둥이로 맞아야 했습니다. 맞았다고 어디에 하소연할 수 없는 세상이었지요.

　조선 초기부터 중기까지 양반은 전체 인구의 5% 안쪽이었다고 하니 95%의 일하는 백성이 5%의 노는 양반과 왕족을 먹여 살리는 구조였지요. 표현이 너무 거칠었나요. 지금의 잣대로 과거를 재는 어리석음은 범하지 말아야 한다면서도 종종 이 법칙을 어기고는 합니다. 하지만 두 위계는 서로 필요한 존재였습니다. 서로 다른 세계를 지향하는 사람들이기도 했지만 공존할 수밖에 없는 두 개의 층위였던 게지요.

　양동마을의 길들은 역동적입니다. 높고 낮음의 등고선이 짧지요. 그만큼 가파른 길로 엮여 있음을 보게 됩니다. 실제로 걸어보아도 편안한 길이기 보다는 산을 타는 기분이 들 정도지요. 마음 편하게 걷기보다는 운동하는 기분입니다. 양동마을의 삶도 마을의 지세를 닮고 길을 닮았다면 가파른 길을 걸었으리라 짐작됩니다.

　입향조入鄕祖는 손소입니다. 처음 마을로 들어와 마을을 일으키고 세운 분입니다. 고려로부터 조선조에 이르기까지 오, 장, 유씨가 대대로 내려오며 살았다는 이야기가 구전되고 있습니다. 문헌상 입향조는 이시애의 난을 평정하여 공을 세운 손소로 되어 있습니다. 손소는 청송 안덕에 살다가 풍덕 류씨인 류복하의 무남독녀와 혼인하여 처가의 재산을 상속받으면서 이 마을에 눌러 살게 됩니다. 손소는 슬하에 5남 1녀를 두었는데, 그 둘째 아들이 우참찬을 지냈던 손중돈이며, 딸은 여강 이씨 이번에게 출가하여 두 아들을 낳았고, 그 중 맏이가 이언적(1491-1533년)입니다. 양동마을은 이언적이란 분에 의하여 커지고 자리를 잡은 듯했습니다. 이언적의 흔적이 아주 각인될 만큼 크고 넓었습니다. 이언적 선생은 동방 5현의 한 분으로 해동부자海東父子로도 불리는 뛰어난 도학자인 동시에 탁월한 경세가였습니다.

　양동마을은 여강 이씨와 월성 손씨가 양대 문벌을 이루며 5백 년을 동족 집단 마을로 형성해 온 배타적인 마을이라고 할 수 있습니다. 양동마을에는 현재, 150여 가구에 740여 명이 살고 있는데, 여강 이씨가 70여 가구 정도, 월성 손씨가 20여 가구가 좀 못 미친다고 합니다. 나머지는 외지인들입니다. 양동마을이 지금까지 보존되고 유지되고 있는 것은 어쩌면 배타성에서 오는 것일지도 모른다는 생각을 했습니다. 집단우월의 한 모습일 수도 있음을 언뜻 느꼈거든요. 고래의 미풍양속과 문화유산을 훼손하지 않고 고이 이어오는 일이 거의 있을 수 없는 일인 듯한데 아직도 온 동리에 유가의 법도와 선비의 기품이 배어 있음에서 그런 유추가 가능했습니다.

양동마을은 유가의 전통이 아직도 존속되고 있는 선비의 마을이었습니다. 꼿꼿한 대나무와 같은, 사철 푸른 소나무와 같은 품성의 소유자들인 선비에게는 두 개의 영역이 공존합니다. 하나는 세상으로 나아가는 길로서의 입신양명이고, 하나는 강호에서의 풍류를 즐기는 일입니다. 결국 세상으로 나아가 자신을 일으켜 세우고 이름을 날리는 것이 중요하지만, 상황이 그렇지 못할 때에는 산이나 호수에 들어 제자를 기르거나 자연을 즐기는 일이 선비의 세상입니다. 큰 틀에서는 입신으로 자신을 세우는 일을 지향하는 것이었습니다. 풍류를 즐기는 일이 노장사상의 풍류와는 사뭇 다른 풍류였지요. 노장에서의 풍류는 자연에의 동화, 자연과 사람이 하나라는 등식이 성립되지만, 성리학에 바탕을 둔 유교의 선비에게는 세상으로 나아가는 준비기간이거나 학습기간뿐입니다. 이름을 떨치기 위한 공부였던 것입니다. 선비의 눈은 항상 세상으로 열려 있고 그것이 선비의 가치라고 생각했습니다.

선비라는 이름에서는 극히 정치적인 냄새가 물씬 납니다. 욕망의 존재였지요. 정치적인 야망의 실현이 꿈인 사람들이었습니다. 세상에 상당히 관심이 많고 정치세상을 향하여 나갈 준비가 되어 있는 사람들이었습니다. 현실적인 욕망의 실현은 벼슬로 나타나는데 아쉬움은 생산적인 일에는 참여하지 않는다는 점이었습니다. 당시의 주산업이었던 농업과 어업 그리고 수공

위압감이 들 정도로 안정되고 굳센 표정의 담이다. 양반가의 고집과 선비정신이 들어있다.

업에 관한 일에 몸으로 참여하는 것을 부끄럽게 여겼다는 것입니다. 선비는 지금으로 이야기하면 관리자로서의 역할에 충실 하고자 했던 것인데, 이는 조선 5백 년이 발전이 적은 사회로 전락하는 중요한 요인 중 하나가 되었습니다. 직접 참여하는 것을 선비가 할 일이 아니라는 의식을 가진 사람이 그 일에 대해 많이 알 수도 없고 개선에 대한 발전적 도전이 있을 리가 없겠지요. 출세出世라는 말은 세상으로 나아간다는 말이지요. 그것은 곧 지금 있는 세상으로부터 다른 세계의 사람이 되겠다는 의지의 표현입니다. 그만큼 벼슬을 한 사람과 하지 않은 사람의 세상은 차이가 났지요. 무식하게 이야기하면 일을 하는 사람과 일을 시키는 사람으로 나누어진 것입니다. 아주 소수의 관료집단에 들어가는 것이 입신이었고 출세였습니다. 물론 큰 틀에서의 출세와 입신양명은 세상을 위하여 헌신하고 자신의 능력을 세상에 부려놓아 개선시키는데 있습니다. 그리하여 세상에 이름을 떨치는 것이었지요. 하지만 그것은 개인적인 입장에서는 한 집안을 일으켜 세우느냐 죽이느냐가 달린 일이었습니다. 벼슬길로 나아가지 못하면 그 집안은 몰락하게 되지요. 양반의 대열에서 제외되는 치욕과 수모를 당해야 하는, 곧 조상을 욕되게 하는 일이었습니다. 조선시대에는 모든 백성이 과거에 매달려 그 결과를 주시했다고 봐도 지나친 말이 아닙니다. 거대한 과거장이었습니다. 치맛바람의 원조는 조선시대 과거제도에서 출발했는지도 모르지요. 한 집안의 흥망을 좌우하는 일이었으니 더욱 그러했을 것입니다.

양동마을은 양반마을로서 전통문화와 한국 정취가 완벽하게 살아있는 곳입니다. 양동마을의 문화재는 한 마을로서는 우리나라 최고가 아닌가 싶습니다.

이 마을의 문화재 수는 국보 1점, 보물 4점, 중요민속자료 13점, 도 지정 유형문화재 2점, 기념물 1점, 민속자료 1점, 문화재자료 1점, 향토문화재 9점으로 도합 32점이나 되고, 마을 자체가 문화재로 지정되어 있다.

한 마을에 이토록 많은 문화재가 있다는 자체가 대단한 일입니다. 그만큼 양반마을의 대표라고 해도 지나치지 않습니다. 양동마을을 다 돌아보려면 6시간 정도 걸린다고 합니다. 한 집 한 집 자세히 보려면 며칠은 묵어야 가능한 일이었습니다.

원형을 간직한 살아있는 조선의 마음을 가진 양반마을

양동마을은 지주 양반촌의 모습을 잘 보여 주는 마을입니다. 안동의 하회마을이나 외암리 마을은 깔끔하게 정리되고 다듬어져 있지만, 양동마을은 아직도 원형이 많이 남아 있습니다. 별로 가꾸지 않은 모습 그대로가 더 자연스러운 양반촌의 모습을 볼 수 있기 때문입니다.

사람 사는 마을에는 소통의 장소로 세 곳이 있습니다. 집과 길과 공공장소지요. 집은 사람이 살아가는데 가장 기본적이고 원초적인 혈연집단으로 태어나고 죽음을 맞이하는 장소이기도 합니다. 지상의 단위 중에서 가장 밀착되고 작은 단위지요. 운명 공동체인 가족 간 소통의 공간입니다. 길은 소통의 절대적인 공간이며 진화하는 장소입니다. 길은 집과 집의 연결이며 사람과 사람의 연결이기도 합니다. 외부로 열린 장소이며 사람을 사회적인 동물이게 하는 일차적인 소통의 장소입니다. 길을 통해서 이동은 이루어지고 있었습니다. 공공장소는 가족이 아닌 사람들과 만나는 장소입니다. 출세도 이곳에서 이루어지고 양명도 이곳에서 이루어집니다. 지배와 피지배의 권력도 이곳에서 분배되고 형성됩니다. 상하의 위계가 생기게 하는 곳이기도 합니다. 공공장소는 사람이 이미 사회적인 존재임을 확인시키는 장소지요.

길은 집마다 방문하며 확장과 분화를 통해서 마을을 통합하고 경쟁하게 했습니다. 양동마을을 이루는 두 개의 축은 앞서 말한 양반층과 노비층의 확연한 지역구분입니다. 여강 이씨 집안과 월성 손씨 집안이 따로 세운 종갓집, 정자 등을 보면 두 집안의 경쟁과 협력이 눈에 띄는데, 이것이 양동마을을 이루는 다른 하나의 축입니다. 이 세 가지가 커다란 움직임으로 어우러져 양동마을이 번성하고 유지됐음을 볼 수 있습니다. 우리는 양동마을에서 조선시대 경상도 지주마을의 한 전형을 볼 수 있습니다. 경쟁의 모습이 우선 돋보입니다. 시설물들이 모두 한 쌍으로 이루어져 있습니다. 종가로 손씨가의 서백당과 이씨가의 무첨당이 있으며, 정자는 손씨가의 서백당과 이씨가의 심수정, 가장 큰 분가인 손씨가의 관가정과 이씨가의 향단이 등을 돌린 모습으로 배치되어 있습니다. 서당과 서원도 따로 지어 두 집안의 경쟁을 쉽게 확인할 수 있습니다. 더욱 재미있는 현상은 우리나라의 어느 마을에나 있는 동제洞祭가 없습니다. 동제는 마을의 공동제사 겸 축제형식의 전통적인 행사였습니다. 손씨 집안과 이씨 집안이 따로 제사를 모시는 것으로 대체되었던 것 같습니다. 경쟁과 함께 극복하여야 할 일에서는 협력을 한 모습도 보입니다. 한마을에서 갈등만 지니고는 살 수가 없었겠지요. 갈등을 극복하기 위한 문화적 조율장치가 있었습니다. 줄다리기와 호미씻이가 그것입니다. 정월 대보름에 열리는 줄다리기는 윗마을과 아랫마을로 편을 갈라 이루어졌습니다. 이때에는 양반과 상민, 이씨와 손씨가 구별되지 않고 대동으로 진행되었습니다. 다른 곳에서처럼 동서 편, 남녀 편으로 나누지 않았습니다. 결과도 윗마을이 이기면 풍년이 들고 아랫마을이 이기면 마을이 편해진다는 화합을 중시하였습니다. 호미씻이는 삼복더위가 지난 뒤 마을의 머슴들을 위해 베풀어지던 잔치였습니다. 농가에서 음력 7월경에 논매기의 만물을 끝내고 날을 받아 하루를 즐겨 노는 일로 한자어로는 세서연洗鋤宴이라 합니다. 지방에 따라 풋굿·초연草宴이라고도 합니다. 풋굿이란 풀밭에서 한바탕 굿 행사 같이 놀기 때문에 붙여진 이름이며, 초연은 풀밭에서 잔치를 벌이기 때문에 붙은 명칭입니다. 농촌에서는 7월 백중 무렵이면 논매기가 다 끝나는데, 이때 농사일을 잠시 쉬고 머슴에게 하루를 즐기게 하였으므로 이 날을 머슴 날이라고도 하였습니다. 옛날부터 음력 7월 보름께에 각 농가에서 제각기 음식을 내어서 시냇가나 또는 산기슭의 나무 그늘 밑에 모여 앉아 술과 음식을 같이하면서 징·꽹과리·날라리·북·장구 등 농악기를 울리며 질탕하게 하루를 한껏 즐기는 이것을 '호미씻이'라고 하는데, 그 뜻은 이때는 논밭의 김을 다 매어 호미를 씻어두고 놀기 때문이지요. 이 호미씻이 때에는 그 마을에서 그해 농사가 잘된 집이 있으면 그 집 머슴을 뽑아서 여러 머슴 중에서 우두머리로 삼아 그 머슴에게 삿갓을 씌우고 황소에 태워서 여러 머슴이 에워싸고 노래하고 춤추며 마을 마을로 돌아다니는데, 이때 그 집 주인은 술과 음식을 내어 잘 먹였습니다. 줄다리기와 호미씻이 놀이 외에는 다른 축제가 없었던 것도 특징 중의 하나지요. 마을의 크기나 위세로 보아 자체적인 민속놀이가 존재할 법도 한데 그것은 아마 두 집안이 한마을에서의 경쟁과 무관하지 않을 듯합니다.

외손이 번창한다 하여 외손이 마을이라고도 부르는 양동마을은 두 집안의 경쟁과 협조로 이루어진 마을이지만, 한 사람에 의하여 더욱 확대되고 의미를 더하게 됩니다. 이언적입니다. 이언적의 자취와 흔적은 여전히 굳건하게 남아있고 보존되어 있습니다. 양동마을의 주인공 같은 인물입니다. 그를 빼놓고 양동마을을 이야기하는 것은 많은 부분을 말하지 않는 것과 같습니다. 이언적이란 이름을 가지게 된 이유도 특별합니다. 왕이 이름을 고쳐주었으니 그렇습니다. 이언적의 이름은 원래는 이적이었습니다. 이언적은 24세에 과거에 급제를 했는데 그 해에 과거 급제한 경남 산청군 단성 사람으로서 같은 이름을 가진 사람이 있어서 이를 피하기 위해 왕이 '언彦' 자를 더해 주었다고 합니다. 왕이 직접 이름을 고쳐주는 영광을 누리게 되었습니다. 한 사람의 호를 이해하게 되면 그 사람의 마음의 방향이 내포한 뜻을 알 수 있습니다. 이언적의 호는 '회재晦齋', 어두운 집이란 뜻입니다. 이는 성리학을 집대성하고 완성시킨 주희의 호가 '회암晦菴' 같은 어두운 집인 것에 따른 것이지요. 주희의 호는 "땅 속은 어둡지만, 그곳에 뿌리를 깊이 박은 나무가 밝은 세상에 아름다운 꽃을 피운다."는 뜻입니다. 성리학의 창시자인 주희의 호를 받아들인 것은 그의 이상과 철학을 받아들이겠다는 뜻이었겠지요.

이언적의 정치적인 입지나 행로보다는 양동마을에서의 존재감에 더 관심을 두게 됩니다. 양동마을에서 그의 흔적은 여러 곳에 있습니다. 대표적인 것이 향단입니다. 향단은 손씨 집안의 가장 큰 분가인 관가정에 뒤지지 않는 위세로 지어진 건물입니다. 99칸 집으로 지금은 56칸만 남았지만 지금도 대단한 건물이었지요. 중종이 어머니를 봉양하라고 지어주었다고 안내문에는 적혀 있지만 여러 가지 정황으로 보아 직접 지었거나 남이 지어준 것으로 추정됩니다. 향단은 완공된 후에 경상도 관찰사로 부임 받은 이언적이 어머니를 모시고 있던 동생 이언괄에게 넘겨주었습니다. 이언괄은 어머니를 봉양하기 위하여 벼슬길도 마다했다고 합니다. 향단이 들어선 자리는 절터였습니다. 지금도 절터의 흔적이 몇 군데 남아있습니다.

주춧돌을 보면 주좌 부분이 낮습니다. 주좌 높이가 낮다는 것은 창건연대가 고려시대 이전에 지어진 사찰이었을 가능성이 큽니다. 향단의 행랑마당과 사랑마당 사이에 있는 중문을 들어서면 탑신으로 보이는 돌이 있습니다.

길은 다른 모습으로 집과 집의 소통을 주관하고 있다. 주장하지 않는 모습이 따습다.

모서리에 우주가 양각되어 조금만 주의를 기울이면 탑의 두 번째에 놓이는 부재라는 것을 알 수 있습니다. 이 돌은 과거부터 있었다고 합니다. 향단의 정자인 심수정에도 디딤돌 좌우로 작고 가는 기둥이 서 있는데 이도 절에서 쓰던 것이라고 합니다. 양동마을에는 절이 2개가 있었다고 하는데 그 하나가 향단이 있는 자리이고 다른 하나는 설창산 가는 방향에 있다고 합니다. 양동마을은 둘러보는 곳마다 이언적의 발자취가 남아있었습니다. 이언적은 중종이 이적이란 이름에 한 자를 보태어 준 언彦자가 의미하는 바가 큽니다. 선비 '언'이지요. 그는 선비였습니다. 출세와 입신양명이라는 단어에 충실하고 학문에 깊이 발을 담군 학자였습니다. 출세와 입신양명이 가지는 빛나는 세상과는 달리 또 다른 그림자가 따라 다닙니다. 정치란 것이 서로 다른 꿈을 가지고서 사람들을 한곳으로 가도록 유도하는 일이라 적을 만들 수밖에 없는 구조를 가졌거든요. 결국 적과의 동침 내지 타협이 됩니다. 선비였던 이언적도 결국은 귀양지에서 죽음을 맞이하게 됩니다. 이언적의 죽음 후에도 양동마을은 번창하고 그 자손들에 의해 이어져 왔음을 확인하게 됩니다.

　사람의 길이나 마을이 가진 길 모두 중심을 잃으면 인생에도 마을에도 통합은 사라지게 됩니다. 사람의 마음 안에 중심을 들이고, 마을의 가운데에 중심을 들여야 안정이 있습니다. 우리의 전통에는 중심이 있는 곳을 안이라 하고, 활동하고 변화하는 공간을 밖이라고 했습니다. 양동마을도 마찬가지로 중심이 되는 건물들이 있는 곳을 안길이라고 하고 중심에서 뻗어나간 길을 샛길이라고 하겠지요. 양동마을의 경우는 이러한 기본 틀이 깨져 있습니다.

　안길에는 종가가 중심에 있고, 정자와 비각 그리고 사당, 재실 등으로 정신적인 중심역할을 하는 건물들이 배치되어 있어 걷는 것이 조심스러워지고 옷매무새를 고치는 것이 일반적인 전통마을의 길입니다. 양동마을에서는 서백당에서 무첨당을 지나 향단, 관가정으로 이어지는 길이 마을의 중심축이었을 가능성이 큽니다. 이 중심축, 다시 말해 안길을 깬 것이 일제강점기에 철도가 생기고, 초등학교가 들어서면서 관가정 입구에 있던 마을 입구가 변경되어서라고 합니다. 안길이 중심을 잡아주고 샛길이 변화가 조화로운 양동마을에서 조선의 마음을 읽을 수 있어 좋았습니다. 길

역사가 있는 길

역사가 흐르고 철학이 잠방거리는
길을 따라가다

선암사 길 _120
내소사 길 _136
향일암 오르는 길 _150
북촌 길 _164
문경새재 길 _178
다산초당에서 백련사 가는 길 _193
수원화성 길 _208
창덕궁 후원길 _223
소쇄원 길 _239

선암사 길

선암사 뒷간에서는 강이 쌓여 산이 된다

　선암사는 안으로 들어가면 또 다른 안이 나오는 풍경을 만들어내는 내밀한 절이지요. 눈물이 많은 사람은 찾아가지 마세요. 적막에 질려 그만 울음을 터뜨릴지도 모르거든요. 눈물이 송글송글 떨어지면 생이란 것이 한 방울씩 버리는 것이었음을 깨닫게 될지도 모르니까요. 이번 생이 그래도 괜찮았다고 생각하며 다녀오세요. 선암사에서는 평화로움이 자박자박 밟히거든요. 그리움도 졸래졸래 따라붙고요.
　강가에 나가 앉으면 강물은 생명들을 끌어안고 흐르는 것임을 보게 됩니다. 눈물도 흐르는 것이더군요. 저는 사람은 바다에서 와 세상이 힘들 때마다 흘리는 눈물은 사람의 고향인 바다가 넘치는 것이라고 했습니다. 바다에 파도가 치면 우리의 삶에도 파도가 치고 눈물이 넘치는 것이라고 생각했습니다. 선암사에 가면 뒷간에 가 앉아 보세요. 우리나라에 몇 안 되는 변소라네요. 더디게 변해가는 산사에서도 변소는 모두가 개량되어 깨끗하게 고쳐졌거든요. 우리의 재래식 변소를 구경할 수가 없는데 선암사에는 우리의 선조가 이용했던 그대로의 변소가 있습니다. 변소가 문화재로 등록된 곳은 아마 선암사뿐일 것 같습니다. 건축가 김수근은 이 뒷간을 가리켜 '대한민국에서 가장 크고 아름다운 측간'이라 극찬하기도 했습니다.
　강물이 흐르는 것인 줄만 알지만 선암사에서는 그렇지 않습니다. 사람도 강

선암사에서는 강이 흐르는 것이 아니라 쌓이는 것을 알게 된다. 선암사에서는 변소도 지방문화재다.

을 하나씩 가지고 살고 있습니다. 굽이굽이 휘어 도는 강을 가지고 있습니다. 그것은 우리가 흐르는 존재였음을 상기시켜 주려 해서인가 봅니다. 하지만 선암사 뒷간에 가면 강물은 흐르다 쌓이는 것임을 알게 됩니다. 강물은 흐르다 이내 선암사 뒷간에 와서는 탑처럼 쌓입니다. 무슨 말인지 모르시겠다면 직접 한 번 가보시기 바랍니다. 바람도 스쳐 지나가고, 계절이 지나가는 것이 보이는 선암사 뒷간에서는 하늘도 성긴 창문으로 찾아오는 곳입니다. 선암사 뒷간에서는 왜 강물이 흐르지 않고 쌓이는지 관심을 두어보시기 바랍니다.

강은 흘러 바다가 되지만 선암사에서는 강이 쌓여 산이 된다.

선암사에 가면 근심을 덜 해우소는 없고, 뒷간이 있다. 살아있는 생명은 몸 안에 긴 강 하나가 있다. 유장하게 흐르는 강은 근심도 끌어안고, 열락도 끌어안고, 눈물도 끌어안고 흐른다. 몸을 돌아 흐르던 강은 선암사 뒷간에 가면 차곡차곡 탑이 되려고 쌓인다. 강이 부려놓은 강물이 쌓여 이내 산처럼 일어선다. 이렇게 아름다운 곳에서는 한 소식 못 얻어야 마땅하다. 선암사 뒷간에서는 데리고 온 삶을 끌어안고 목 놓아 울어도 좋다.

창문만한 하늘이 다가와 성긴 창문에 고개를 디밀고서는 알몸을 기웃거리고, 바람은 벗은 아랫도리를 더듬는다. 선암사 뒷간에서는 추하고 아름다움이 다 같이 한통속이다.

_신광철의 「선암사 뒷간」 전문

삶도 흐르는 것이어서 세상을 이해할 듯했지만 도무지 꼬리를 감추고서는 내어주지 않았습니다. 바람만 불어도 눈물을 흘리고, 낙엽만 져도 눈물이 흘러내리지요. 사람은 그만큼 슬픈 존재였습니다. 울지 마라, 울지 마라 하면서 울고 있는 자신을 보는 것이 사람이지요. 사람은 고독이라는 유전인자를 가지고 태어났나 봅니다. 그렇지 않고서야 눈물샘을 선물 받고 태어날 수 있는 것인지 묻고 싶어집니다.

 선암사에서는 아주 천천히 걸어야 합니다. 골목을 지나면 또 골목이 나오듯 선암사에서는 한 모퉁이를 지나면 같은 높이와 같은 정적으로 기다리고 있는 풍경을 만납니다. 안으로 들어갈수록 고요가 자분거리며 따라붙는데 참 적막합니다. 적막은 사람을 질리게 하거든요. 하지만 사랑하는 사람이 있다면 같이 가보세요. 적막이 몽환의 기쁨을 줄지도 모르니까요. 살다 보면 예측하지 못한 기쁨이 지친 영혼을 흔들며 아는 체를 하고는 합니다. 살다 보면 지구를 여행하고 있는 것이 축제구나 싶을 만큼 웃음을 선물 받을 때가 있습니다. 한 사람의 영혼을 진정 영혼으로 사랑하고서 아파 본 사람은 압니다. 사랑이라는 것이 산 사람으로서 금기 지역인 천국을 다녀온 죄로 지옥을 체험하는 것은 아닐까 싶습니다. 진정 아프거든요. 명치끝이 체한 것처럼 늘 답답하고 호흡이 자연스럽지 않은 것을 체험해야 하는 것이 사랑하고 난 후에 겪어야 하는 일입니다. 그래요, 그렇더라도 사랑을 배워야겠지요. 사람에게서 사랑을 빼 버리면 사실 남을 것이 별반 없는 것 같으니 사람의 핵심인 마음, 사랑으로 들어가 보아야지요. 그리고 미치도록 사람에게 취해 봐야겠지요. 그러니 사랑한 것을 행운이라고 해야겠지요. 지구여행의 핵심은 사랑을 배우라는 것이라고 우기고 싶어지는 건 저만의 생각은 아니겠지요. 너무 힘들어서 거짓도 배우고 경쟁도 하지만 그래도 어우렁더우렁 어깨를 내어주고 받으면서 사는 것이 삶이 아니겠습니까. 사랑한 선물로 받은 추억의 보따리 안에는 눈물과 웃음이 반씩 들어 있습니다. 마음이 시린 날에는 눈물이 먼저 반기고, 흐뭇하고 기쁜 날에는 웃음으로 찾아오지요. 노을이 하늘 한 편을 잠방거리며 뛰어놀 때도 한 사람은 어김없이 찾아옵니다.

선암사는 내부로 들어갈수록 고요가 자박자박 밟힌다. 입구에서부터 경계가 무너져 안과 밖이 바람 같다.

    선암사에는 또 하나의 특별한 공간이 있습니다. 각황전입니다. 각황전은 천태종의 최고 어른인 종정이 머무르는 곳이기 때문입니다. 선암사는 아주 미묘한 입장에 처해 있는 절이기도 합니다. 천태종의 본산이나 법적 소유는

조계종으로 되어 있고 실질적인 점유는 천태종이 하고 있습니다. 게다가 관리는 순천시가 하고 있어 더욱 특별합니다. 어찌하여 이런 복잡한 일이 벌어졌는가에 대해 조금은 이야기해야 할 듯합니다.

불교를 크게 둘로 나누면 교종과 선종이 있습니다. 지눌은 "교는 부처의 말씀이요, 선은 부처의 마음이다."라고 했습니다. 교종은 경전을 바탕으로 하는 공부를 뜻합니다. 부처님의 말씀을 공부하는 것이지요. 선종은 선 수행을 중심으로 하는 공부를 말합니다. 교종이 이론 공부라면 선종은 실습이라고 할 수 있겠지요. 지금은 한국의 불교가 선종이 대세지만 지눌 이전에는 교종이 대세였습니다. 새로이 한국에 들어온 선종은 당시로써는 충격적인 내용이었고 이단이었습니다.

선종은 인도인으로 중국에 들어온 달마 대사가 안심관벽安心觀壁이라 하여 편안한 마음으로 벽을 바라보면서 깨달음을 구한 후, 혜능이 문자에 입각하지 않으며 경전의 가르침 외에 따로 전하는 것이 있으니 사람의 마음으로 직접 터득하고, 본연의 품성을 보고 부처가 된다고 했습니다. '불립문자 교외별전 직지인심 견성성불 不立文字 教外別傳 直指人心 見性成佛' 이지요. 한 발 더 나아가 마조도일은 자심즉불自心卽佛, 타고난 마음이 곧 부처라고 했습니다. 정혜쌍수定慧雙修는 선과 교를 나란히 수행하되 선을 중심으로 교학을 포용하자는 이론입니다. 이러한 이론에 의해 지어진 도량이 송광사였습니다.

이와는 반대 입장에 있던 것이 교관병수敎觀幷修였습니다. 의천은 교학을 중시했습니다. 경전을 멀리하고 직관적 종교체험으로 선을 중시하는 선종을 비판하며 참선의 의미를 찾는 방법으로 교관병수를 제시하였습니다. 경전을 읽는 교의 방법과 참선을 수행하는 관의 방법을 함께 닦아서 진리를 깨우치는 수행방법입니다. 이러한 교관병수 사상은 고려시대의 천태종을 중심으로 실천되었습니다.

문제의 발단은 이렇게 시작됩니다. 조계산에는 의천의 교종 중시에 충실했던 천태종의 본산인 선암사가 이미 오래전에 있었습니다. 같은 조계산 자락에 또 하나의 큰절이 들어섭니다. 송광사지요. 두 개의 절은 서로 다른 생각으로 도량을 열었습니다. 선禪과 교敎, 교와 선을 함께 해야 하는 것은 인정하지만, 어느 것을 먼저하고 중시하느냐의 차이가 컸습니다. 직관의 체험을 중시하는 선과 꾸준한 교리 공부에 무게를 둔 교. 조계종과 천태종은 하나의 배를 탈 수 있으련만 오랜 다툼은 대립으로 터지고 맙니다. 두 종파가 하나의 산, 조계산에서 다른 방법을 추구하고 있습니다. 산은 여전히 아름답고 의연하게 중심을 잡고 있습니다만 사람들이 오고 가고 바람이 지나갔어도 두 개의 절은 서로 다른 생각을 버리지 못하고 버티고 서 있습니다.

의천은 교종을 중심으로 하는 천태종이고, 지눌은 선종을 중심으로 하는 조계종입니다. 산 하나를 두고 이 두 종파의 갈등은 남아있었습니다. 어느 한 쪽도 만만히 볼 사찰이 아닙니다. 대표성이 충분히 있는 절이었기에 서로 양보하기 어려운 처지입니다. 결국 일이 벌어집니다. 1950년대까지 거슬러 올라갑니다. 1950년대는 우리나라가 일제강점기를 벗어나 겨우 숨 돌릴 시기였습니다. 근데 불교의 상태는 말이 아니었습니다. 그건 그놈의 일본 불교가 완전히 우리 불교를 망쳐버렸기 때문입니다. 일본 불교에서의 승려는 대처승이 기본입니다. 대처승이란 결혼한 승려지요. 처자가 딸린 승려를 말합니다. 대처승의 다른 편에는 비구승이 있습니다. 비구승은 결혼하지 않습니다. 요즘 우리나라 승려들의 주류지요. 1954년 이승만 정권은 불교를 정리하는데 당시 승려의 구성을 보고 놀랍니다. 당시 대처승이 7천여 명인데 비해 비구승은 불과 300여 명에 지나지 않았습니다. 헌데 특별하게도 다수의 대처승이 가진 사찰을 소수의 비구승에게 넘겨주는 일이 발생합니다. 다시 말해 결혼 안 한 비구승에게 모든 권리를 넘겨줘 버렸습니다. 단 3년 만에 모든 사찰의 권리가 넘어가 버린 거지요. 이 사태 이후 극소수의 사찰만이 대처승의 수중에 남게 됩니다. 대처승으로서는 순식간에 사찰을 빼앗긴 셈입니다. 종국엔 종파가 갈리면서 조계종과 태고종으로 분열된 것입니다. 빼앗긴 태고종의 입장에서는 선암사가 중요한 곳입니다. 종정이 머무는 곳이기도 하고 태고종의 본산이어서 상징성이 절대적인 곳입니다. 다른 곳은 어쩔 수 없다고 해도 선암사만은 절대로 포기할 수 없는 곳입니다.

골목이 골목을 내어 놓으며 안내하고, 길이 길을 살며시 열어놓는 절

선암사가 이러한 고충을 간직하고서도 예스러운 면이 그대로 남아있는 것은 이러한 역사를 가지고 있기 때문입니다. 법적 주인인 조계종과 실질적으로 점유한 태고종의 법적 싸움이 붙은 거지요. 이 싸움으로 가처분이 되었습니다. 누구도 손을 댈 수 없는 상태가 된 것이지요. 덕분에 절은 100년 전의 모습을 그대로 간직하고 있습니다. 뒷간뿐만이 아니라 건물들이 그대로 남아있어 옛맛이 나는 절이 되었습니다. 스님들에게는 불편함이 따르겠지만 변함없는 옛것을 간직한 선암사는 반가웠습니다. 속살이 다 드러나 나무의 결을 그대로 볼 수 있습니다. 단청이 지워진 생나무의 감촉이 특별하거든요.

선암사의 역사와 주인이 누구인가는 지나는 길손에게는 중요한 일이 아닙니다. 두 종파의 갈등으로 혜택은 길손이 보았거든요. 선암사는 청매화로 유명한 곳입니다. 어떤 분은 매화로 유명한 세 곳으로 제일 먼저 핀다는 금둔사의 홍매화, 선암사의 청매화, 그리고 화엄사의 흑매화를 들더군요. 제가 방문한 때는 여름이어서 매화는 보지 못했습니다. 가을 단풍이 정말 자지러지게 아름답다는데 가을에 다시 한 번 찾아와야 할 것 같습니다. 가진 것 없는 제가 눈 기쁨이라도 가져야 할 것 같아서 말입니다. 선암사에는 유난히 꽃과 나무가 많습니다. 그것도 근래에 심은 것보다는 오랜 옛날부터 제자리를 지켜온 늙은 나무가 더 많습니다. 종류에 있어서도 동백, 매화, 산수유, 영산홍, 수양벚나무, 무화과나무, 소나무, 전나무, 은행나무 등 이루 헤아릴 수도 없을 만큼 다양합니다. 선암사 경내는 이른 봄부터 늦가을까지 차례차례 꽃망울을 터트리는 화초들로 늘 꽃과 함께하는 절입니다. 무우전과 팔상전 주변의 해묵은 매화나무들이 일제히 꽃을 피우는 4월 초에는 매화향기가 경내에 가득합니다. 장경각 옆의 산수유나무와 앵두나무, 설선당 연못 옆의

승선교와 강선루가 하나의 구도 안에 담긴다. 강선루는 네 기둥 중 하나를 냇가에 내려놓았다. 승선교를 건너면 사랑이 이루어진다고 한다.

수양벚나무도 꽃을 피웁니다. 계절의 징검다리를 수놓은 꽃 잔치로 선암사는 아름답습니다. 꽃이 없는 철에도 선암사는 꽃 대궐이지요. 설선당의 문짝에는 탐스럽게 핀 모란꽃이, 원통전의 문살에는 꽃과 잎이 풍성한 모란이 조각되어 있습니다. 원통전의 문에는 모란꽃과 함께 두 마리의 토끼가 조각돼 있습니다. 달나라의 월계수 아래에서 떡방아를 찧고 있는 토끼들이지요. 사계절 모두 아름다운 절입니다. 선암사는 사람을 사람답게 만드는 절입니다. 신선이 내려온 강선루가 있고 신선이 논다는 승선교가 있지만 사람 이상도 사람 이하도 없다며 조근조근 이야기를 나누며 걷기에는 최고지요. 골목이 골목을 내어 놓으며 안내하고, 길이 길을 살며시 열어놓는 절입니다. 오래된 나무들이 자기 자리를 잡고 있어 눈에 띄지도 않습니다. 안성맞춤인 자리에 있으니 다 편안하고 다정스럽기만 합니다. 이런 표현이 어색할지 모르지만 구수한 맛이 나는 절이지요. 아기자기하고 오목조목하기도 합니다. 조촐하면서도 수더분하지요.

    선암사로 향하여 걸어 들어가다 홍예교를 만나는데 참 곱습니다. 홍예교虹霓橋는 마치 무지개 모양 같다 하여 '구름다리'라고도 합니다. 홍예교는 일찍이 삼국시대부터 산성이나 사찰, 고분벽화에도 남아있을 정도로 오랜 역사를 지니고 있습니다. 성과 속, 피안彼岸과 차안此岸 같이 극과 극을 연결하는 조화와 중용이 있는 한국적인 가치관이 숨어 있는 다리입니다. 선암사 홍예교의 이름은 승선교乘仙橋지요. 신선이 오른 다리라는 이야기지요. 승선교는 사람이 다리를 건너는 다리로서의 직선과 냇가를 품은 곡선이 만나서 기품이 있는 다리거든요. 홍예교는 두 개가 있습니다. 승선교의 곡선 안쪽에서 절 방향을 바라보면 강선루가 보이는데 일품입니다. 하나의 풍경이 절묘하게 자리를 잡아 신선이 내려올 만하다는 생각이 듭니다. 신선이 내려와 놀았다는 강선루降仙樓와 승선교는 하나의 풍경 안에서 만나고 있습니다. 선암사를 방문할 때에는 냇가로 내려가는 번거로움이 있지만 멋진 풍경을 만날 수 있으니 냇가에서 승선교의 곡선이 품은 강선루를 구경하세요.

　홍예 한복판을 흘러가는 산바람. 바람은 어디를 갈지 예측할 수 없으나 조계산을 흘러내리는 물은 한 방향으로만 흘러갑니다. 정해진 길만을 고집하는 물이 흘러내리는 옆으로 길이 나 있는데 그곳에 강선루가 날개를 접고 내려앉아 있습니다. 천국과 우리가 사는 세상을 연결해 놓은 듯이 부도탑들이 서 있는 곳과 선암사로 오르는 길을 연결해 놓은 승선교. 승선교 밑 곡선의 무지개다리 안에 강선루가 자리 잡고 있습니다. 이름 그대로 하늘에서 내려오는 신선의 자태가 어른거리는 듯합니다. 승선교와 강선루의 설정은 절묘하고 의미는 깊습니다. 이와 같은 정신을 구현한 구조물은 승선교와 강선루가 세계에서 유일하다고 하는 분도 있더군요. 축조된 지 300여 년이 지난 승선교는 임진왜란 이후 사찰을 중건할 때 가설한 것으로, 숙종 24년, 1698년 호암대사가 만들었다고 합니다. 한국인의 특별함은 자연을 받아들이는 마음의 넉넉한 품새에 있다고 자주 이야기하는데 이는 강선루에서도 그러한 일면을 보입니다. 평지에 세워진 강선루의 기둥이 다 같은 길이로 재단하여 만드는 것이 상식이지만 이 상식을 어기고 건물을 받치는 기둥 중의 하나를 계곡에서부터 올려 본루를 받치고 있습니다. 참 특별한 발상입니다. 지루하지 않고 강선루만의 독특한 특성을 가지게 된 것입니다. 이러한 미학적 특성이 세계에서 하나밖에 없는 건물이 되게 한 것이지요. 한국인의 미학은 자연의 한 부분을 그대로 받아들여 아무도 넘보지 못하는 천부적 자연미를 창출해내는 데 있습니다. 사람과 자연을 이분법에 의한 분별이 아니라 사람도 자연의 한 부분이라는 자연과의 일체에서 찾으려는 타고난 기질에서 나옵니다. 천연성의 극대화가 한국 미학의 뿌리가 아닌가 싶습니다. 선암사에 가시게 되면 자세히 살펴보시기 바랍니다. 강선루는 승선교와 어울려 멋진 풍경을 자아냅니다. 강선루와 승선교는 모두 사찰을 중건할 때에 만들어진 것들입니다. 사찰 중건에 얽힌 전설을 만나보시지요.

사람은 살아서 천국을 맛본 죄로 지옥의 고통을 맛보는 것이지만 님에게로 가는 길만 있다면 향기로우리라.

호암대사는 관음보살이 나타나 줄 것을 바라고 절 뒤의 벼랑에 있는 배바위에 올라 백일기도를 올렸다. 그러나 백일이 다 지날 때까지 관음보살은 나타나지 않았고, 피로와 굶주림에 지친 스님은 절망에 사로잡혔다. "내 불심이 미치지 못하니 차라리 죽는 것만 못하다."라고 탄식한 뒤 스님은 벼랑에서 몸을 던졌다. 아름다운 한 여인이 홀연히 나타나 던져진 스님의 몸을 받아 안았다. "나를 위하여 몸을 버리는 것은 보리심이 아니니라. 어찌 죽을 생각을 갖느냐." 여인은 이 말 한마디를 남기고 사라졌다. 그 순간 호암대사는 그 부인이 바로 관음보살임을 깨닫고 끝없는 법열에 잠겼다. 호암스님은 원통전을 세워 그곳에 관음보살을 모시는 한편 절 입구에 아름다운 무지개다리를 세워 도를 닦는 신심을 표현했다.

길은 끝을 보여주지 않는다. 인생도 그렇다. 선암사에서는 길도 고요 속으로 사라진다.

전설은 선암사를 방문하는 사람의 마음을 풍성하게 합니다. 보물 제400호로 지정된 승선교는 사랑을 이루려는 청춘 남녀의 발길이 늘 북적이는 곳이었다고 합니다. 이제는 독립된 부도전을 가보려는 사람들이 마음먹고 건너는 곳이 되었지만 마음이 극점에 도달해 있는 분이라면 승선교를 건너보세요. 마음이 완화될 테니까요. 누군가를 강하게 미워하거나 죽이고 싶은 마음이 드는 사람이 있다면 건너보세요. 천국과 지옥이 마음 안에 있다는 말을 떠올리면서 말입니다. 극과 극의 대척점에 있는 사람도 이 다리를 건너보세요. 한 사람을 사랑하고 있다면 다리를 건너면서 소원을 빌어보시고요. 승선교를 함께 건너면 사랑이 이루어진다는 이야기가 전해지고 있답니다.

선암사를 우리나라 사찰 중 가장 한국적인 절이라고 하는 사람들도 있습니다. 고려시대와 조선시대 양식이 가장 많이 남아있는 절 중 하나라고 합니다. 어느 건물도 위세를 주장하지 않고 있는 선암사는 시작과 끝이 보이지 않고 깊어가는 절입니다. 안으로 들어갈수록 밟히는 적막이 깊기만 합니다. 선암사는 절 서쪽에 신선이 바둑을 두던 평평한 바위가 있어 선암사라 이름 붙여졌다 하는데 신선이 내려올 만큼 풍광이 좋습니다. 어디를 걸어도 적막이 깊어지는 절이거든요.

적막이 잘 다듬어진 절에서 까칠한 생각을 해 봅니다. 애초에 부처가 불교라는 종교를 만들지 않았고, 애초에 예수가 기독교라는 종교를 창시하지 않았습니다. 자신을 경배하라고 한 성인은 어느 누구도 없었습니다. 강자가 약자를 보살피는 것이 아니라 약자가 강자를 찬양하는 일은 서글픈 일입니다. 어떤 종교도 사상도 철학도 사람이 먼저여야 합니다. 사람이라는 어리석고 모자란 존재를 끌어안아야 하는 근본적인 인본이 우선이어야 합니다. 사람의 약한 면을 부추겨서는 강자인 신에게 의존하게 하는 종교는 사라져야 합니다. 사람과 신은 공존하여야 하는 것입니다. 주종 관계가 아니라는 것이지요. 사람과 신은 대등한 관계에서 만나야 합니다.

지금 사찰은 수양을 위한 도량으로서의 기능과 구원의 기도처이기도 합니다. 기도는 기원입니다. 기원의 핵심은 바람이고요. 아이를 낳게 해달라거나 성공하게 해달라는 것, 평화를 구하는 것 등 기원의 내용은 다양하지만 결국은 무엇을 해달라는 애원에 가까운 바람이지요. 견성은 간데없고 기도처가 된 것입니다. 정조도 석왕사와 선암사에서 왕자의 출생을 기원한 결과 순조가 탄생해 석왕사에 부처님의 공덕을 기리는 비를 세웠고, 순조는 선암사가 큰 복의 밭이라 하여 대복전이라는 글을 금자로 썼다고 합니다. 불교를 억압하던 나라의 국왕도 불교를 버릴 수가 없었음을 봅니다. 살아가는 일이 왕이나 백성이나 다 같이 힘든 것이 현실이기 때문이겠지요. 그럼에도, 종교는 사람의 기도를 요구하고 있습니다.

선암사에서는 뒷간에 들러 속을 비우고 가벼운 마음으로 내려오시기 바랍니다. 눈물도 비우고, 근심도 비우고, 속도 비우고서 말입니다. 적막이 가득한 선암사에서 고요를 배우고 나면 가능한 일일지도 모르지요. 길

내소사 길

내소사로 오세요. 사람이 사람을 그리워하는 일, 참 아리아리하지요.

길이 길을 부르는 소리를 들어보셨나요. 길이 부르는 소리는 그리움이었지요. 그리움이란 단어에는 참 많은 사연이 들어 있습니다. 사람이 사람을 그리워하는 일, 참 아리아리하지요. 눈물이 강물을 이루며 흐르게도 하고, 가슴이 미어지는 일을 겪게도 하는 말이지요. 그리움이란 참 막막한 단어임에 틀림없습니다. 지상에 태어나 사랑을 안 해보고 사는 것이 진정한 삶이었을까. 그렇다고 사랑해놓고 안절부절못하는 마음은 무엇이고 이별로 쩔쩔매는 것은 또 무엇인가 싶습니다. 사랑은 진정 '아름다운 죄'가 되어야만 하는 것인가 싶습니다. 죄가 아닌 다음에야 그렇게 긴장되고 또 아파야 하는가를 가늠할 길이 없습니다.

사랑으로 아픈 사람은 내소사로 오세요. 전나무와 소나무가 우거진 길을 걸어보세요. 일주문에서부터 600미터 가량의 숲길이 이어집니다. 하늘로 뻗은 나무의 승천이 시원합니다. 나무는 전신으로 일어서는 직립의 유전자를 가지고 태어났습니다. 나무가 길을 내는 것을 보면 모두 하늘로 나뭇가지를 키우고 있습니다. 나무의 길은 하늘이었습니다. 천국으로 가는 길을 내기라도 하나 봅니다. 변함없는 푸르름으로 서 있는 전나무와 소나무의 마음을 닮아보세요. 한 사람을 사랑했으므로 그 사랑에 고마워하는 변함없는 사랑을 마음에 담고서 말입니다. 눈물 나게 하는 사랑이 저녁노을에 물들어갈 때

소나무와 전나무가 입구에서 반긴다. 산다는 건 일어서는 것이라고 소리치는 듯하다.

에 가슴이 아리지요. 그렇더라도 그 사랑으로 내 인생의 한때가 아름다웠다면 고마워해야지요. 우리가 지구라는 별에 여행하게 된 것은 기쁨이기도 하지만 참 아픈 일이기도 합니다. 저는 그 인생길에서 사람은 사랑을 배우라고 지구상에 태어났다고 생각하는 소년 같은 사람이거든요. 그 사랑으로 많이 아파하고 힘들었지만 사랑은 사람이 사람일 수 있게 하는 몇 가지 안 되는 것 중에 하나거든요. 사람이란 이름이 찬란하고 빛나는 때는 사랑하는 순간이었음은 틀림없습니다. 하지만 진정 아픈 건 모든 사랑에는 이별이 있다는 것이지요. 생이별이든 예정된 이별이든 이별은 아프지요.

바다를 막 지나온 길에서 내소사로 들어와 걷는 기분은 시원합니다. 소나무와 전나무가 제공해주는 그늘에서 길을 걸으며 고마워해야지요. 어쩌겠

어요. 사랑은 원래 상처를 가지고 찾아오는 것인걸요. 저는 실패한 사랑이란 존재하지 않는다고 우기고는 합니다. 사랑은 완성되지 않는 속성을 가졌습니다. 이별 후에 이별의 아픔마저 한 사람의 가슴 안에서 삭아가는 과정이 사랑의 완성에 가까워지는 것이겠지요. 사랑하는 순간만이 사랑이 아니라 이별의 아픔도 사랑의 과정이고 잊혀가는 과정도 사랑이지요. 어떠한 사랑이든 실패는 없습니다. 우리는 사랑을 배우지 않고 사랑을 시작합니다. 그러기에 시행착오를 겪게 되어 있습니다. 무엇보다 사랑은 면역이 되지 않는 특성을 가지고 있습니다. 사랑해 놓고 힘들어하는 것이 어쩔 수 없는 사람의 일이지요.

전나무 숲을 지나면 참하고 고운 절이 얼굴을 내밉니다. 내소사에는 천 년 넘은 나무가 있습니다. 참 넉넉하고 의젓한 모습을 하고 있습니다. 천 년, 참 긴 날이지요. 사람에게는 그렇습니다. 5백 년 묵은 나무도 있습니다. 천 년 된

바람이 쓸어안고 지나고 세월이 더듬거리며 만지고 지나서 나무가 가진 본래의 모습으로 의젓하다.

나무는 천 번을, 5백 년 묵은 나무는 5백 번 봄을 맞았겠지요. 같은 행위를 반복해서 천 번과 5백 번을 하는 일이 쉬운 일이 아니지요. 지루할 수 있는 반복이 봄마다 새잎을 틔우고 새순을 키우는 일이 아름다운 것은 어디에서 오는 기쁨일까요. 참 곱습니다. 살아있음이 자랑스러워 보입니다. 나무가 봄마다 봄을 일으켜 세우며 잎으로 성찬을 마련하는 것은 찬란하기까지 합니다.

내소사에서는 세월이 곱게 늙어가요. 내소사에서는 세월이 쌓이는 것만 같습니다. 나무가 백 년을 살고, 천 년을 사는 땅이 보통 땅이겠습니까. 땅의 기운이 다르기에 가능한 일이겠지요. 한겨울 날 파르르 성깔을 내며 찬바람이 불어도 전나무가 달래고 소나무가 달래고 경내에 들어서서는 천 년을 산 느티나무가 달래면 한결 부드러워집니다. 부처님까지 나서서 달래면 바람은 더욱 부드러워지지요. 여름날에는 더운 바람도 이내 부드러워져서는 시원한 곳이 내소사 안뜰입니다. 힘들다 힘들다 하면서 땀을 흘리는 오늘도 가고, 아들 녀석 학비가 모자란 걱정으로 밤을 지새우는 농부의 오늘 밤도 가더군요. 어떠한 삶을 살아도 그 산 세상이 내 인생이었습니다. 부엌일을 도와주러 절에 들어와 있는 노파의 하루도, 도가 깊은 큰스님의 하루도 지나갔습니다. 다르지 않은 인생의 무게로 갔습니다. 어느 인생이 어느 인생을 나무랄 수 있을 것이며, 어느 인생이 어느 인생보다 무거울 수 있겠습니까. 같은 등위의 삶이었지요. 까불대며 보내는 하루도, 깊은 상념에 든 하루도 다 인생의 하루였습니다. 내소사에서는 천 년을 살아온 느티나무가 있어 산사의 중심을 잡아주고 있습니다. 오래 사는 것이 자랑일 수 없지만, 사람의 들뜬 마음을 가라앉히게 하는 묵직한 중량감이 있습니다. 바람이 들쑥날쑥 추위를 데리고 왔고 때론 거칠게 나뭇가지를 흔들고 내소사를 흔들어도 내소사는 여전히 건재했습니다. 세상은 애초에 그러려니 하는 품새였습니다.

내소사는 633년, 백제 무왕 34년에 혜구두타惠丘頭陀에 의해 창건되었습니다. '두타'란 노숙과 걸식으로 산야를 돌아다니며 고행하는 스님을 말합니다. 노숙과 걸식, 참 말이 그렇지 힘든 일이지요. 노숙이 주는 시린 잠자리와 걸식이 주는 가슴 저린 배고픔을 하루 일과처럼 보내며 살던 스님이 절을 지었다니 감개가 무량합니다. 무슨 절절한 사연이 있었겠지요. 길거리에서 잠을 청해보세요. 더구나 걸식까지 해가면서 수행을 했다면 보통 사람이라면 감당하기 힘든 일이지요. 걸으면서 수행하는 걸 만행이라고 하나요. 가슴 시린 만행으로 가슴 벅찬 일을 한 게지요. 혜구두타는 여승이었다고 하는데 그것이 사실이라면 더욱 가열한 길을 걸었던 것입니다. 스님으로서 절을 짓는 일만큼 경사스러운 일도 없을 듯합니다. 물론 깨달음이 먼저겠지요. 출가의 목적은 하나였을 테니까요.

내소사는 전북 부안군 진서면 석포리 능가산 가선봉 기슭에 있습니다. 처음에는 소래사蘇來寺라 칭했습니다. 동국여지승람에 변산을 '능가산이라 칭하며, 영주산, 봉래산으로도 불린다'라고 기록돼 있습니다. 내소사 창건 시에는 큰절인 대소래사와 작은 절인 소소래사가 있었다고 합니다. 지금의 내소사는 소소래사에 해당됩니다. 대소래사는 불에 타 없어졌다고 합니다. 예전에는 선계사, 실상사, 청림사와 함께 소래사가 변산의 4대 명찰로 꼽혔으나 다른 절들은 전란 통에 모두 불타 없어지고 내소사만 남았습니다. 사람의 손길은 언제나 무섭습니다. 지은 것도 사람의 손이었고 불태운 것도 사람이었으니 말입니다.

보유한 문화재로는 국가 지정문화재 4점과 지방 유형문화재 2점이 있습니다. 잘 보존된 봉래루 화장실 등 옛 건축물과 근래에 신축한 무설당, 진화사, 범종각, 보종각, 선원, 회승당 등의 건축물이 도량에 조화롭게 잘 자리잡고 있습니다. 서로 내세우지 않고 빈터를 두고 어울리는 모습이 자연스럽습니다.

저는 개인적으로 내소사를 갈 때마다 대웅전 꽃살문양이 눈에 들어옵니다. 헌데 이 문양이 보물이라네요. 보물 제291호로 지정되었답니다. 배열과

꽃창살 무늬. 자연의 손길이 어루만져 색도 사라지고 나무의 근육이 다 드러났다. 살이 곱다.

조각솜씨가 예사롭지 않습니다. 나무를 다루는 장인의 손길이 하늘의 마음을 읽은 듯합니다. 문에 새긴 문양도 보물이 되는 걸 내소사에서 알았습니다. 대웅전은 조선시대 때 건립된 것으로 전면에 꽃창살문을 달았습니다. 독립된 예술작품으로 보아도 무방합니다. 정교한 공예품입니다. 정면의 문짝에 새겨진 꽃창살무늬는 연꽃과 국화, 모란꽃으로 가득 새겨져 있습니다. 원래는 채색되어 있었으나 비바람에 씻겨 지금은 나뭇결이 다 드러나 있습니다. 자연의 손길이 한참 동안 만지고 간 나무는 살의 근육을 그대로 드러내었습니다. 색도 사라지고 나무의 근육이 깊은 맛을 냅니다. 바람이 지나가면서 쓰다듬고 빗물이 사선으로 치며 쓰다듬었습니다. 눈이 펄펄 날리는 날에는 눈이 슬그머니 맨살을 만지고 갔습니다. 세월이 지나면서 바람과 비와 눈이 어루만져 두터운 나무의 속살이 다 드러났습니다. 두툼한 머슴의 손 같이 묵직한 꽃으로 피었습니다. 색깔을 잃어버린 꽃잎에도 아름다웠고 고왔습니다. 자연이 만든 것들은 자연스러웠습니다. 어디에서나 천연스럽습니다. 견뎌온 것이 모두 고마운 속내를 가지고 있습니다. 내소사 대웅전도 단청이 없어 더욱 자연스러운 고찰 분위기를 자아냅니다. 개인적으로 단청이 있는 것보다 없는 소박함이 저는 좋습니다. 나뭇결이 세월을 닮았나 봅니다. 전내 후불 벽에는 백의관음보살좌상이 그려져 있는데 이는 우리나라에 남아있는 후불 벽화로는 가장 큰 것입니다.

경내에는 이 외에도 고려 동종, 법화 경절 본사본, 영산회 괘불탱화 등의 국가지정문화재와 설선다와 요사, 삼층석탑 등의 지방유형문화재가 보존되어 있습니다. 내소사에서는 나를 봐달라고 우기는 건물도 앞서가는 건물도 없습니다. 있을 자리에 자리한 푸근한 마음들로 만나고 있습니다.

대웅보전 뒤에 턱 하니 자리 잡은 능가산은 태초에 그 자리를 잡은 듯이 대웅보전과 높이와 자리가 잘 어울립니다. 절묘합니다. 마치 그 자리가 내소사를 위해 있는 듯한 착각을 불러올 정도지요. 내소사는 그래서 더욱 천연덕스러운 자연미를 가진 절이 되었습니다.

씹으면 씹을수록 천 년의 곰삭은 맛이 나는 내소사의 이야기는 세상이 모두 미완이라고 말한다

내소사라는 이름의 유래에 대해서 일제 때의 식민사학자 이병도가 당의 소정방蘇定方이 절에 들러 시주했기 때문에 내소사가 되었다고 하거나, 소정방이 변산에서 김유신과 만났기 때문에 내소사라고 한 주장은 근거가 없어 보입니다.

고려 성종 17년, 1486년에 간행된 『동국여지승람』과 이규보의 『남행일기南行日記』, 고려 인종 때 최자의 『보한집』에 실린 정지상의 시에 내소사에 관

한 기록이 있습니다. 하여 내소사의 유래는 정지상의 시에서 구체적인 유래를 찾을 수 있다고 주장하는 분이 있습니다. 정지상의 시는 이렇습니다. "제변산소래사 내자개소생 題邊山蘇來寺 來者皆蘇生" 정설은 아니지만 그냥 넘어가기에는 마음에 걸리는 바가 있어 올려봅니다. 한국정신문화선양회, 인류시조성전건립회의 박병역 선생의 글 일부를 인용합니다.

내소사라는 이름의 유래는 옛날 북부여 해모수 황제 궁실의 사소娑蘇라는 여인이 남편 없이 아이를 잉태하여 사람들의 의심을 받게 되자 눈수嫩水(흑룡강성)에서 도피하여 동옥저東沃沮에 이르고 또 배를 타고 남행하여 진한의 내을천柰乙村에 당도했을 때 소벌도리蘇伐都利가 그 소문을 듣고 집으로 데리고 왔다. 한편 자줏빛 알에서 아이가 태어나자 돌산고허촌장突山高墟村長 소벌도리蘇伐都利가 그 아이를 거두어 길렀다. 즉 북부여 해모수 황제 궁실에 계셨던 사소성모娑蘇聖母가 동국의 선도산으로 내려오시어 신라 시조 혁거세 성인을 낳은 데서 유래하여 '내자개소생來者皆蘇生'이며 곧 소래사蘇來寺라 칭했다.

'이 절에 온 사람은 모두 소생하리라' 라는 일반적으로 알려진 해석과 박병역 선생의 주장은 서로 상관관계가 없어 보입니다. 우리나라 고대사를 더 공부하고 난 후에 눈여겨볼 대목입니다. 내소사에 전해 내려오는 재미있는 이야기를 소개합니다. 그냥 내려오는 이야기라고 지나치기에는 근거가 뚜렷이 남아 있어 더욱 실감이 나는 이야기입니다. 일어난 연대와 사람이 너무 구체적이고 그 근거로 흔적이 남아있어 더욱 무시할 수가 없습니다.

때는 1633년, 청민선사가 폐허가 된 내소사를 중창하고 있었다. 목수는 대웅전 지을 나무를 찾아 기둥감과 중방감을 켜고 작은 기둥과 서까래를 끊었다. 다음에는 목침만 한 크기로 나무를 자르기 시작했다. 이어 목수는 톱을 놓고 대패를

내소사 대웅전. 단청이 칠해지지 않아 더 세월이 곱게 쌓인다. 세월이 내소사에서는 아리아리하다.

들어 다듬기 시작했다. 말없이 일하고 있었다. 일은 여기서 벌어졌다. 동자승이 목수를 골려주려고 목침 하나를 감춰버렸다. 목침깎기 3년이 되던 날, 목수는 대패를 내려놓고 일어섰다. 노적만큼 쌓인 목침을 세기 시작했다. 그리고는 주르르 눈물을 흘렸다. 연장을 챙긴 목수는 청민선사를 찾아갔다.
"스님, 소인은 아직 법당을 지을 인연이 먼 듯하옵니다. 목침 하나가 부족합니다. 아직 저의 경계가 미흡한가 봅니다."
놀란 청민선사는 목수를 잡으며 달랬다. 그 목수가 아니면 일은 중지되어야 했다.
"가지 말고 법당을 짓게. 목침이 그대의 경계를 말하는 것은 아닐세."
동자승이 감췄던 목침을 내 놓았으나 부정 탄 건 쓸 수 없다며 부족한 목침을 가지고 대웅전을 지었다.

쇠못을 하나도 쓰지 않고 나무를 깎아 끼워 맞추는 결구기법으로 조성된 대웅보전. 내소사 법당 안 오른쪽 천장 밑에 다포를 이루고 있는 공포, 쉽게 말하면 장식으로 끼워놓은 목침만 한 나무토막 하나가 빠져 있는 것이 이야기의 내용 그대로 물증으로 남아 있습니다.

서정주 시인의 「내소사 대웅전 단청」이란 시 한 편을 더 읽어 보시지요. 내소사 대웅전이 왜 단청이 없는 절인지가 나타나 있습니다. 물론 전해 내려오는 이야기를 시의 형식을 빌려 적었습니다.

… 내소사 내벽 서쪽의 맨 위쯤 앉아 참선하고 있는 선사, 선사 옆 아무 것도 칠하지 못하고 너무나 휑하니 비어둔 미완성의 공백을 가 보아라. 그것이 바로 그것이다. 이 대웅보전을 지어놓고 마지막으로 단청사를 찾고 있을 때, 어떤 해 어스럼제 성명도 모르는 한 나그네가 서西로부터 와서 이 단청을 맡아 겉을 다 칠하고 보전 안으로 들어갔는데, 문고리를 안으로 단단히 걸어 잠그며 말했었다. '내가 다 칠해 끝내고 나올 때까지는 누구도 절대로 들여다보지 마라' … 어느 방정맞은 중 하나가 그만 못 참아 뚫어진 창구멍 사이로 그 속을 들여다보고 말았다. … 이쁜 새 한 마리가 천정을 파닥거리고 날아다니면서 부리에 문 붓으로 제 몸에서 나는 물감을 묻혀 곱게 곱게 단청해 나가고 있었는데, 사람 기척에 '아앙' 소리치며 떨어져 내려 마루 바닥에 납작 사지를 뻗고! 늘어지는 걸 보니, 그건 한 마리 불 호랑이었다. '대호스님! 대호스님! 어서 일어 나시겨라우' 중들은 이곳 사투리로 그 호랑이를 동문 대우를 해서 불러댔지만 영 그만이어서, 할 수 없이 그럼 내생에나 소생하라고 이 절 이름을 내소사라고 했다. 그러고는 그 단청하다가 미처 다 못한 그 빈 공백을 향해 벌써 여러 백년의 아침과 저녁마다 절하고 또 절하고 내려오고만 있는 것이다.

이 산문시에 적혀 있는 전설이 날개를 달았습니다. 다 채우면 더 큰 욕심으로 화를 부를지도 모른다는 금기의 언어인지도 모릅니다. 씹으면 씹을수록 천 년의 곰삭은 맛이 나는 이 내소사의 이야기는 세상이 모두 미완이라고 말하고 있습니다. 미완이 가장 큰 완성일지도 모르지요. 완성은 사람의 꿈일 테니까요. 자연은 완성과 미완이 다른 자리가 아닌 같은 자리에 있는 것임을 보여주고 있습니다. 태어나고 죽어가는 것이 언제 어디서 이루어지는 것인지도 모르는데 처음과 끝이 어디이며 미완과 완성이 어디 있겠습니까. 완벽을 지향하는 것도 사람의 욕심이겠지요.

부처님 좌대 뒤편에 좌상으로는 우리나라에서 가장 큰 백의관음보살 벽화가 있습니다. 화엄경 입법계품에서 선재동자가 스물여덟 번째 선지식을 찾아 보타락가산의 관음보살을 친견하는 장면입니다. 옷고름이 매우 사실적이며, 관세음보살의 흰옷이 눈부시지요. 색이 입혀지지 않은 모습에서 꿈같은 전설이 생겨난 것인지, 엇비슷한 일이 있어서 전해 내려오는지 알 길이 없지만, 이 또한 미완의 영역에 두면 될 듯합니다. 내소사의 벽화 전설에 황금빛 날개를 가진 관음조가 그렸다는 백의관음보살상은 보살상의 눈을 보고 걸으면 사람이 움직이는 대로 눈동자가 따라 움직인다고 합니다. 눈을 마주치고 소원을 빌면 소원이 이루어진다는 말도 있습니다. 내소사에 가시면 정성을 기울여 백의관음보살상의 눈과 마주치시기 바랍니다. 마음먹었던 일이 한순간에 풀리는 횡재를 하실지도 모르지요.

내소사는 한번에 시선에 들어오지 않습니다. 조금씩 친근감을 가지고 다가오는 절이지요. 위용을 자랑할 만한 산세도 아니고 적당한 높이로 둘러친 능가산은 듬직합니다. 뽐내지도 기죽지도 않은 능가산 산봉우리가 병풍처럼 뒤를 둘러싼 경내로 들어서면 절 안은 야트막한 축대와 계단이 몇 차례 거듭되면서 조금씩 높아집니다. 두 번째 계단에 올라서면 오른쪽으로 만나게 되는 수령 천 년이 넘는 나무가 있습니다. 존재 그 자체로 빛나는 나무지요. 입압마을의 할아버지 당산으로 거대하고 품격이 있습니다. 당산나무가 절 안으로 들어온 드문 예 중 하나로 눈길을 끕니다. 경내에서 만나게 되는 것이 고려 시대의 동종이 걸린 범종각과 봉래루지요. 보물 제277호인 고려 동종은 종신에 삼존 상이 돋을새김 되어 있는 뛰어난 작품입니다. 고려 후기 종의 특징인 입상 화문대를 갖추고 있으며, 표면의 묘사수법은 정교하고 사실적입니다. 고려 후기 종 가운데 뛰어난 작품입니다. 종소리를 듣고 싶으면 아침예불이나 저녁예불 때까지 기다렸다가 종소리를 들어보세요. 한국의 범종이 산사와 얼마나 잘 어울리는 소리를 가졌는지 확인할 수 있습니다. 은은히 퍼져가는 소리가 가슴을 울렁거리게 합니다. 밀고 당기는 맛을 느끼셨다면 이미 한국 종에 반한 겁니다. 멀어져갔다가 다가오는 맥놀이를 한참 반복하고 난 후에 마지막으로 사라져가는 여운을 느껴보세요. 한국의 산하가 종소리 안에서 멋스러워지는 현상을 만나게 될 테니까요. 마음속에 정리하지 못한 그리운 사람이 있다면 조심해서 들어야 합니다. 눈물이 날지

내소사 뒷간. 근심을 비우는 해우소라고 하지만 바람도 쉬었다 가고 시간도 멈췄다 간다.

도 모르니까요.
　봉래루의 주춧돌은 있는 그대로에 꼭 필요한 손질만을 가해 천연덕스럽습니다. 절 안 한쪽 구석에 있는 대숲으로 둘러싸인 해우소도 멋스럽지요. 고색古色이란 말 아세요. 고색이란 오래되어 퇴락해가고 쇠잔해가면서 다시 태어나듯이 절묘한 아름다움을 가지는 것을 말합니다. 내소사에서는 단청 없는 대웅전과 스님들이 기거하고 있는 설선당과 요사에서 확인할 수 있습니다. 안마당을 중심으로 넓은 대방과 승방, 부엌 등이 배치되고, 2층의 높은 다락집은 각종 곡물 등을 저장할 수 있도록 벽면에 여러 개의 환기창을 설치하였습니다. 건물의 지붕선이 뒤쪽에 보이는 산세와 한 장의 그림처럼 조화를 이루고 있습니다. 저물어가는 노을이 아름답듯이 세월에 젖어 새로이 태어나는 나무집을 보면 아름답습니다. 고색이 가진 묘미까지 받아들였다면 분명히 한국 사람임이 틀림없습니다. 고색과 대웅전 내부천장의 단청의 화려함을 동시에 가진 내소사의 가람 풍경에 푹 빠지게 됩니다.
　계절에 상관없이 변화가 다 자기자리를 찾아가는 절입니다. 어느 계절에 가도 다 아름다워서 머무르고 싶어지는 절입니다. 일제히 함성을 지르듯 일어서는 봄날의 새순은 벅찬 감격을 주지요. 빈자리를 남기지 않고 생명이 일어서는 경이로운 경험을 하게 하는 계절입니다. 봄은 사람을 움찔움찔 놀라게 하지요. 죽었던 대지와 벌거벗은 나목에서는 새싹이 돋고 얼어서 흐르기를 멈췄던 물은 다시 흐릅니다. 신비하기까지 합니다. 나그네는 다시 길을 나서고, 산짐승들은 다시 길을 냅니다. 산사에서도 일손이 바빠집니다. 겨우내 묵었던 빨래를 하고 밭에는 씨를 뿌립니다. 일하지 않으면 먹지도 말라는 계율 아닌 계율이 있습니다. 울력이라고 하던가요. 스님들이 힘을 합해 하는 일말입니다. 절에서도 할 일은 많습니다. 수양과 일은 하나였지요. 여름으로 색은 깊어가고 물은 더욱 가득하게 흐릅니다. 긴 장마와 뜨거운 햇볕. 천 년을 견뎌온 느티나무는 우람차게 서 있습니다. 내소사에 서 있는 것만으로도 넉넉함입니다. 소소한 일에 간여하지 말고 살라는 계시라도 던져주는 듯합니다. 다시 가을입니다. 떠나야 할 때지요. 이별의 계절입니다. 이별의 순간에 단풍이 드는데 가슴이 싸하기만 합니다. 아름다운 이별인 게지요. 내소사의 가을은 아름답습니다. 사철 푸른 내소사 입구의 전나무와 소나무가 있지만 절 안으로 들어오면 낙엽송과 단풍나무가 노랗고 빨갛게 물든 모습이 환성을 부를 만큼 곱거든요. 이별이 이리 아름다워도 되는가 싶지요. 겨울입니다. 적막, 그리고 적멸이라는 말이 어울리는 계절입니다. 오는 사람도 거의 없고 길을 나서는 사람도 꼭 필요한 일이 있는 경우에만 출타를 합니다. 깊은 침묵의 계절이지요. 산사에서는 눈만 쌓입니다. 적막도 눈처럼 쌓이는 것인가 봅니다. 귀가 달렸는가 의심스러울 만큼 조용하기만 합니다. 겨울산은 바람소리만 가득하지요.

  산도 몸을 뒤척여 눈을 털어낼 때면 천지가 무너지는 소리를 내지요. 산사태가 난 것입니다. 소나무나 전나무도 쌓인 눈을 이기지 못하고 가지가 찢어지거나 부러지는데 그 소리가 적막한 산사에 벼락 치는 소리 같습니다. 바람이 거친 날에는 산이 온몸으로 우우우 하며 울지요. 산이 우는 소리를 직접 들으면 가슴이 찢어지는 것과 같은 날도 있습니다. 봄까지 내내 산은 적막을 견뎌야 봄을 만나게 되어 있습니다. 아프고 저리고 시리지만 내소사는 삼백육십오일 하루도 아름답지 않은 날이 없는 절입니다. 봄이 오면 내소사에서는 걸으면 걸을수록 맛이 나지요. 능가산으로 혼자 올라가면 살아있는 것들의 축제가 시작되었음을 보게 됩니다. 봄은 축제였습니다.

향일암 오르는 길

향일암에서는 바다가 온몸으로 다가선다. 바다를 받아주기만 하면 바다가 된다.

향일암은 절을 보러오셨다면 실망할 수 있습니다. 향일암은 바다와 하늘을 만나러 와야 하는 곳입니다. 하루가 시작되고 하루가 저물어가는 모습을 보러 와야 하는 곳입니다. 절은 온데간데없고 여관과 식당으로 가득한 입구를 만나면 섭섭하실 겁니다. 밑에서는 절은 보이지 않고 실망스러운 풍경을 먼저 만나게 되거든요. 하지만 목적지는 그곳이 아니니 견디어야지요. 절이 작아도 시선을 활짝 열어젖힐 수 있는 곳이 있으면 가봐야지요. 우리나라에서 바다를 시선 가득히 만날 수 있는 곳은 그리 많지 않습니다. 향일암이 바다를 온몸으로 만나게 해주는 곳이니 찾아보시지요. 좁은 절 안마당에서 실망스러울 즈음 한순간에 덤벼드는 바다와 만나게 됩니다. 그 순간 이렇게 작은 절에 바다가 가득했다니 신비하기까지 합니다. 바다가 눈길 가득히 들어와 당황스럽게 하는 절이지요. 원래 바다는 한눈에 다 들어오지 않잖아요. 육지와 바다가 큰 품으로 만나는 현장을 볼 수가 있습니다.

'해를 바라보는 절'이란 뜻을 가진 향일암. 향일암은 해가 떠오르는 광경이 일품인 절인 건 아시지요. 향일암은 일출로 더 알려졌지만, 보름달이 아름다운 절인 걸 아시는지요. 낙조도 또한 아름다우니 하루를 온전히 다 보내도 아쉬움이 남지 않을 겁니다. 걷다가 지치면 쉬어 가야지요. 지친 사람은 쉬었다가 가도 나무라지 않는 곳이 향일암입니다. 하루 묵는다고 인생이 달라질 것이 없다면 인생을 내려놓고 묵어가면 더 향기로운 절입니다. 향일암에서는 인생의 하루를 쉬어 가셔도 좋습니다. 하루가 만들어지는 것을 다 볼 수 있습니다. 해가 떠오르고 그 해가 지고 어둠이 찾아온 세상에 달이 차오르는데 그 풍광을 한곳에서 모두 볼 수 있습니다. 밤이면 하늘에 별이 가득한데 하늘과 바다가 구분이 되지 않습니다. 하늘과 바다가 모두 별천지지요. 세상이 가만가만 침묵으로 내려앉을 때 여행객이 떠나간 향일암에서는 새로운 도발을 준비합니다. 정적이 찾아오지요. 살아있는 자의 심장에 비수를 들이댄 듯 차가운 정적입니다. 따뜻한 봄날에 왜 그리 시린 정적이었는지는 저도 모릅니다. 많이 힘들었지요. 그 정적에 견디는 힘이 생기지 않아서지요. 제가 방문했던 젊은 날의 향일암은 적막했습니다. 다시 방문했을 때는 편안하고 넉넉했는데 모두 마음의 일이었음을 보게 됩니다.

해를 향하고 있는 절, 향일암.
바다가 한 번에 열리고 일출이 개벽하듯 찾아온다.

정적이 흐르는 산사도 좋지만, 향일암에서는 바다가 온몸으로 다가섭니다. 바다를 받아주기만 하면 온몸이 바다로 출렁이게 됩니다. 향일암에서 머물다 보면 밤이 오겠지요. 해거름 넘이면 어둠을 자분자분 밟으며 떠오르는 달을 바라보면서 하늘과 바다가 하나가 되어 허공이 무한 확장하는 광경을 보게 됩니다. 시야 가득히 바다고 하늘이 되는 게지요. 하늘과 바다가 구분이 되지 않은 풍경을 만나는 일이 그리 흔하지 않습니다. 향일암에서 바라보는 바다에서는 하늘이 낮에는 수평선 끝에서 만나지만, 별이 가득한 밤이나

좁은 바위틈으로 난 길을 지나야 절이 있다. 지나면서 소원을 빌면 이루어진다고 한다.

새벽에는 바로 눈앞에서 만나게 됩니다. 천지 아니 천해, 하늘과 바다가 구분이 되지 않습니다. 색다른 풍경을 만날 수 있는 곳입니다.

향일암은 화엄사의 말사로 금오산이 바다와 맞닿은 가파른 언덕에 자리하고 있습니다. 금오산金鰲山은 금거북이 바다로 들어가는 모양을 한 산입니다. 바다를 흠모한 거북이가 바다를 향해 들어가는 형상입니다. 그래서 향일암에는 용궁전이 있는가 봅니다. 향일암은 원효대사가 659년에 원통암이란 이름으로 창건하였습니다. 3백 년이 흐른 950년에 윤필거사가 이곳에 수도하면서 원통암을 금오암이라 개칭하였습니다. 조선시대인 1715년에 인묵대사가 지금의 자리로 암자를 옮기고, '해를 바라본다'는 뜻의 향일암이라고 명명하였습니다.

향일암은 낙산사의 홍연암, 남해 금산 보리암, 강화도 보문암과 함께 우리나라 4대 관음기도처 가운데 하나입니다. 그만큼 기도의 효과가 높다는 곳입니다. 향일암에는 금바위의 전설이 얽혀 있습니다. 금바위는 경전을 등에 지고 바다 속으로 막 잠수해 들어가는 금거북이의 형상입니다. 대웅전 앞에서 왼쪽 아래로 내려다보이는 야트막한 봉우리가 머리, 향일암이 선 곳이 거북의 몸체에 속하지요. 한때 거북 '구龜'자를 써서 영구암이라 부른 적이 있고 현재 영구암이란 편액이 남아 있기도 합니다. 이러한 전설을 더욱 그럴듯하게 꾸며주는 것이 이 일대 바위의 무늬지요. 거북의 무늬처럼 바위가 갈라져 있어서 그러한 전설을 보다 실감나게 합니다. 바위마다 하나같이 거북의 등 모양을 닮은 문양이 나 있거든요.

향일암의 가장 큰 아름다움은 역시 바다로 열리는 시야지요. 향일암은 밑에서 보면 암자가 있는 것조차 잘 보이지 않습니다. 바위산 그 안에 절이 있다는 생각이 미처 들지 않지요. 향일암을 향해 걸어 올라가다 보면 좁은 바위틈이 나옵니다. 한 사람이 겨우 지나갈 정도의 길이지요. 순간 바위굴같이 어둡기까지 해서 이게 길인가 싶기도 합니다. 이곳을 지날 때면 근심 걱정을 다 털어버리고 올라가면 다 털어진다는 이야기가 전하는 곳이기도 합니다. 그냥 지나가면 걱정을 털어버릴 수가 없으니 손해지요. 슬며시 기대보세요. 큰 걱정 하나 덜 수가 있을지도 모르니 말입니다.

어둠의 동굴을 막 지나가다 보면 절이 보이는데 작지요. 규모에 실망하실 필요는 없습니다. 화려해서 작다는 생각보다는 눈이 환해지지요. 원통보전을 보면서 시선을 바다 쪽으로 돌리면 입이 딱 벌어집니다. 바다가 한 번에 열리지요. 감동입니다. 걱정도 근심도 잊고서 바다에 취하지요. 술에 취해도 세상이 한결 가벼워지고 호기가 생기지만 바다에 취하면 약도 들지 않으니 조심하시기 바랍니다. 바다와 만나면 천국에 온 듯한 후련함이 있습니다. 물론 바위굴 같은 곳을 지나실 때에 근심과 걱정을 털어버리고 오신 분들만 해당되겠지요. 향일암은 일출을 보러 오는 사람도 많지만 바다가 한순간에 넓어지는 즐거움을 만나러 오는 분들이 많습니다. 삶은 때로 장벽 같다는 생각이 들곤 합니다. 어떻게 해야 할지를 모르고 꽉 막힌 폐쇄 공간 같은 것이 삶일 때도 있습니다. 막막한 공포가 엄습해 올 때가 있습니다. 삶은 한 치 앞도 예측할 수가 없는 진행형이었거든요. 인생이란 나의 의사와는 아무 관련 없이 시계 침처럼 일정하게 앞으로만 달려가는 괴물 같은 존재였습니다. 시간은 피도 눈물도 없는 냉정함으로 같은 속도로 가고 있었습니다. 긴장과 두려움으로 무슨 일이 일어나고야 말 것 같을 때 가슴을 뻥 뚫어줄 그 무엇인가 필요할 때에 우리는 신에게 기댑니다. 앞에서 말씀드렸던 바위틈을 지나면서 걱정이나 근심을 털어버리면 진짜로 다 털린다는 것도 그러한 사람의 마음을 위로하기 위한 장치겠지요.

향일암은 기도가 잘 듣는 기도처 중에 하나라고 했지요. 걱정도 털어버리고 기도로 바라던 일도 이루실 수 있는 곳이랍니다. 기왕에 오신 김에 마음을 확 열어주는 바다를 실컷 구경하고 가실 수 있는 곳을 알려드리지요. 향일암에서도 가장 시야가 확 트이는 곳은 원효대사가 수도했다는 관음전 앞

바다로 들어가는 거북의 형상을 하고 있어 거북바위라고 한다.

에서 바라보는 풍경입니다. 너럭바위 위에 앉아서 원효대사가 된 기분으로 바다를 바라보세요. 마음에 담아온 것들이 있으면 내려놓고 호흡을 다듬어서 하늘이 만들어내는 거대한 영상과 바다가 건네주는 무한한 공간을 선물 받아보세요. 마음을 열면 다 들여놓을 수 있습니다. 세상이 달라지지요. 좋은 일들이 귀를 쫑긋 세우고 다가옵니다. 남자는 여자 하기에 달렸다고 했지요. 마찬가지로 세상은 내가 하기에 달렸다니까요.

산 만큼은 따뜻해지는 것이 인생인 줄 알았다

　세상이 나를 받아줄 것 같은 착각에 빠져도 좋고, 나를 잊었던 사람이 나를 그리워하며 달려올 거라는 환상에 젖어도 좋습니다. 저는 한없이 쓸쓸해서 이곳을 왔었지요. 젊은 날이었습니다. 삶과 죽음이 별반 다를 게 없을 거라는 생각이 저를 지배하고 있었거든요. 자살을 꿈꾸지 않아본 영혼이 어디 있겠습니까. 아프지 않은 영혼이 어디 있겠습니까. 특히 젊은 날에는 더욱 그랬지요. 그 많은 교회와 절이 있어도 풀리지 않는 가슴 시린 사연이 있습니다. 인생은 끝까지 두렵고 예측 불가능한 것이었거든요. 나이 오십에도 발이 시린 날이 있으리라고는 생각하지 못했습니다. 산 만큼은 따뜻해지는 것이 인생인 줄 알았거든요. 어른은 아프지 않고 잘 견딜 수 있을 것이라 생각했습니다. 그러나 인생은 사실 그렇지 않았습니다. 나이가 들수록 훤히 내다보이는 혜안을 갖는 것이 아니라 가슴에 구멍이 크게 나는 것이었습니다. 나이가 가르쳐준 것은 견디는 방법이었지요. 체념을 체화하는 능력을 갖추는 것이었습니다. 젊은 날에 여수 오동도를 들렀다가 향일암에 올라 바다를 보았던 때가 생각납니다. 막막하던 가슴에 바다가 일순 달려들어 나를 점령하는 것을 방관했던 기억이지요. 살아있음이 안타깝다는 느낌을 아시는지요. 제가 그랬거든요.
　제가 그때 마음을 추스를 수 있었던 것은 향일암의 바다가 아니라 동백꽃이었습니다. 그 때는 봄이었던 걸로 기억됩니다. 이미 많은 동백꽃은 지고 남은 꽃들이 나무에 피어 있었지요. 난감하게도 제게는 그랬습니다. 난감이란 말이 그때에 떠올랐거든요. 동백꽃이 떨어져 있는 걸 보았지요. 헌데 피어 있는 그대로 떨어졌더라고요. 저는 그런 풍경을 처음 보았지요. 정신이 활짝 나더라고요. 신기하기도 하고 장렬하다는 생각이 들기도 했습니다. 그때를 기억하고 지은 「땅끝마을」이라는 시가 있습니다. 그때의 심정이 지금 보아도 고스란히 들어있습니다.

신은 따뜻하게 살라고 온혈을 주었는데,
그 가슴을 식히는 것은 사람이더군
불끈불끈 심장을 움켜쥐었다 풀어놓는 것은
한시도 마음 놓지 말고 살라는 뜻이었지

육지가 끝나는 곳에는 새가 산다네
때론 바다를 버리고 때론 육지를 버리고
희망하나 달랑 물고 새가 산다네
바다는 육지를 그리워하며 파도로 보채고
육지는 바다를 그리워하며
맨살을 내어놓는 마을이름은
땅끝마을이라네
더 갈 곳 없어도 등대는 반짝이고
사람들은 찾아온다네
들바람에 꽃이 핀대도 꽃이 진대도
사람 사는 마을에
웃음이 피는 것은
집집마다 군불 때는
아궁이가 있기 때문이라네

땅끝마을에서는 동백꽃처럼 죽으러 왔다가
허무만 내려놓고 돌아간다네

_신광철의 「땅끝마을」 전문

삶과 죽음이 같을 수 있다니! 저토록 장하게 죽음을 맞이하는데 젊은 내가 살아있음을 두려워하다니. 그때 정신이 바짝 들었습니다. 살아있음을 그대로 받아들이고 그 삶을 경험해보리라 결심했습니다. 사람을 힘들게 하는 것은 상황이라기보다 마음에 허무를 들여놓은 일이었습니다. 가장 무서운 병이 허무더군요. 허무를 가슴에 들이는 순간 사람의 따뜻한 피가 식어가는 것이었지요. 모든 병은 들어온 곳이 있기 때문에 내보내면 된다고 합니다. 병의 원인이 생활습관과 음식에 있었으니 생활습관을 고치고 먹는 음식을 바꾸면 낫는다고 했습니다. 원인을 알면 해결이 된다는 것이지요. 허무가 사람을 침입했으니 내보내면 되겠지만 그리 쉬운 일이었으면 고민도 없었겠지요. 허무를 내보낼 수 없는 가장 큰 이유는 의욕상실이라는 것입니다. 내보내고자 하는 마음이 일어나지 않는 것이지요. 허무가 무서운 것은 바로 이때문이었습니다.

인생을 향해 웃어주면 세상은 순간 팔랑, 나비 같아지지요.

그러나, 이 말 좋지 않나요. 역전이나 반전이 느껴지는 '그러나'는 참 마음에 듭니다. 지치고 지루한 일상을 떨쳐버리고 일어서는데도 한몫하겠지요. 그랬습니다. 제가 오동도를 거쳐 향일암에서 동백꽃이 땅에 떨어져 있는 모습을 보고 충격을 받았거든요. 삶의 모습과 죽음의 모습이 같아 가슴을 서늘하게 하는 꽃이지요. 바닥에 떨어져서도 나뭇가지에 피어 있을 때와 같은 모습인 동백꽃을 보고는 의욕을 일깨웠거든요. 그래도 다시 일어서야 한다며 입술을 깨물고 돌아왔지요. 그래도라는 말에는 긍정이 담뿍 들어 있습니다. 세상을 살면서 긍정만 한 힘이 없습니다. 힘이 들 때마다 어깨를 두드려주는 건 긍정이었습니다. 향일암은 어디를 가도 바다지만 육지를 끌어안았기 때문에 바다를 품을 수 있습니다. 향일암의 기반은 육지였고 그리워하는 대상은 바다였습니다. 자신을 잘 갈무리해야만 다른 것을 끌어안을 수도 사랑할 수도 있습니다. 향일암은 그러한 원리를 일깨워주고 있습니다. 자신을 사랑하지 못하는 사람이 남을 사랑한다는 말은 성립되지 않습니다. 스산한 기운이 상대방에게 전해지지요. 모든 사랑은 먼저 자신을 사랑하는 토대 위에서만 존재합니다. 그래서 진정한 사랑을 하려면 자신을 사랑하는 방법을 익힌 후에나 가능한 것이었지요.

사람은 직립보행을 하지요. 서서 다니도록 구조가 만들어져 있습니다. 선다는 일은 버거운 일이지만 스스로에게 대견스럽기도 합니다. 직립은 의지의 표상이었습니다. 이제 힘들게 향일암을 찾으신 분은 아침 일출을 보거나 하늘과 바다가 하나가 되는 위대한 풍경 앞에서 힘을 얻어 가시기 바랍니다. 열정을 불어넣어 가시기 바랍니다. 향일암은 태양이 떠오르고 미지의 큰 바다로 열려 있는 곳입니다. 활력의 바다와 신생의 아침이 잘 어울리는 곳입니다.

향일암의 주산인 금오산 오름길은 정상까지 단 20분 거리로 향일암 일대의 절경을 제대로 즐기길 원한다면 이 산정의 등반을 한번 해볼 만합니다. 조금 더 시간을 내서 걸어 볼만 합니다. 바닷바람이 살랑 스쳐가면서 아는 체를 할지도 모릅니다. 흘러가는 바람에게 웃어주면 세상은 순간 팔랑, 나비 같아지지요. 마음먹은 대로 세상이 보이는 것 다 아시잖아요. 슬플 때는 세상의 모든 것들이 슬퍼 보이지요. 내가 기뻐 펄쩍 뛰고 싶을 때에는 세상도 정말 나비 같다니까요. 날개를 달고 날아오를 것 같고 나비의 날개처럼 찬란해 보이지요. 세상하고 싸우지 마세요. 세상하고 싸워서 이긴 장사가 없다는 사실을 모르시는 분만 싸우지요. 그런 사람은 사는 내내 힘들지요. 하지만 세상하고 친해보세요. 좋아서만 친해지나요. 내가 살기 편하고 즐겁기 위해서 친해보라는 이야기지요.

암자 뒤에는 어른이 흔들거나 아이들이 흔들거나 똑같이 흔들리는 바위가 있습니다. 설악산 흔들바위보다 조금 작은 이 바위는 흡사 경전을 펼친 모습입니다. 한 번 흔들면 불경을 한 번 읽은 것과 같은 공덕이 있다 하여 많은 사람들이 찾고 있습니다. 종교가 다르다고요. 그런 걱정 하실 필요 없습니다. 재미로 하면 되지요. 다종교 사회에서 그대 종교도 아름답소, 내 종교도 아름답소, 하면 한결 넉넉한 마음이 됩니다. 긍정을 끌어안고 사는 사람이 세상을 지배한다는 사실을 아십니까. 내 것만 맞다고 주장하는 사람은 고립되거든요. 내 것이 맞다고 주장하는 순간 상대방은 틀려야 하는 불합리가 생기지요. 사람 사는 세상에서 이런 편파적이고 일방적인 일이 있어서야 되겠습니까. 나도 맞고 너도 맞아야지, 나만 맞고 너는 틀리다고 하면 상대방은 화나지요. 흔들바위 입구에서 잠깐 비탈길을 오르면 곧 시야가 툭 트이는 바위 위에 서게 됩니다. 촛대바위, 기둥바위 등 기이한 형상의 바위들이 짙푸른 바다에 서 있는 모습은 다른 곳에서는 좀체 보기 힘든 멋진 광경이지요.

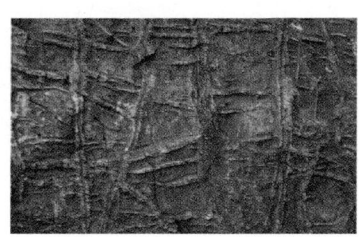

거북바위의 모습이 흡사 거북 등과 비슷하다.

여행을 하다가 지쳤거나 일상을 털어버리고 먹먹한 기분으로 며칠을 보내고 싶으신 분은 스님에게 말씀드리고 하루를 묵어갈 수 있습니다. 사람 많은 날을 피해가시면 가능합니다. 절에서 하루를 묵어간다고 인생이 하루 늦어진다고 생각되지 않는 분만 가능한 일입니다. 시간이 차곡차곡 쌓이는 것이 아니라 흐르는 것인 줄 아는 사람은 며칠을 묵어도 좋습니다. 시간이 가는 길은 직선이어서 차가워 보이지만 가만 그 속내를 들여다보면 따뜻하기도 하고 온화하기도 합니다. 시간이 쌓이는 것이 아니라 흘러가는 것인데 하루를 어디에서 보낸들 문제가 될 리 없지요. 잘 흘러가면 잘 산 것인지도 모릅니다. 장소는 내 마음이 머무는 곳이면 어디든 고스란히 내 인생의 하루로 가득해지지요.

　겨울을 넘어야만 만나는 봄이 있습니다. 봄은 혹독한 바람과 한파를 이긴 생명들만의 축제의 자리지요. 동백꽃에서 강한 느낌을 받았으니 동백꽃 이야기 조금 더 해야겠습니다. 동백꽃을 온실에 넣어서 따뜻하게 길러보세요. 꽃이 피는가, 보세요. 동백꽃은 봄이 오고 다 가도록 꽃을 피우지 않습니다. 고난이 없는 인생은 동백꽃처럼 꽃을 피울 수가 없는 게지요. 편한 인생을 고집하는 순간 인생은 지루하고 살아있을 이유가 별로 없는 것이지요.

　동백꽃이 이른 봄에 피어도 수분, 꽃가루받이를 할 수 있는 건 나비와 벌의 도움을 받아서가 아닙니다. 동백꽃의 친구, 동박새가 있어서였지요. 동백꽃이 필 때는 나비와 벌은 없습니다. 추위에 견딜 수가 없지요. 신화처럼 날아온 동박새가 동백꽃을 짝 맺어주는 게지요. 우리나라에서는 텃새면서 동백꽃 꿀을 좋아하여 개화기에는 동백숲에 모여듭니다. 힘이 들 때 도와주는 고운 마음의 손님이 있습니다. 동백꽃에게 동박새가 고운 손님이듯이 인생길에서 영혼의 친구 하나 있으면 성공한 것이겠지요. 사는 일이 쉽지 않으니 서로에게 위안이 될 수 있는 영혼의 친구 말입니다. 영혼의 친구를 하고 싶은 분이 향일암을 다녀갔다는 이야기를 들었습니다. 누구냐고요. 고운 사람이지요.

　고난은 인생길에 자연스러운 일이더군요. 넘어지는 일도 자연스러운 일이었습니다. 우리는 일어서는 것을 배우면 됩니다. 안 넘어지려고 해도 돌에 걸려 넘어지고 지쳐서 쓰러지기도 합니다. 극복은 사람의 일이고 고난은 세상의 일입니다. 그렇다고 세상하고 한판 대결할 필요는 없습니다. 세상은 무심할 뿐입니다. 우리가 힘들어하고 지쳐 쓰러지는 것이지요. 관절을 접으면 주저앉게 되지요. 그러나 관절이 접히는 순간 받아들이면 됩니다. 쉬어가는 게지요. 넘어지면 쉬어가라는 말을 저는 자주 하는 편입니다. 어찌 할 수 없으면 차라리 받아들이면 마음이 편해집니다. 사람에게 눈물은 위로였지요. 거친 세상을 건너려면 고난과 만나게 될 것을 예감한 신의 배려였는지도 모릅니다. 눈가에 눈물샘을 마련해주었거든요. 눈물 나도록 삶은 힘들 거라는 반증인 셈이지요. 세상이 나를 넘어뜨리고 좌절하게 할 때 의연하게 내 길을 가면 나는 이긴 게지요. 승자는 스스로를 극복하는 사람이었거든요. 사는 일은 자신과의 싸움이었습니다. 남에게 이긴 사람은 적의를 낳지만 자신을 이긴 사람에게는 웃음이 남습니다. 향일암을 오르며 가졌던 좁은 마음은 바위 문을 통과하며 버리고 바다를 바라보며 하늘 닮은 마음을 지녀보기 바랍니다. 바다가 바로 눈앞에서 찰랑거리듯 눈물이 찰랑거리는 것이 삶이지만 이렇듯 아름다운 곳에서 살아있음의 축제를 즐기는 것도 영광이지요. 아픔과 고된 일들이 삶을 잡았다면 모두 다 내려놓고 돌아가실 때는 사랑하는 사람을 위하여 돌산 갓김치를 사가시면 어떨까요. 맛이 들어 톡 쏘는 갓김치를 마주하고 식사를 같이하면 웃음도 나눌 수 있겠지요. 고난을 잘 아우르면 삶이 더욱 향기로워지듯 시간을 잘 보듬어 잘 익은 갓김치를 사랑하는 사람과 나누는 기쁨도 있겠지요. 멸치젓국, 찹쌀풀에 불린 고춧가루에 생강, 마늘, 생새우 등 양념을 섞어 파와 갓을 버무린 갓김치는 입맛이 없을 때 드시면 맛이 살아납니다. 한반도 남단의 따뜻한 해양성 기후와 알칼리성 사질토에서 재배되기 때문에 다른 지역의 갓에 비해 섬유질이 적어 부드럽고, 매운맛이 적으며 쉽게 시어지지 않는 장점 때문에 근래에 소비자들의 각광을 받고 있는 채소입니다. 서슬이 파랗다고 하는데 갓김치가 늘 푸르지요. 잘 삭으면 깊은 맛이 납니다.

걸어서 하늘 끝까지 갈 수는 없어도 걸어서 땅끝까지는 갈 수 있습니다. 더 갈 수 없는 건 그리움이겠지요. 하지만 배가 있습니다. 배는 벌써 바다의 중심으로 나아가고 있습니다. 향일암은 바닷가에 자리 잡고 있지만, 갯내음이 나지 않는 특별한 곳이라고 합니다. 바다비린내가 나지 않는다는 것이지요. 바다가 잔잔하기로도 유명합니다. 바다가 그리운 날에 향일암은 문을 열어놓고 기다리고 있을 겁니다. 그대가 찾아오면 맨발로 뛰어나와 길을 열어놓겠지요. 계단마다 생의 발걸음을 수놓으라면서.

향일암은 일출만큼 월출이 아름답고 밤에는 별이 바다와 하늘에 함께 뜨는 것을 보여준다.

북촌 길

역사가 마을을 만들었으나 이제는 마을이 역사를 만드는 생활공간, 북촌마을

사람은 마을을 만들었으나 마을은 어느새 사람을 만들어가고 있었습니다. 사람을 닮은 마을을 만든 사람들은 또다시 마을의 모양을 닮아가고 있었습니다. 또한, 역사가 마을을 만들었으나 마을이 역사를 만들어가고 있었습니다. 생활이 복작대다 고운 자태로 내려앉은 문화공간이 있습니다. 그대로 생활이 문화가 된 곳, 바로 북촌이지요. 실제로 삶이 연결되어 문화의 생산하는 고리를 만들어가는 아직도 피가 통하고 온기가 감도는 살아있는 문화공간이지요. 삶과 문화의 이중창이 울려 퍼지는 곳이라 개선이 눈에 띄게 고와 보이기도 합니다. 전통을 고집하면서도 새로운 양식을 받아들여 더욱 빛나기도 하는 마을입니다. 북촌은 다른 전통마을과 달리 현재적인 자태가 더욱 빛나는 곳이기도 합니다. 현재와 과거가 새롭게 만나 어울리고 받아주고 하는 모양새가 좋아 보입니다. 전통만을 고집하지도 않고 현대적인 새로움만으로 태어나지도 않는 곳이지요. 생활이 그대로 묻어나서 그럴 거라 생각이 됩니다.

북촌은 어느 마을보다도 지리적 위치가 특이합니다. 북촌, 북쪽에 있는 마을이란 뜻이지요. 북쪽이게 한 그 중심점이 어느 곳이냐 하면 우선은 경복궁을 정점으로 해서 생각할 수밖에 없습니다. 경복궁과 창덕궁을 떠나서 이야기하는 것은 근원을 빼놓고 이야기하는 꼴이거든요. 경복궁의 풍수상 앞은

역사가 마을을 만들고, 이제는 마을이 역사를 만든다. 생활이 고스란히 문화가 된다.

청계천이었고 경제적이나 정치적인 앞은 종로였습니다. 청계천과 종로는 경복궁의 앞이 되고 방향으로는 남향이 되는 것이지요. 청계천과 종로가 어느 순간 생활의 중심이 되었던 게지요. 곧 북촌은 경복궁과 창덕궁을 흐르는 청계천과 종로의 북쪽이란 뜻이 북촌이게 한 것입니다. 청계천과 종로를 중심으로 북쪽에 있는 마을이란 뜻으로 북촌이 되었듯이 남쪽에는 가난한 선비들이 살던 남촌이 있었습니다. 구한말의 우국지사인 황현은 『매천야록』에 이렇게 적었습니다.

> 서울의 대로 종각의 북쪽을 북촌이라 하고 노론이 살았으며, 종각의 남쪽을 남촌이라고 했는데 소론 등 삼색이 살았다.

종로를 기준으로 노론이 살던 종로 북쪽을 북촌, 소론파 남인, 북인파 등

몰락한 양반들이 살던 동네를 남촌이라고 했습니다. 북촌은 지금부터 600년 전, 조선왕조가 도읍을 서울에 정하면서 형성된 촌락입니다. 한양을 도읍지로 정한 조선왕조는 정궁인 경복궁을 짓고, 이어 이궁인 창덕궁을 신축해 이곳을 중심으로 조선 전국을 통치했으며, 왕조에 출사하는 고관들과 이들과 관련된 친인척들도 이 왕궁을 중심으로 거주지역이 형성되면서 북촌이라는 촌락이 이루어졌습니다. 당시의 실세들이 모여 살던 곳입니다. 그때에는 고대광실 같은 한옥이 들어서 있었습니다. 지금의 서민들의 가옥과는 다른 풍경이었습니다.

북촌이라는 마을 이름이 사람들의 입에 오르내리게 된 것은 조선왕조시대 사색당파들의 정쟁이 불이 붙고, 이들 당파가 특정지역에 무리지어 살게 되면서부터라고 합니다. 남인과 북인은 심의겸과 남효원이 서인과 동인으로 편을 갈라 붕당정치를 시작한 16세기 선조 시대 이후에 불렸는데, 남인의 수령 우성전이 서울 남산 밑에 살아 이를 추종하는 자들을 남인이라고 했으며, 북인인 이발의 집이 서울 북악 밑에 있고, 이산해의 집은 한강 북쪽에 있

북촌의 일반적인 가옥 형태다. 하늘을 마당에 들여놓은 마음이 보인다.

었기 때문에 이들을 추종하는 자들을 북인라고 불렀습니다. 북촌에는 이렇게 권력을 가진 자들이 궁궐을 중심으로 지배계급의 촌락을 형성했으며, 권력에서 소외된 계층은 권력을 장악할 수 있는 기회를 엿보면서 남촌에 한빈한 촌락을 형성하게 되었습니다. 남산골 남촌은 가난한 선비들이 많아서 술을 많이 마신 반면, 북촌은 궁궐에서 일하는 부자들이 떡을 많이 해먹었다고 합니다. 조선이 망하고 난 후

에는 북촌 고관대작 집들에 있던 골동품들이 인사동으로 쏟아져 나왔다고 합니다. 그만큼 북촌은 왕족과 재상 같은 인물들이 살던 곳이었습니다.

북촌의 위치는 역사의 징검다리였습니다. 북촌은 어느 마을보다도 특이한 장소에 자리 잡고 있습니다. 경복궁과 창덕궁 사이에 자리 잡은 양반들의 공간이었지요. 역사적인 인물과 역사적인 사건이 북촌을 가로질러 갔습니다. 서울은 한적한 양주땅이었습니다. 정도전의 「신도가」에 남아있습니다. 지금도 경기도 양주는 서울의 변방이지요.

예전에는 양주 고을이여
이 자리에 새로 도읍하니 경치도 좋을씨고
나라를 여신 성왕께서 태평성대를 이룩하셨도다
도읍답구나 이 경치 도읍답구나
우리 임금 만년을 누리시어 온 백성과 함께 즐거움 누리소서
아으 다롱디리
앞은 한강물이여, 뒤는 삼각산이여
덕이 많으신 강산 사이에서 만년을 누리소서

양주 고을에 불과했던 서울이 조선의 수도가 되면서 번영을 구가하게 됩니다. 정도전이 「신도가」를 지은 것은 고려의 멸망과 함께 조선 왕조의 창업기에 민심을 수습하고 건국의 정당성을 홍보하려는 정치적 필요성 때문이라고 볼 수 있습니다. 학자들 일부는 이런 말을 하고는 합니다. 조선은 '이성계의 나라'가 아니라 '정도전의 나라'였다고요. 정도전의 이념과 사상이 그대로 녹아든 국가체제였습니다. 정도전의 철학이 만들어낸 국가였습니다. 나라를 물리적으로 만들고 이끌어 간 것은 이성계와 그의 자손이었지만 나라의 정신적 체계를 갖추게 한 사람은 정도전이라는 이야기지요. 정도전은 바로 조선 창

업의 일등 공신으로서 건국 초기 제도 정비와 왕조를 공고히 하기 위해 심혈을 기울인 특권 귀족층의 한 사람이었습니다. 야심만만한 남아였지요. 자신의 이념을 국가 통치철학으로 만들고 그 기반 위에 조선의 건국을 밀어붙입니다. 힘이 없는 야심은 야심으로 끝나게 됩니다. 이방원은 구시대의 거물이었던 정몽주를 회유시키려다 안 되자 죽여 버립니다. 마찬가지로 새로운 시대를 열어 가는데 설계의 수장인 정도전이 자신의 갈 길에 방해가 되자 그도 죽여 버립니다. 이성계의 다섯째 아들 이방원은 행동파였습니다. 가차없는 사내였지요. 그에게 방해가 되는 자는 어느 누구도 살아남지 못합니다.

욕망으로 점철된 공간이 사람의 마을이었고 북촌도 그러한 욕망의 마을이었습니다. 안타깝게도 사람이 만든 첫 번째 길은 욕망의 길이었습니다. 사람을 살아가게 하는 동인이 사랑이나 배려인 줄 알았던 때가 있었습니다. 그러나 아니었습니다. 사람을 움직이는 힘이 뜻밖에도 욕망이었습니다. 젊은 날 이러한 현상을 확인하고는 당황스러웠지요. 존재 그 자체가 가진 것이 순수한 사랑이 아니라니 슬펐습니다. 욕망이라니, 슬펐지요. 하지만 사실이었고 현상을 받아들여야 했습니다. 자본주의가 공산주의를 이긴 것이 자랑스러운 일이 아니었습니다. 사람을 움직이게 하는 힘이 욕망이라는 것을 확인시켜 준 사건이었습니다. 자본주의는 개인의 이기심에 부채질을 하는 제도지요. 욕망을 향한 경쟁을 모태로 하고 있습니다. 강자의 독식이 인정되는 사회지요. 반면 공산주의는 공동생산과 나눔의 원칙을 고수하고 있고요. 나눔에는 약자에 대한 배려가 담겨 있습니다. 하지만, 자본주의는 패자에 대한 배려가 어디에도 없지요. 요즘 와서 복지라는 이름으로 패자와 낙오자에 대한 배려가 살아나고 있습니다. 그래서 복지는 공산주의의 다른 이름이기도 합니다. 모든 제도와 관습의 방향을 제대로 이끌어가려면 사랑과 배려를 우선으로 한 제도를 만들면 실패합니다. 개인에게 이익을 주면서 공익을 이끌어낼 수 있는 제도와 방법을 찾아야 하는 게지요. 아니라고요. 이번엔 제가 맞을 듯합니다. 대표적인 성공사례인 쓰레기 종량제도 마찬가지거든요. 쓰레기를 줄이면 개인에게 경제적인 이익을 주니 나누어 버리고 줄이려 스스로 노력합니다. 사익을 먼저 배려하지 않는 정책은 대부분 실패하고 마는 것이 이를 반증합니다.

어느 사회에서나 약자가 살아갈 방법은 없습니다. 왕권국가에서도 마찬가지입니다. 왕권국가에서는 세 계층이 있었지요. 절대 지존 왕족의 무리와 과거 길을 통한 성리학에 기초한 양반이라는 벼슬을 하던 집단 그리고 상민이었습니다. 왕족을 제외하고는 양반과 상민 간에는 계층의 이동이 가능했지만 그리 쉽지는 않았지요. 북촌은 민감한 지역이었습니다. 계층의 교향악이 이루어지는 곳이었지요. 왕족을 기반으로 한 궁이 양편에 자리 잡고 있습니다. 경복궁과 창덕궁 사이에 자리한 반촌이 북촌이었거든요. 하지만 상민들이 기층을 형성하고 있었음은 역사의 일반적인 현상이었습니다. 9할이 넘는 인원이 1할이 안 되는 왕족과 양반들을 먹여 살렸습니다. 생산 대부분은 양반층에서 나온 것이 아니라 상민들의 땀과 노력 그리고 시간을 쏟아 부은 결과였습니다. 세 계층 중에서 가장 큰 욕망의 존재는 양반이었습니다. 출세를 위해 생의 많은 부분을 쏟아 부은 사람들이었지요. 절대 지존인 왕에게는 모든 충성을 다 하지만 기층 계층인 상민들에게는 공포의 대상이었지요. 하지만, 왕권국가에서 세 계층은 어찌 되었든 함께 어우러져 살아야 하는 마차바퀴 같은 존재였지요. 굴러가지 않으면 같이 무너진다고 생각한 성리학을 기초로 한 왕조국가의 세 계층이니까요.

과거와 미래가 손을 잡고 현재 속에서 꿈꾸고 있는 마을, 생활이 고스란히 문화가 되는 마을

이제 세상은 변했습니다. 북촌에도 어떤 부분은 변했고, 어떤 부분은 그대로 남아있습니다. 또 어떤 부분은 엉거주춤한 상태로 남아있습니다. 변화와

전통이 시대의 흐름에 따라 북촌에 살던 사람들의 마음에도 다르게 받아들여져 지금은 독특한 문화를 가진 마을이 되었습니다. 어찌 보면 북촌은 전통적인 모습을 가지고 있으면서도 변화의 중심에 서 있지 않은가 싶기도 합니다. 서울에서도 보수적인 전통의 산실인 북촌이 젊은이들의 거리가 되었기에 그렇습니다. 참 묘한 일이지요. 젊은 세대가 더 북촌을 찾고 즐긴다는 현상을 어찌 설명해야 할까요.

북촌은 역사와 시간이 중첩되는 장소였습니다. 건축의 보수와 진보가 힘을 겨루기도 하고, 어깨를 나란히 하고 공존하기도 하는 장소로 무엇보다 생활이 고스란히 내려앉아 문화가 되는 마을입니다. 주거가 우선이지만 이제는 상업, 문화, 관광 같은 도시의 여러 기능이 복합되어 있는 곳이기도 합니다. 인왕과 북악산을 등지고 도심을 창으로 자연과 도시를 연결해주는, 도시의 안과 밖이 만나는 공간이기도 하고 궁과 궁 사이의 민중의 생활공간이기도 합니다. 북촌은 만남과 헤어짐이 넉넉한 공간입니다. 역사와 시간이 만났다 헤어지고, 전통과 첨단이 만났다 헤어지고, 생활과 문화가 만났다 헤어져 늘 변화하는 공간으로 탈바꿈하고 있습니다. 이제는 정체에서 벗어나 활력 있는 젊은 세대를 받아들일 수 있는 문화공간으로 다시 태어나고 있습니다. 변화와 보존을 위한 대립과 화해 속에서 새로운 문화를 창조해 내기도 하는 마을입니다.

북촌을 걸을 때면 역사를 이야기하거나 전통을 이야기할 필요가 없습니다. 지금의 그 모습 그대로가 가장 북촌다우니까요. 궁과 궁 사이에서 독자적인 목소리를 내지 못한 마을의 위상이 지금은 도리어 독창적인 마을로 변했습니다. 과거와 미래가 손을 잡고 현재 속에서 꿈을 꾸는 마을이 되었거든요. 어느 길을 걸어도 과거와 미래가 현재를 즐기며 명랑한 풍경을 만들어냅니다. 저마다 특색을 가진 입구를 만들어 놓은 기와집으로 이어진 좁은 골목길이 주는 색다른 풍경 속으로 걸어 들어가면 흐뭇해집니다. 우마차가 겨우 다녔을 골목에 아이들이 뛰어놀고 사람 사는 소리가 넘쳐났겠지요. 지금도

변화하는 북촌의 모습이 보인다. 과거와 미래가 손을 잡고 변화하는 북촌은 반갑다.

북촌에는 활기가 넘칩니다. 옛것과 지금의 세련된 것이 한 자리에 있거든요. 북촌을 거닐면 짝사랑하던 사람을 길에서 만나는 기분이 들거든요. 잊혔던 향수도 느끼고 반짝거리는 기발함도 만날 수 있는 곳이 북촌이거든요. 이러한 두 가지의 서로 다른 대립이 될 수 있는 것들이 공존의 틀을 만들어 조화롭게 엮어진 곳이 북촌인 것은 서울이라는 특성 때문이기도 합니다. 하루가 다르게 변해가는 서울 한복판에 과거의 전통적인 모습이 아직까지 남아있다는 사실은 기적 같은 일이지요. 첨단을 달리는 기술과 서로 경쟁하듯 치솟아 오르는 고층건물이 하루가 다른 서울에서 그것도 종로와 명동의 건너편에서 살아남았다는 것은 희한한 일이겠지요. 북촌은 서울에서 등잔 밑 같은 장소였습니다.

  궁 근처에 자리해 주거시설이 제한되어 오면서 자연 공간의 의미가 더 컸고 일제 강점기를 거치면서 점차 주거밀집 지역으로 변했습니다. 청와대와 경복궁 근처라는 위치 때문에 '보안과 문화재 보호'의 명목으로 개발이 제한

전통이 현대를 그리워하고 현대가 전통을 배워서 만나는 공간, 북촌은 늘 새롭다.

되면서 오히려 지금의 북촌의 모습을 가지게 되는 계기가 됩니다. 독보적인 모습으로의 전환이었지요. 개발이 제한되어 멈췄던 시간이 다시 활발하게 움직이기 시작한 것은 2000년대 새로운 북촌 가꾸기 사업이 진행되면서 건물 규제가 조금씩 풀려 크고 작은 전시장과 같은 문화시설이 들어오면서입니다.

이상한 것은 조선 당대 실세들의 집이 이곳에 있었다는데 지금은 큰 규모의 한옥이 보이지 않는다는 점입니다. 큰 한옥들은 다 어디로 갔을까 하는 의문이 들었습니다. 99칸의 대저택은 아닐지라도 넓은 뜰이나 마당을 가진, 또는 정자를 포함해 연못을 가진 한옥이 없다는 것이 이상했습니다. 지금의 북촌은 작은 면적에 지어진 집들이 올망졸망 이라는 표현이 어울릴 만큼 서민주택이거든요. 어떤 위세도 허세도 없는 생활 집의 모습을 가진 것이 북촌입니다. 또한, 새로 들어선 현대적인 감각을 갖춘 건물들이 한옥과 나름 어울리는 것도 북촌입니다.

조선조에 북촌의 권세가들의 집은 지금의 북촌 집과는 다른 형태를 했었습니다. 북촌마을은 1920년대 들어서면서 큰 변화가 일어나기 시작합니다. 지금 한옥 골목이 형성되어 있는 가회동 31번지와 26번지는 작은 단위로 분할됩니다. 고관대작들의 대저택들은 1930년대를 전후하여 중소규모의 한옥들로 자리바꿈하게 됩니다. 또한, 건설회사에 의해 집단적으로 한옥 거주지가 만들어져 현대의 모습을 가지게 되니 북촌은 고관대작들의 대궐 같은 집에서 서민들의 작은 생활 집으로 탈바꿈하게 된 것입니다. 역사의 변천 속에서 새로이 지어진 북촌의 한옥은 엄격히 구분하면 전통한옥은 아닙니다. 도시적인 한옥형태를 지녔지요. 북촌 한옥은 주 구조부가 나무로 된 목조형태로써 지붕에 기와 등이 있는 건축물을 말합니다. 1930년대를 전후하여 새로운 도시적 환경에 적응하게 한 한옥을 말합니다. 도시형 한옥은 ㄷ자, ㅁ자로 방과 마루, 부엌 등이 배치되면서 가운데 마당 공간이 있는 것이 일반적입니다.

길은 걸어야 맛이 납니다. 차로 지난 길은 길이 아닙니다. 뚜벅뚜벅 걸어야 살아있음을 즐기면서 걸을 수 있거든요. 걷는 일만큼 사람을 사람답게 하는 것도 드물 듯합니다. 적당한 걸음 폭과 빠르기로 걷다 보면 자신 존재의 현주소가 불현듯 다가옵니다. 세상의 길흉화복이 실은 자신의 마음으로 받아들이는 것이지 바깥일과는 무관할 수도 있습니다. 어떤 사람은 재산과 명예를 버리고 산으로 들고, 어떤 사람은 돈과 명성을 위해 자신의 전부를 투자합니다. 심지어 어떤 사람은 살기 위하여 치열하게 싸우지만 어떤 사람은 자살을 준비하고 있기도 합니다. 행복하기 위한 방법은 정말 쉽지요. 행복하다고 생각하면 행복한 겁니다. 행복에 이유가 없습니다. 자신이 처한 상황을 받아들이면 행복이고, 받아들이지 못하면 불행입니다. 행복의 이유가 다르지만, 세상을 받아들이는 사람은 늘 행복할 수 있습니다. 욕망과 현실이 악수를 하는 순간 웃음이 생깁니다. 악수는 빈손으로 만나는 것이거든요. 빈손이 주는 행복과 여유가 얼마나 넉넉한 것인지를 알아야 행복도 알게 되지요. 더 가져야 한다는 마음이 있는 한 허전하고 그 허전함을 메우기 위하여 욕망에 불을 붙이겠지요. 욕망의 상승에 의해 현실과 욕망의 빈틈은 더 벌어집니다. 결국 늘 쫓기는 기분이겠지요.

사람의 마음이 한결같을 수는 없지만 비교적 기복이 적은 안정을 하는 것이 바람직합니다. 전국적으로는 맑고 곳에 따라 흐리거나 비가 올 수는 있겠지요. 긍정이란 말에서는 나비가 날아오르는 풍경이 그려집니다. 팔랑거리는 나비의 날개는 허공을 두들깁니다. 아무것도 없는 허공에 날개를 저어 날아오를 수 있는 경이를 나비는 실현하는 것지요. 얼마나 멋집니까. 나비처럼 빈 길을 걸어서 자신의 꿈을 실현할 수 있다면 말입니다.

북촌을 걸어보세요. 길은 크게 네 개의 길이 있습니다. 어느 길을 먼저 가도 무방합니다. 설명서에는 길마다 특성을 이렇게 적어 놓았습니다. 삼청동 길 아기자기한 재치가 넘치는 길, 가회동 길 한옥의 정취가 물씬 풍기는 소나무길, 계동 길 소박한 일상을 엿볼 수 있는 골목길, 창덕궁 길 고즈넉한 향기가 있는 창덕궁 옆 돌담길이라고 말입니다. 길마다 가진 특성이 있으니 취향에 따라 걸어보시면 됩니다. 조금 더 자세히 적어볼까요.

삼청동길은 다시 삼청동길, 복정길, 감고당길로 나누어서 주제별로 길을 설명하고 있다. 삼청동길은 은행나무 그늘진 굽은 길을 따라 소복이 들어선 갤러리와 아트샵, 카페들이 아름다운 풍격을 이루고 있다. 감고당길은 방긋 웃고 있는 목욕탕의 굴뚝을 향해 올라가면, 빼곡한 한옥들의 지붕과 경복궁, 인왕산, 청와대의 조망이 펼쳐진다. 이 언덕길이 복정길인데, 복정福井은 예전에 이곳에 있던 우물이다. 이 우물은 조선시대에 궁중에서만 사용했는데, 대보름에 이 물로 밥을 지어 먹으면 일년 내내 복이 따른다고 해서 일반에게도 물을 길을 수 있게 했다고 한다. 감고당길은 풍문여고에서 돌담을 따라 덕성여중고를 거쳐 정독도서관까지 이르는 길로, 길게 줄이 늘어선 분식점, 문방구 등이 교육길의 분위기를 더한다. 이 곳은 우리나라 근대역사의 긴장이 넘실대던 곳이다. 풍문여고에는 안동별궁이 있었으며, 이웃한 덕성여고에는 인동별궁에 불을 지르고 갑신정변을 일으킨 서광범의 집이 있었다. 덕성여중은 3.1운동을 모의했던 천도교의 중앙본부가 자리했던 터이다.

가회동은 가회동 31번지와 가회동 11번지가 소개되어 있다. 가회동 31번지는 북촌에서 특히 뛰어난 한옥들이 잘 보존된 지역으로, 키 큰 회나무집을 돌아 올라가면 나타나는 골목길이 정겹다. 이 길에서 한옥지붕 사이로 서울시내의 풍경은 단연 북촌 산책의 백미이다. 가회동 11번지는 한옥의 내부를 감상할 수 있는 개방형 한옥이 많은 지역이다. 가회박물관, 동림매듭박물관, 한상수자수박물관 등에서 한옥과 함께 살아 숨 쉬는 북촌문화의 현장을 만날 수 있다. 계동 길은 현대사옥에서 시작해 중앙고등학교에서 끝을 맺는 소박한 길이다. 등교할 때나 하교할 때, 작은 길을 메우는 교복 입은 학생들의 풍경이 언제나 풋풋함을 더한

삽살이도 북촌에 산다. 행복하게 사는 방법은 행복하다고 생각하는 거란다.
삽살이도 행복하다.

다. 또한 이 길에는 슈퍼마켓, 미용실, 목욕탕, 가게, 분식집 등 소규모의 근린상업시설들이 즐비해 있어 주민들의 정다운 일상을 엿볼 수 있다.

창덕궁 길은 돌담 너머로 궁궐이 보인다. 담장 안에서 보는 궁궐이 왕의 거처라면, 담장 밖에서 보는 궁궐은 백성들의 삶이 묻어나는 곳이다. 창덕궁 돌담을 따라 이어지는 이 길에는 각종 공방, 궁중음식연구원, 백홍범가 등 왕실의 일을 돌보며 살아가던 사람들의 흔적이 고스란히 남아있다.

마음이 가는 길을 선택해서 걸어보세요. 예전에는 궁과 관계된 사람들의 터전이었지만 지금은 생활이 바글바글 끓는 곳이지요. 낭만보다는 생활이 더 아름다운 일임을 확인하게 해주는 곳입니다. 살아가는 일이 그대로 문화가 되고, 바지런한 일상이 조용히 풍경이 되는 곳이지요. 아직도 북촌마을은 살아있는 공간입니다. 삶이 아름다운 것인 줄 알려주는 풍경을 만들어내 감동을 주는 곳입니다. 인생이 힘들게 할 때면 새벽시장을 들러 활력을 얻는다는 분이 있는데, 인생이 가라앉는 것을 느낄 때면 자분자분 가회동 길을 걸어보세요. 사람 사는 마을임에도 사람이 한적한 골목길을 걸을 수 있으니 말입니다. 열심히 살아가는 보통 사람들의 일상과 모습을 구경할 수 있습니다. 북촌이 살아있어서 자신의 살아

있음과 공명할 수 있어 인생이 순간 따뜻하게 다가옵니다. 마당에서 아주 작은 꽃밭을 가꾸거나 쌀을 씻는 모습이나 빨래하는 여인네를 볼 수도 있습니다. 골목마다 넘치는 건 생활입니다. 도시 한복판에서 생활이 꽃처럼 피어나는 곳이지요. 세상은 자신의 마음먹은 대로 보이지만 봄날의 햇살처럼 북촌에서는 한결 긍정이 어깨를 푸근하게 감싸는 것을 느낄 수 있습니다. 오실 때는 사랑도 데리고 오세요. 그래야 북촌 길은 잘 보이거든요. 숨겨놓은 이야기들이 와락 다가설 수도 있으니 놀라지 마시고요. 웃음을 데리고 오시면 더욱 좋은 건 아시지요. 길

문경새재 길

새도 날아서 넘기 힘든 고개라고 했는데 실제로는 아주 다정하고 다감한 길

맨발로 걷기에 최고인 길이 있습니다. 바로 문경새재지요. 새재는 새도 날아서 넘기 어려운 고개라고 했는데 실제로는 아주 다정하고 다감한 길이지요. 다정다감이란 말에서 느껴지는 어감이 걷다 보면 다가옵니다. 문경땅을 맨발 아래에 두고 걷다 보면 맨발의 감촉이 얼얼해집니다. 얼얼해질 때면 흐르는 물에 발을 씻고 다시 신을 신어도 좋습니다. 마음이 가는 길에 몸도 따라가는 것이 여행이지요. 여행은 지루한 반복으로 연속되는 일상으로부터의 탈출이지만 결국은 다시 짐을 챙기고 떠나는 그 장소로 귀환해야 합니다. 그래서 여행의 최종 목적지는 반복되는 일상의 장소지만, 최종 귀결은 자신의 마음으로 돌아오는 귀환이라 할 수 있겠지요. 자신에게로 돌아오는 길을 탐색하는 것이 여행인데 우리는 떠난다고 합니다. 그것은 지금 현재의 터전에서 벗어난다는 의미를 말하지요. 그것은 버리고 떠나는 것이 아니라 일상에서 벗어나 다른 세계를 접하고 돌아와 다시 시작하는 의미가 있습니다. 그래서 여행은 돌아오는 길을 찾아내야 하는 모색의 창구지요. 갈 때와 돌아올 때의 모습은 다르지 않지만, 마음에는 다른 세상을 담아와 변하게 하는 것이 여행이었지요.

배낭 하나 둘러메면 순간 몸이 공기가 들어간 듯 붕붕 뜨는 분들이 있습니다. 역마살이라고 하지요. 역마살이란 늘 이리저리 떠돌아다니는 팔자를 말

제1관문. 추풍령은 추풍낙엽처럼, 죽령은 대나무처럼 미끄러져서 피했지만 문경은 경사스러운 소식을 듣는다고 해서 과거 길이 된 새재의 첫 관문이다.

합니다. 옛날에는 지금과 같은 고도의 통신기술이나 교통시설이 발달하지 않았기 때문에 일정한 거리마다 역참을 두고 그곳에서 말을 갈아타며 급한 볼일을 보러 다니곤 했습니다. 이 때 역참에 갖추어 둔 말을 '역마'라고 하지요. 이 역마는 당연히 많은 곳을 다니게 마련입니다. 그리고 '살煞'은 사람이나 물건 등을 해치는 독한 기운을 일컫는 말입니다. 흔히 '살 맞았다'와 같이 쓰입니다. 따라서 '역마살'이라고 하면 천성적으로 역마처럼 이리저리 떠돌아다닐 팔자라는 뜻이지요. 사람은 본디 누구나 역마의 기질을 가지고 있지요. 하지만, 눌러 참고 견디는 정주에 들어서면서 길은 어느 순간 그리움의 공간이 되었습니다. 길 너머에는 또 다른 세상이 기다리고 있을 것 같은 거지요. 그 길을 따라 걷고 싶어지고, 어쩌면 걷다가 죽고 싶을 만큼 떠나고 싶을 때가 있지요. 그럴 즈음이면 하던 일을 내려놓고 문경으로 오세요. 마음 밑바닥에 잠겨 있던 역마의 터전으로 자신을 내던질 수 있습니다. 신을 벗고, 마음을 벗고 걸어보는 겁니다. 맨발이 주는 감촉이 온몸을 감쌉니다. 이슬비라도 내리는 날이면 더욱 좋겠지요. 삼라가 젖어들고 만상이 촉촉해질 테니까요.

문경새재는 조령산 마루를 넘는 고개이지요. 조령鳥嶺이란 말이 곧 새재를 말합니다. 고개란 산등성이의 봉우리 사이에 위치한 낮은 부분을 말합니다. 산을 넘는 사람들이 높은 곳으로 넘어갈 리가 없지요. 사람은 천성적으로 게으르지요. 일부러 힘든 것을 자청하지 않습니다. 가장 쉽고 편안한 길을 고집하지요. 마찬가지로 우리가 넘는 고개는 늘 이 두 가지 덕목을 가지고 있습니다. 쉽게 넘을 수 있고, 가장 낮은 곳으로 넘을 수 있어야 합니다. 문경새재도 마찬가지지요.

문경새재는 백두대간의 조령산 마루를 넘는 재지요. 한강과 낙동강유역을 잇는 영남 대로상의 재 중에서 가장 높고 험한 고개로 사회, 문화, 경제의 유통과 국방상의 요충지였습니다. 새재는 지명유래가 몇 가지 있습니다. 새도 날아서 넘기 힘든 고개라는 뜻으로 쓰이기도 하고, 옛 문헌에 초점草岾이라고도 하여 억새풀이 우거진 고개라는 지명유래도 있습니다. 그리고 또 하나는 하늘재와 이우리재 사이의 사이재가 새재로 변이되었다고 하는 유래와 새新로 된 고개의 새新재 등의 뜻이라고도 합니다.

문경새재는 조선 태종 14년, 1414년에 개통된 관도로 영남지방과 기호지방을 잇는 영남대로 중 가장 유명하며 조선시대 옛길을 대표하는 길입니다. 『세종실록지리지』에는 '초점草岾'으로, 『동국여지승람』에는 '조령鳥嶺'으로 기록된 길로 조선시대 영남대로에서 충청도와 경상도를 가로막는 백두대간을 넘는 주도로의 역할을 했습니다. 한강 유역과 낙동강 유역을 나누는 지역을 잇는 길이기도 했습니다.

길은 소통을 위하여 존재하고, 길은 행동하는 자의 흔적이기도 합니다. 문경새재가 다른 길보다 주목을 받은 이유는 편리성에 있었겠지만 과거를 보는 사람들에게는 또 다른 이유가 있었습니다. 이름에서 다가오는 반가움 같은 게지요. 문경聞慶이란 '경사스러운 소식을 듣는다'는 뜻이지요. 과거를 보는 사람들에게 경사란 과거급제였겠지요. 과거를 보는 사람들에게 다른 길을 선택하지 못하게 된 또 다른 이유는 다른 두 길이 있었지만, 그 이름이 모두 낙방과 연관됐기 때문입니다. 추풍령과 죽령이었습니다. 추풍령에선 추풍낙엽이란 말이 연상되고 죽령에서는 대나무처럼 쭉쭉 미끄러진다는 느낌이 들게 되어 두 곳을 피하고 문경새재를 넘었다고 합니다. 남아가 태어나 뜻을 세우고 세상에 펼치는 일의 첫 관문이 과거였습니다. 출세란 말도 세상으로 나아간다는 뜻이거든요. 모든 길은 과거를 통해서만이 도달할 수 있도록 되어 있었지요. 양반과 상민이 존재하던 시절에 양반이 아니고서는 큰소리 한 번 못 치고 조용히 숨죽이고 살아야 하니 백성의 관심은 과거시험에 목매달 수밖에 없었습니다. 3대에 걸쳐 과거에 급제하지 못하면 양반자리를 내놓아야 하는 양반 집안으로서는 가족의 운명이 달린 절실한 일이었습니다. 개인의 입신양명보다도 가문의 생존과 지속을 위해서 필요한 일이었거든요.

개인과 가문의 영광과 몰락이 달린 일생의 중요한 사건인 과거시험을 보러 가면서 추풍령이나 죽령을 택하지 않고 굳이 문경을 택하게 된 사연을 이해할 듯합니다. 좋은 소식을 듣는다는 문경은 지금도 좋은 길로 남아있습니다. 문경새재가 도로포장이 되지 않고 맨발로 걸어도 좋은 옛길을 그대로 간직하게 된 것은 박정희 전 대통령 덕분이었다고 합니다. 참 묘한 일이지요. 길은 넓히고 굽은 길은 직선화하는 데 적극적이었던 박정희 대통령이라니 더욱 그렇습니다. 젊은 박정희는 문경보통학교 교사로 3년 동안을 보냅니다. 첫 부임지였습니다. 의욕과 패기 그리고 순수함을 지닌 나이였고 그러니 문경에 대한 각별한 마음을 가지고 있었던 듯합니다. 문경을 방문한 박정희 전 대통령이 새재를 포장해달라는 지인들의 민원을 들어주지 않고 비포장 도로로 보존하도록 지시해서 팔자가 바뀐 길이라 했습니다. 박정희 전 대통

잘 다듬어진 길을 따라가다 보면 과거 길이란 표지가 보인다. 그 길을 따라가면 옛길이다.

령이 개발보다는 보존하는 게 좋겠다는 견해를 내놓고, 국민관광지 경북 제1호가 되게 하고 이어서 도립공원으로 지정하게 하여, 문경새재는 자연보호법과 문화재보호법을 적용받는 곳으로 묶였습니다. 박정희 전 대통령은 1976년 국무회의에서 강한 어조로 지시를 했답니다.

　이 고갯길은 절대 포장하지 말고 고즈넉한 옛길로 살리시오.

　그렇게 해서 문경새재는 나라 안에 제일가는 옛길로 자리매김하게 되었던 게지요. 세상은 예측할 수 없어서 미래에 대해 두렵기도 하지만 그 재미마저 없었다면 인생길은 지루해서 어떻게 갈 수 있었을까 싶습니다. 미래는 몰라야 긴장의 끈을 놓을 수 없거든요.
　문경새재는 걸어야 하는 길이고 맨발로 걸어야 길 맛을 알게 되는 길입니다. 밤에, 전라선을 타보지 않은 사람하고는 인생을 논하지 말라고 한 시인 안도현은 보름 밤에 문경새재를 걸어보지 않은 사람하고는 기행을, 풍류를 말하지 말라고 했습니다. 문경새재와 더불어 살고 있는 그가 추천하는 문경새재에 대한 기행입니다.

　낙엽이 떨어지는 늦가을 보름에 5시경 출발해 조곡관이나 조령관까지 갔다 돌아올 때쯤 되면 보름달이 뜨는데 이효석의 '메밀꽃 필 무렵'에 나오는 길을 기대해도 좋습니다. 달빛 쏟아지는 마사토 길은 환상 그 자체입니다.

　그렇습니다. 문경새재는 역사가 꿈을 꾸는 장소지요. 사람들이 꿈을 가지고 걷던 길입니다. 과거를 보러 가던 길, 일본으로 사신이 가던 길, 영남에서 한양으로 가는 가장 큰길이었습니다. 동래에서 한양까지 추풍령은 보름, 죽령은 열엿새, 새재 길은 열나흘 길이라고 했습니다. 어떤 분은 여러 가지

어려운 상황을 고려하면 한 달 길이라고도 했습니다. 이제는 걸을 수 있어 행복한 길입니다. "계곡을 끼고 새재로 기어오르는 에움길을 봉산 수숫대같이 키가 멀쩡한 불상놈 하나가 봉발을 하고 열고나게 기어오르고 있었다." 는 문장으로 도입부를 장식한 소설『객주』의 이야기는 문경새재에서 청송까지 이어져 있는 보부상들의 이야기가 길 위에서 벌어집니다. 문경새재 길은 조선의 역사를 끌어안고 이 땅에 몸을 의탁하고 사는 사람들의 일상사를 끌어안고 이어졌습니다. 길은 스스로 진화하지 않았습니다. 살아 움직이는 생명체들의 동적인 기록이었거든요. 길은 일부러 멀게 돌아가지도 않고 허세를 부리지도 않습니다. 길을 따라가다 느껴지는 것은 절묘한 조화의 산물이라는 것이지요. 왜 저렇게 휘어져 돌아갔을까 하고 그 길을 따라가 보면 가장 걷기에 편한 경사와 거리를 가진 것을 확인하게 됩니다. 길은 합리성을 기반으로 하고 있음을 보게 됩니다. 허세도 절제도 하지 않았거든요. 가장 많은 사람들이 선택한 길이 대로가 되고, 소수 사람의 마음의 특성에 따라 난 길이 샛길이나 좁은 길이 되지요. 그렇다면 문경새재는 가장 많은 사람들이 이용한 길입니다. 왜 문경새재를 사람들은 선택했을까 생각해 보았습니다. 길은 합리의 결과거든요. 바다를 이용하는 사람이 아니고서는 영남 사람이 한양으로 가는데 꼭 넘어야 하는 산이 있습니다. 백두대간이지요. 산은 물을 건너지 못하고, 물은 산을 넘지 못한다는 대전제가 지도의 보편적인 진리지요. 이 진리에 의하면 영남에서 한양으로 가는 길은 강을 통해서는 갈 수 없습니다. 강이 산을 넘을 수 없기 때문입니다. 헌데 우리의 지도를 보면 산맥표시와 함께 강이 표시된 것을 보게 됩니다. 강이 산을 넘는 것이지요. 말이 됩니까. 우습지요. 하지만, 우리가 배우는 교과서에 엄연히 그렇게 되어 있습니다. 무엇이 잘못되었냐고요. 우리의 교과서가 잘못된 것입니다. 자세한 내용을 알고 싶으면 『태백산맥은 없다』라는 책을 구입해 보세요. 한국 사람이라면 꼭 읽어야 할 책입니다. 우리 선조의 지혜가 깊고 넓

길 한 복판에 나무가 서 있다. 과거를 보러 가는 사람의 염원처럼 서 있다.

음을 보게 됩니다.

과거 길에 오른 사람들은 '기쁜 소식을 듣는다'는 뜻을 가진 문경새재를 택한다

우리의 역사교과서도 마찬가지입니다. 일본인들이 한국역사체계를 만들면서 식민지화된 한국에 대해 곱게 썼을 리가 없지요. 당연히 왜곡될 수밖에 없습니다. 문제는 일본이 아니라 한국에 있지요. 아직도 그 역사서를 가지고 교육을 하고 있다는 것입니다. 한국인이 만든 한국역사교과서가 필요한데 말입니다. 어떻게 그럴 수가 있냐고요. 이유는 간단합니다. 친일적인 역사서를 만든 사람들의 제자들이 지금도 한국 역사를 주무르고 있기 때문이지요. 다시 본론으로 돌아가야 합니다. 길의 원리는 가장 짧고 편해야 그곳으로 길이 납니다. 대로의 경우는 이 전제를 떠나서 생기기 어렵습니다. 문경새재 길도 마찬가지지요. 영남에서 한양으로 가는 길이 만들어지려면 백두대간의 어느 부분을 넘어야 합니다. 가장 가까운 곳을 선택했을 겁니다. 하지만, 산을 넘어야 합니다. 어느 곳으로 넘어가야 할까를 고민했겠지요. 높은 곳을 고집하지 않았을 겁니다. 당연히 낮은 곳을 선택할 것입니다. 산줄기 중에서 낮은 부분을 재라고 하거나 고개라고 하는 게지요. 한문으로 쓰면 령嶺이라고 하고요. 이렇게 선택된 길이 문경새재 길이 되었습니다. 조선시대부터 영남에서 한양으로 통하는 가장 큰 길이 되었고 영남과 한양을 잇는 길목이자, 군사적 요충지, 문물의 교류지 역할을 담당하게 되었습니다.

   이왕 이야기가 나온 김에 공부 좀 해 보시렵니까. 지루하지 않게 한번 말씀드려 볼게요.

   산행을 하다 보면 고개의 형태를 지닌 지형의 명칭이 고개니 령이니 치, 재 등이 붙여져 있음을 발견할 수 있습니다. 이들은 모두 언덕이나 산을 넘나들 수 있는 지형적 특성을 띠고 있는데 명칭은 다양하게 되어 있습니다.

우리말로 된 고개와 재가 있습니다. 그리고 령嶺, 치峙, 현峴…등 종류가 많습니다. 모두 산이나 언덕을 구분하는 단어인데 궁금하지 않습니까. 정확한 구분법이 전하지 않고 있어 확실하지는 않습니다. 어쩌면 혼용하여 사용했을 가능성도 있습니다. 이렇게 다양한 구분법이 있는 언어를 가진 나라는 드물 거라 생각됩니다. 고개를 사전에 찾아보면 '산이나 언덕을 넘어 다니게 된 비탈진 곳'으로 표현하고 있습니다. 재는 '넘어 다니도록 길이 나 있는 높은 산의 고개' 라는 뜻으로 고개와 함께 순 우리말입니다. 령嶺은 재, 산정의 고개 등을 한자어로 표현할 때 사용합니다.

우선 가장 친근감이 있는 고개를 살펴보지요. 정말 넘기 힘들었다는 보릿고개는 빼고요. 서울에서 구리로 넘어가는 망우리 고개. 하남에서 남한산성 방향으로 가는 은고개. 의정부로 넘어가는 축석고개. 진부에서 주문진으로 넘어가는 진고개. 이처럼 우리 주변에서 언덕을 넘나드는 지형을 고개라고 했습니다.

령. 치, 재, 파 등을 통칭하여 우리말로 고개라고 부른다. 재라는 명칭이 붙여진 곳으로는 문경에 있는 새재, 하늘재, 속리산 인근의 늘재, 밤티재, 남원에서 운봉을 갈 때 백두대간을 가로지르며 넘는 고개 등이 있다. 그 다음 령이라고 붙여진 곳을 찾아보면 참 많다. 추풍령, 대관령, 죽령, 한계령, 백봉령, 미시령, 진부령, 이화령이 있다. 정선에서 동해로 넘어갈 때 백두대간을 가로지른 고갯길로 언뜻 보아도 령이라는 명칭이 붙은 지형은 제법 규모가 크다. 령 앞의 명칭이 대부분 한자어로 구성이 되어 있다. '령'은 오래전부터 고개 중에서도 사람뿐만 아니라 우마차도 통행이 가능했거나 사람만 다니는 곳이라도 산줄기의 규모가 비교적 높고 클 때에 붙여져 있다.

통상 우리말로 된 지형 다음에는 '령'이 오지 않고 고개나 재가 붙는다. '령'은 대체로 큰 산줄기를 넘나드는 고개에 붙여졌다고 생각하면 된다. 물론 예외는 있

책무덤이다. 이곳에서 과거급제를 기원하면 소원이 이루어진다고 한다.

다. 남태령과 우이령은 작은 고개다. 한양이 규모가 크고 중요한 지역이라는 인식 때문에 붙여졌지 않았을까 싶다. 재는 령에 비해 규모가 좀 작은 편이지만 특별한 규모나 성격상의 분류는 없다. 그냥 통상적으로 고개의 형태를 지닌 곳을 재라고 부르면 큰 무리가 없다.

때로는 고갯길에 치峙라는 명칭이 붙여진 곳을 만난다. 서울과 가까운 곳으로는 경춘국도를 가다 마석 가기 전에 만나게 되는 마치. 마치고개라고도 하지만 마치라고 해야 된다. '치'에는 벌써 고개라는 의미를 가지고 있다. 양수리에서 덕소로 바로 넘어오는 고개로 먹치가 있다. 치는 고개의 형태가 대체로 험하거나 또는 높은 지형에 생긴 곳에 붙여졌다고 보면 된다. 미내치도 백두대간 산길을 가로지르는 고갯길이지만 사람만 겨우 다니는 정도이고 또 지형적으로 높고 험한 편이다. 치악산 비로봉에서 주능선을 따라 남대봉으로 가다 보면 곧은치, 남원에서 지리산의 뱀사골로 바로 가려면 정령치. 고갯길이 아주 높고 험한 지형에 있다.

지리산의 성삼재에서 만복대를 거쳐 내려가면 도착되는 고갯마루는 정령치고, 현액은 비교적 작은 규모다. 동네와 동네를 넘나드는 고갯길에 붙여져 있다.

너무한다고요. 그렇군요. 지루하셨군요. 그만하겠습니다. 이럴 때는 호호 호 웃어야 하는지 하하하 웃어야 하는지 모르겠습니다. 오늘을 공부하는 재미로 하루를 보내면, 내일 수다 떠는 데 한결 도움이 되는 걸 종종 느끼게 되거든요. 수다 대부분이 생활의 잔잔한 이야기지만 가끔은 선이 굵은 지식을 이야기하면 한결 기품이 있어 보이거든요.

문경새재 길은 조선 태종대에 큰길로 열렸지만 지금 국방의 요새로 관문을 설치한 것은 임진왜란을 거치고 나서였습니다. 소 잃고 외양간을 고친 격이었지요. 아쉽게도 한 번도 사용하지 못하고 우리에게 눈을 즐겁게 하는 용도로 남아있습니다. 3개의 관문이 있는데 볼만합니다. 주흘관, 조곡관, 조령관이지요. 문경새재는 조선시대 대표적인 관도였지요. 순서대로 제1관문 주흘관, 제2관문 조곡관, 제3관문 조령관으로 되어 있습니다. 3개의 관문과 원터 등 주요 관방시설과 정자와 주막 터, 서낭당과 각종 비석이 옛길을 따라 잘 남아 있습니다. '산불됴심'이라는 순 한글 글자의 표석도 있습니다. 한글을 연구한 분들에 의하면 영·정조대의 표석이라고 합니다.

경상도 선비들의 과거길로써 수많은 설화가 내려오고 있어 역사적, 민속적 가치가 많은 옛길입니다. 산과 골짜기의 시내와 어우러진 세 개의 관문은 지형적 특성에 맞게 의젓하게 보입니다. 제1관문인 주흘관에서 제3관문 조령관까지는 6.5km로 왕복 4시간 정도 걸립니다. 그럼 준비하시고 저하고 한 번 걸어보실래요. 우선 신발부터 벗고요. 양손에 한 짝씩 들고 걸어보는 겁니다. 비 오는 날 고무신 들고 걸어본 적이 있는 분은 맨발로 걷는 즐거움이 어떤가를 잘 아실 겁니다. 고무신에 물이 들어가면 물컹거려서 신발 안에서 발이 미끄러지지요. 꿀렁거리기도 하고요. 발의 감촉이 묘하거든요. 문경새재 길은 굵은 모래를 깔아 걷기에 아주 그만입니다. 봄바람 난 처녀처럼 걸어도 좋고 임 보러 가는 고운 맵시로 걸어도 좋습니다.

새재 길은 과거 길로 더 알려졌습니다. 걷다가 '과거보러 가는 길'이란 팻말이 나오면 무조건 그 길로 들어가세요. 길을 잃을까 걱정은 마시고요. 제가 늘 우기는 말 중에 길을 잃어야 천국을 만난다고 하는데 두려워 마세요. 남과 같은 길을 가다 보면 남과 같은 인생을 살겠지요. 내 인생이 남는 것이 없을지도 모르고요. 그렇다고 길을 잃지는 않으니 걱정하지 마세요. 과거 길로 가다 보면 다시 큰길과 연결되어 있습니다. 좁고 작은 길이 주는 기쁨이 여간 즐거운 게 아닙니다. 그 길에는 조선시대 사대부들이 문경새재 길과 과거 길에 대한 시를 지어놓은 것들을 비석으로 새겨 놓아 걷는 즐거움이 쏠쏠하거든요. 어떤 분은 '쏠쏠'이 아니라 '라라'하고 걸어도 무방합니다. 다만 '도도'하게 걷지는 마세요. 산에서는 마음을 내려놓아야 즐겁거든요. 길옆으로 시비가 곳곳에서 객을 기다리고 있습니다. 벼슬길이 하늘 오르는 일처럼 어려워서 죽기 아니면 살기였지요. 얼마나 어려웠나, 살펴볼까요.

조선시대 양반가의 남자들에게 피할 수 없는 운명이 있었으니 바로 과거시험 준비였습니다. 다섯 살 정도가 되면서부터 머나먼 고난의 길이 시작되었다면 과장일까요. 과거시험의 합격 여부가 한 가문의 운명을 좌우하니 삼대에 걸쳐 합격자가 없으면 평민으로 신분이 격하된다고 말씀드렸지요. 과거급제자가 안 나오면 가문에선 벼랑에 서게 된 기분이었지요. 당시에는 출세의 길이 오직 하나밖에 없었습니다. 벼슬길이었지요.

천자문으로 기초한자를 익히고 동몽선습으로 유학에 입문하고 사서삼경에 매달리길 대충 20여 년. 소과에 일단 응시하게 되는데 1차인 초시와 2차인 복시를 모두 합격해야 하고 사서삼경을 검증하여 한 번에 1,000명을 뽑는 생원시 통과자에겐 생원, 문장력을 검증하여 100명을 뽑는 진사시 통과자에겐 진사라는 호칭이 주어집니다. 이 정도만 돼도 향리에서는 어느 정도

큰소리치고 살며 양반신분이 유지되지만, 관직에 출사는 할 수 없으니 결국 대과에 응시해야 합니다.

대과는 1,2,3차 시험으로 나뉘는데 1차는 경학이라는 면접시험이니 시험관의 질문에 수험생이 답을 하여 240명을 뽑습니다. 2차는 문장시험으로 주어진 과제에 대한 각자의 시문으로 33명의 합격자를 뽑게 되

새재 정상에 있는 제 3관문. 새도 넘기 힘든 고개라고 했는데 실제로는 다정하고 다감한 길이다.

고 마지막 3차는 책문으로 33명의 등수를 정하게 됩니다. 조선의 인재는 모두 이 시험으로 등수를 받는 격이었지요. 장원 급제자는 종6품에, 아원은 종7품, 종8품에, 나머지는 종9품에 제수됩니다. 가문의 영광이며 개인에게는 일생일대의 사건이지요. 그럼 종9품에서 종6품까지 정상적인 진급기간이 보통 7년 정도 걸리므로 피 말리는 경쟁이 되지 않을 수가 없었습니다. 그러니 기원을 할 수 있다면 마다할 수가 없었을 것입니다. 마음에 기원할 일이 있으면 살며시 기도를 할 수 있는 곳이 있었습니다. 문경새재 길을 올라가다 보면 책바위라는 곳이 있지요. 저는 우연히 비를 만나 정자로 피했는데 그곳에 함께 피해 있던 분들이 책바위에 기도하러 오셨던 분들이었습니다. 책바위가 고시생이나 입시생들에게는 직방인 기도터라고 하더군요. 그분들에게 밥도 얻어먹고 술도 덤으로 얻어먹었지요. 출출하던 차에 얼마나 고맙던지요. 과거 길로 가는 사람들에게는 꼭 들러야 하는 장소이기도 했습니다. 책바위에 대한 전설 한번 들어 보시렵니까.

옛날 옛적 인근에 살던 어느 부자가 자식이 없어 걱정하던 중 하늘에 치성을 드

려 귀한 아들을 얻었답니다. 자라면서 몸이 허약하여 아무 일도 공부도 할 수 없었습니다. 병약한 몸을 고치려 이리저리 수소문 끝에 용하다는 어느 도사를 만났습니다. 도사에게 물으니, 비방을 내어 주었습니다. "당신 집터를 둘러싼 돌담이 아들의 기운을 누르고 있으니 아들이 직접 담을 헐어 그 돌을 문경새재 책바위 뒤에 쌓아 놓고 지극정성 기도를 올린다면 좋은 일이 있을 것이오." 이렇게 말씀하셨습니다. 아들은 돌담을 헐고 그 돌을 책바위까지 날라 춘하추동 지극정성 돌탑 쌓기를 무려 삼 년. 그동안에 허약하던 몸이 어느새 튼튼해졌고, 잔병치레도 씻은 듯이 사라졌습니다. 자연 공부도 열심히 하게 되었습니다. 결과는 장원급제, 그것이었습니다.

훗날 이곳 새재 길을 넘나들던 과거 객들이 책바위 앞에서 소원을 빌며 돌 하나씩을 올리니 이들도 모두 과거급제를 하였다고 합니다. 기도를 하지 않더라도 책바위 위에 얹힌 부처상인지 보살상인지 아니면 민간신앙의 표시인지 모르는 석상이 있습니다. 귀엽기도 하고 신성스럽기도 하니 한번 들러 보시기를 바랍니다.

문경새재에는 신을 벗는 맨발이어도 좋지만 마음의 옷을 벗은 마음의 맨발로 걸을 수 있습니다. 문경에 오면 웃음도 애완동물처럼 따라붙는다니까요. 웃음을 데리고 다니시면 세상이 저절로 좋아지고요. 즐겁게 산다고 욕할 사람 없습니다. 세금 더 내라고도 하지 않고요.

다산초당에서 백련사 가는 길

유학자 정약용과 승려 혜장선사가 차로 만나고 인생으로 만나 노래한 땅, 강진

　다산초당과 백련사 사이에는 길이 하나 나 있습니다. 조용히 걷다 보면 정적이 찾아와 그리운 사람을 생각하게 합니다. 길지 않은 길이지만 자박자박 밟히는 것이 풀이 아니라 정적이었습니다. 정적이 먼저 찾아와 있었습니다. 이 길은 유교와 불교가 만나는 길이었고, 차茶를 좋아하는 사람들의 교우가 이루어진 길이기도 했습니다. 다산 정약용과 혜장선사의 만남이 이 길을 통해 이루어지고 무르익어 가고 또한 저물어 갔습니다. 나이가 열 살이나 차이가 났음에도 벗이 되었고 격을 허문 통 큰 교류가 이루어지던 길입니다.
　강진에 가 정약용의 유배지인 다산초당에 들르게 되면 백련사로 넘어가는 이 길을 걸어보세요. 백련사에서는 혜장선사가 기다리고 있을 것입니다. 두 곳은 분위기가 다릅니다. 다산초당에는 그늘이 지고 경사가 급해 평화로움보다는 음습함과 마음의 다급함도 느껴집니다. 넉넉한 마음이지는 않습니다. 유배지에서 아늑함을 느끼기는 쉽지 않겠지요. 하지만 백련사로 가는 길을 따라가다 보면 마음 안에 도레미송이 일어나지요. '라'까지 올라가도 무방하지요. 가는 길에서 정적과 함께 주저앉아 나만의 시간을 가져도 좋습니다. 정적이 들려주는 이야기를 들을 수 있거든요. 그러다 다시 걸으면 되는 게지요. 백련사에 도착하는 순간 다산초당과는 반대의 느낌이 주위를 감쌉니다. 폐쇄공간에서 개방공간으로 나온 듯합니다. 백련사의 경관은 가슴을

해남 윤씨 일가가 산기슭에 작은 집을 지어준 후에야 다산은 객방 신세를 면했습니다. 다산초당이다. 다산은 이 초당에 들어 "이제야 생각할 겨를을 얻었다"며 기뻐했다.

넉넉하게 해주고 그곳에 앉아 있으면 길도 잠시 쉬어가라고 권하는 느낌이 들거든요. 바다로 시야가 열립니다.

봄에 동백이 유명한 절이지만 7월부터 피어나는 배롱나무는 한 폭의 그림 같지요. 절은 절제와 가다듬은 얼굴로 자리하고 있습니다. 바다가 바라보이는 곳에 앉아 배롱나무 축제를 즐길 만합니다. 한 번 피면 100일을 간다고 해서 백일홍이라고도 하지요. 한 나무에서 꽃이 지고 피는 그 100일이 지루하지 않게 이쁘지요. 특히 백련사의 배롱나무는 운치 있고 기품이 있지요. 간지럼 나무로 알려졌기도 하고요. 나무를 손으로 간질이면 나무가 파르르 떤다니까요. 궁금하면 직접 해보세요.

백련사는 혜장선사가 주지로 있었고, 다산초당엔 다산이 있었습니다. 두 사람 간의 교류는 역사를 가질 만큼 의미 있는 일이었습니다.

> 내가 능히 다산에 돌아가지 못하니 죽은 것과 같구나.

　위에 적은 말은 다산이 유배지인 강진에서 풀려나 자신의 거처인 두물머리에 있을 때 한 말입니다. 유배지를 그리워하다니요. 정말 우스운 일이지요. 한 사람의 생애 중에서 고난이 한 사람을 크게 만드는 것일 수 있음을 보게 됩니다. 유배지는 정치적인 죽음의 장소입니다. 그러한 다산이 유배지인 강진을 그리워하게 된 속내에는 혜장선사가 있었습니다. 한 사람에 대한 추억이 남아서였습니다. 혜장선사의 죽음을 안타까워한 추억이 그것입니다.
　유배는 왕조시대에는 패배의 상징 같은 것입니다. 적대적인 붕당 무리의 사주에 의해 언제 사약이 내려와 죽임을 당하게 될지 모르는 위급한 상황에 부닥쳐 있는 곳이 유배지입니다. 실제로 다산의 바로 손위 형도 죽임을 당했고 큰형은 흑산도로 귀양을 갔습니다. 집안은 한 마디로 풍비박산이 난 것입니다. 다산이 처음 강진에 내려갔을 때에는 강진사람들이 다산을 피했습니다. 다산을 가까이 했다가는 그 화가 자신에게 미칠지 모르는 일이기 때문이지요. 다산에게 말을 거는 것조차 조심스러운 상황이라서 다산은 말벗 하나 없이 지냈습니다. 그나마 그를 반겨준 사람은 주막집의 할머니였다고 합니다. 주막 할머니의 배려로 귀양지의 쪽방에서 살아야 했지만, 다산은 외로움을 버거워하지 않았습니다. 방에 들어가면 문을 닫고 밤낮으로 혼자 외롭게 살았습니다. 누구 하나 말 걸어주는 사람이 없었습니다. 하지만 다산은 큰마음이었습니다. 그리고 하나를 얻었다고 했습니다.

> 나는 이제 겨를을 얻었구나.

이 '겨를'이 조선의 역사뿐만 아니라 지금까지도 세상을 밝혀줄 큰사람을 얻게 되는 계기가 되었습니다. 겨를이란 어떤 일을 하다가 생각을 다른 데로 잠시 돌릴 수 있는 시간적인 여유, 즉 틈을 이야기하지요. 그 틈에 혜장선사가 있었습니다. 다산은 혜장선사에게, 혜장선사는 다산에게 산이 되는 존재였습니다. 정신의 고양과 상승을 할 수 있는 만남이었습니다. 결국 다산 정약용은 위대한 일을 그 유배지인 강진에서 해냈습니다. 다산이 귀양을 가지 않았다면 참으로 귀한 다산의 정신을 우리는 접할 수 없었을 것입니다.

인생에서 고난과 역경을 두려워하지만, 그 고난과 역경이 없다면 사는 이유도 없을지 모릅니다. 인생을 편하고 안락하게만 살다가 가면 무슨 사는 재미가 있겠습니까. 성취도 없고 목적도 없는 삶이 가치가 있을까요. 저는 아니라고 생각합니다. 고난 자체를 즐기라는 것이 아닙니다. 목표를 향해 가는 데 고난이 따른다는 것이지요. 그것을 넘어야만 성취가 있으니 견뎌야지요. 하지만 고난이 겹치면 감당하기 힘이 듭니다. 다산에게는 참으로 많은 아픔이 있었습니다. 사랑하는 사람을 이 세상에서 다시 못 보게 되는 사별은 슬프지요. 다산은 생전에 여러 번의 사별을 겪습니다. 아홉 살 때에 낳아주신 어머니와의 사별을 시작으로, 아버지를 여의고 바로 손위 형인 정약종이 죽음을 당하는 것을 보아야 했습니다. 많은 자식들과도 사별했습니다. 아홉 자녀 중에 여섯이 죽어서 2남 1녀만 살아남았으니 얼마나 기가 찰 노릇입니까. 강진으로 귀양 온 다음 해인 1802년에는 네 살인 막내아들 농아가 죽었고, 1807년에는 흑산도에 귀양 중인 형 정약전의 아들 학초가 죽었습니다.

형제가 함께 유배를 떠나는 광경을 상상해 보셨나요. 다산이 그랬습니다. 셋째 형 약종이 참수를 당하는 처참한 상황 속에서 정약용과 정약전 두 형제는 남도땅으로 유배를 가게 됩니다. 유배 길에 오른 정약용과 정약전 형제는 나주 율정점에서 헤어지게 됩니다. 흐르는 눈물이 앞을 가렸지만, 고난의 길을 가야 하는 처지였습니다. 헤어져 각자 가는 길이 귀양지였으니 무슨 말이 필요했겠습니까. 바라보고 눈물만 흘렸습니다. 두 사내의 눈물은 진했지요. 사는 일이 이리도 허망하고 힘이 들다니. 서로 건강이나 바랬겠지요. 형을 흑산도로 보내고 다산은 다시 강진으로 향합니다. 월출산 누리령에 이르러서는 월출산을 일부러 외면했다고 합니다. 돌로 이루어진 산봉우리가 한양의 도봉산과 너무 닮아서였습니다.

樓犁嶺上石漸漸 누리령의 산봉우리 바위가 우뚝우뚝
長得行人淚灑沾 나그네 뿌린 눈물로 언제나 젖어 있네
莫向月南瞻月出 월남으로 고개 돌려 월출산을 보지 말게
峯峯都似道峯尖 봉우리 봉우리마다 어쩌면 그리도 도봉산 같아

긴 한숨이 나왔습니다. 여기서 도봉산은 한양을 지칭하는 상징적 의미로서 자신의 정치적인 소신을 세상에 펼치던 곳이었지요. 헌데 지금은 귀양을 가는 길입니다. 자꾸 한양의 일들이 떠오릅니다. 자신이 가던 길을 세상이 아니라며 귀양을 보냈습니다. 다산의 유배지는 강진이었으니 더 걸어야 했습니다. 셋째 형은 죽음을 당하고, 둘째 형 정약전과는 조금 전 나주에서 다른 유배지를 향하여 떠나는 것을 배웅하고 자신은 강진으로 가는 마음이 어떠하였을까요.

그런 다산이 귀양지를 그리워하고 있습니다. 삶이란 해석이 불가한 것이지요. 난해한 삶을 어떻게 풀어야 하는지는 누구도 모릅니다. 생은 내내 현장성에 기반하고 있어 잠시도 쉬거나 피할 수 없습니다. 오늘 일어날 일을 모르고 살아가는 것이 삶이었습니다. 배우가 무대에 올라가 있을 때의 긴장과 다르지 않습니다. 언제 불행이 닥쳐올지도 모르고 언제 행운이 벼락처럼 덮칠지도 모릅니다. 미래가 두려운 것은 예측할 수 없는 거친 변화가 기습을 노리고 있기 때문입니다. 더구나 유배지에서야 말해 무엇 하겠습니까. 그런 상황을 견디게

해준 것 중 하나가 한 승려와의 만남이었습니다. 그 승려가 혜장선사였지요.
　유교의 다산 정약용과 불교의 혜장선사의 만남은 어찌 보면 영 어울리지 않는 모양새지요. 혜장선사는 파격적인 승려였습니다. 술을 즐겼고 차에 대해 깊은 소양을 가지고 있었습니다. 그릇이 큰 파격의 소유자였나 봅니다.

부처의 바다와 공자의 바다가 만나 때론 격돌하고 때론 화합하며 나눈 차

　강진 유배지에서는 다산에게 잠자리를 제공할 사람이 아무도 없어, 동문 밖 한 주막집 노파가 그에게 뒷방 한 칸을 주어 기거할 수 있었습니다. 그로부터 5년이 되는 해 1805년 봄이었지요. 바깥출입이 상당히 자유로워져서 다산은 한 노인과 함께 경치 구경을 하면서 백련사를 들르게 됩니다. 거기에는 30세의 젊은 나이에 대흥사 제12대 대강사를 지낸 34살의 혜장선사가 주지로 있었습니다. 다산보다 10살 아래인 그는 다산을 알아보지 못하고 한나절 대화를 나누었지요. 거목들의 첫 만남이었습니다. 대흥사의 강사는 문중의 뛰어난 선승이 맡는 자리였습니다. 도의 정도가 높아야 가능한 자리입니다. 그리고 다산은 유학의 정수를 꿰차고 있는 득의양양한 사람이었고요. 다산은 같이 동행한 노인과 함께 한 암자에서 하룻밤을 자려고 길을 나서는데, 이상한 낌새를 느낀 혜장이 다산을 알아보았습니다. 고수는 고수의 눈빛만 보아도 안다고 하는데 몇 마디 이야기까지 나누었으니 서로의 존재를 확인할 수 있었겠지요. 혜장은 다산에게 자기 거처에서 함께 묵을 것을 권합니다. 그날 밤 다산과 혜장은 주역을 논했는데 혜장은 다산 앞에서 자기의 실력을 마음껏 발휘하다가 다산의 '곤초육수坤初六數'에 대한 날카로운 질문에 답을 하지 못하고 맙니다. 다산이 선승인 혜장에게 주역을 물을 만큼 혜장은 불교뿐만이 아니라 주역에까지 깊은 학식을 가진 사람이었습니다. 비긴 셈이었지요. 다산은 몰라서 물었고 혜장은 답을 못했으니 그렇습니다. 그 뒤로 혜장선사는 다산 정약용을 극진히 모시면서 정성을 다합니다. 처음 사귐에 있어 10살의 연배는 적지 않은 거리였습니다. 그해 겨울에 다산이 백련사의 암자인 보은산방으로 거처를 옮기게 됩니다. 혜장선사가 거처가 마땅치 않은 다산을 위해 배려한 것이었습니다. 강진읍 북산 우두봉의 고성암에 있는 보은방 생활은 3년 동안 이어집니다. 다산의 주막생활은 5년이었고요. 다산 정약용과 혜장선사는 이곳 보은산방에서 주역에 대하여 자주 논하게 되었고, 불교에 대해서 논했습니다. 시를 쓰면서 둘 사이의 정은 더욱 깊어만 갔습니다. 다산과 혜장은 역학과 주자학에 대해 서로 이야기를 주고받기도 하고 불경을 논하기도 하고 차를 마시면서 차에 대한 예찬론을 펴기도 했습니다.

두 걸출한 인물을 연결해 준 것이 하나 더 있었습니다. 차茶였지요. 혜장은 이미 차에 대한 고수였고, 다산도 차를 즐길 줄 아는 사람이었습니다. 다산은 이곳 강진 유배생활 전부터 차에 심취해 있었다고 합니다. 20세 때 좋은 샘물에 차를 끓여 맛을 시험할 정도였고

차꽃. 다산과 혜장선사가 만나 우정이 깊어지게 한 중간역할을 했다. 불교와 유학이 만나는 길에 차가 있었다.

유배 후 차가 생산되지 않는 고향 두물머리에 돌아가서도 차를 계속했습니다. 차에 관한 그의 저서로는 『동다기』, 『다암시첩』, 『다신계절목』 등이 있습니다. 차와 관련한 시도 「걸명소」 등 47편이나 됩니다. 호를 다산이라 한 그 마음의 결을 이해할 수 있습니다.

다산의 차에 대한 인연과 높은 경지는 혜장과 다산에서 초의선사에게까지 이어집니다. 그것은 혜장에 의해서였습니다. 혜장은 마흔이라는 이른 나이에 죽었습니다. 혜장은 죽기 전 동승티를 갓 벗어난 준수한 젊은 스님을 데리고 나타납니다. 혜장은 이 젊은 스님을 다산에게 소개해 주었습니다. 혜장

다산기념관에서 다산초당으로 가는 길이 아주 곱게 조성되었다. 소나기를 맞고 걷는데 그 느낌이 일품이었던 기억이 난다.

은 다산에게 "선생님, 제가 없더라도 초의를 사랑해 주십시오."라면서 초의 선사를 소개합니다. 그때 이미 혜장은 죽음을 예견했는지도 모릅니다. 그리고 혜장은 세상을 버렸습니다. 다산의 상심은 컸습니다. 다산이 교분을 나눌 당시의 시에서 보면 그를 어떻게 바라보고 있었나를 알 수 있습니다.

굳은 의지에 어질고 호탕한 사람
이따금 표연히 산속을 나간다네.
눈 녹은 비탈길 미끄러운데
모랫가의 들집은 깊이 잠겼네.
얼굴에는 산중의 즐거움이 가득하고
변하는 세월에도 몸은 편하다네.
말세의 인심 대부분 비루하고 야박한데
요즘에도 그런 진솔한 사람 있다네.

절과 상사화가 만나 또 다른 풍경을 만들어낸다. 상사는 세상의 안과 밖이 따로 없다.

다산이 지은 「혜장이 찾아오다」라는 시지요. 다산과 혜장의 교분기간은 6년하고 1개월이었습니다. 유교와 불교의 만남, 깊고 넓은 학문을 논하고 서로 다른 세계를 이해하는 자리가 되었습니다. 다름을 받아들이는 자리였으며, 학문을 논하느라 밤이 새고 차가 식는 줄을 모르기도 했습니다. 혜장은 다산을 만난 후 주역과 논어와 성리학을 더욱 좋아하게 되었고, 불경은 수능엄경과 대승신기론을 좋아하게 됩니다. 염불이나 기도를 하지 않아 다른 승려들의 미움을 받기도 했습니다. 하지만 굽히지 않는 성격의 혜장이었습니다. 한 번은 다산이 혜장에게 "그대는 너무 고집이 세니 어린아이처럼 유순할 수 없겠나."라고 충고하자 혜장은 스스로를 아암兒菴이라고 불러 다산의 뜻을 따를 정도로 서로 주고받는 바가 컸습니다.

불법에는 의욕을 잃고 시나 쓰고 주역, 논어를 논하다가 술에 잔뜩 취하여 세월을 보낸 아암 혜장선사가 1811년 가을, 병이 들어 죽고 맙니다. 다산은 아암 혜장선사를 잃은 슬픔이 하도 커서 입적한 날, 이렇게 만시輓詩를 쓰고 있습니다.

　　이름은 중僧, 행동은 선비라 세상이 모두 놀라거니
　　슬프다, 화엄의 옛 맹주여.
　　논어 책 자주 읽었고
　　구가의 주역 상세히 연구했네.
　　찢긴 가사 처량히 바람에 날려가고
　　남은 재, 비에 씻겨 흩어져 버리네.
　　장막 아래 몇몇 사미승
　　선생이라 부르며 통곡하네.

　　푸른 산 붉은 나무 싸늘한 가을

희미한 낙조 곁에 까마귀 몇 마리
가련타 떡갈나무 숯 오골을 녹였는데
종이돈 몇 닢으로 저승길 편히 가겠는가.
관어각 위에 책이 천 권이요
말 기르는 상방에는 술이 백 병이네
지기知己는 일생에 오직 두 늙은이
다시는 우화도 그릴 사람 없겠네.

여기서 오골傲骨이란 오만방자한 병통이 있다는 뜻입니다. 혜장의 특별함을 이렇게 표현한 게지요. 그리고 다산이 얼마나 혜장을 바라보는 눈이 각별했는가를 가늠할 수 있는 부분이 있습니다. "관어각 위에 책이 천 권이요 / 말 기르는 상방에는 술이 백 병이네 / 지기知己는 일생에 오직 두 늙은이 / 다시는 우화도 그릴 사람 없겠네."라고 읊고 있습니다. 두 늙은이는 다산 자신과 혜장선사를 빗댄 말이지요. 나이는 10살이 어려도 동격으로 받아들이고 친구처럼 스승처럼 서로를 생각하고 대했음을 볼 수 있는 대목입니다. '이름은 중이나 행동은 선비'였던 혜장은 갔습니다. 이 만시의 표현대로 혜장선사를 잃은 다산의 슬픔은 매우 컸습니다. 혜장을 잃은 슬픔을 둘째 형 정약전에게 보낸 편지에도 적고 있습니다.

대둔사에 어떤 승려가 있었는데 나이 마흔에 죽었습니다. 이름은 혜장, 호는 연파, 별호는 아암, 자는 무진이라 하는데 본래 해남의 미천한 집안의 사람이었습니다. … 그는 불법을 독실하게 믿으면서도 주역의 원리를 들을 때부터는 몸을 그르쳤음을 스스로 후회하여 실의한 듯 즐거워하지 않다가 6, 7년 만에 술병으로 배가 불러 죽었습니다.

혜장은 자신의 죽음을 이미 알고 있었습니다. 그리고 자신이 술을 가까이 해 망가진 몸으로 세상을 더 살 수 없음에 한탄에 가까운 글을 다산에게 보냅니다. "광폭한 노래들이 근심 속에서만 불려지니 / 술만 취하면 맑은 눈물이 흐르네." 안타깝지만 천재는 그렇게 갔습니다. 불교와 유학을 한손에 거머쥐려 한 혜장은 그렇게 갔습니다. 혜장은 죽을 무렵에 여러 번 혼잣말로 무단히, 무단히, 라고 했답니다. 무단히는 방언으로 '부질없이'란 뜻입니다. 삶이 부질없고 아무것도 아니라는 자조적인 발언이었을 것입니다. 학문이 깊어도 허무는 찾아오고, 깨달음으로 들어간 길이 열려도 부질없는 것이 인생인지도 모릅니다. 다산은 궁벽함을 글을 쓰는 재미로 살아가고 혜장은 부질없음을 술로 살아갔지만, 그 둘은 통하는 바가 컸습니다. 부처의 바다와 공자의 바다가 만나 때론 격돌하고 때론 화합하며 나눈 차가 있었기 때문입니다. 부처와 공자가 만난 다산초당과 백련사를 잇는 산길은 지금도 여전합니다. 두 사람은 갔어도 세상은 여전합니다. 사람은 왔다가 가고 세월은 흐르기만 하지만 강산은 늘 새로우나 같은 모습으로 거기에 있습니다. 한 사람을 그리워하는 일이 얼마나 아름다운 일입니까. 다산이 강진 유배생활을 하는 18년 동안 6년의 만남. 다산의 인생에 향기였고 산이기도 했습니다. 유학자의 눈에 술을 마시는 중을 만나 욕을 할 것이 뻔한 이치임에도 다산은 혜장을 이렇게 노래했습니다.

빛나던 스님
아침에 피고는 저녁에 시들었네.
훨훨 날던 금시조
앉자마자 날아가 버렸네.

슬프다. 이 분의 아담하고 깨끗함이여,

글로는 표현해서 전해 줄 길이 없어라.
그대와 함께 연구해 나간다면
오묘한 진리, 깊은 이치도 열어젖힐 수 있었으리.

고요한 밤에 낚싯대를 거두어 들면
달빛만 뱃전에 가득해라.
얼마 남지 않은 나의 세월에서 그대 입 다무니
산속 숲마저도 적막하기만 하다오.

이름까지 나이 먹은 어린애인데
하늘이 수명만은 인색했네.
이름은 중이지만 행실은 유학자이니
그래서 군자들이 더욱 애달파하네.

"그대와 함께 연구해 나간다면 오묘한 진리, 깊은 이치도 열어젖힐 수 있었으리."라고 말입니다. 그리고 "얼마 남지 않은 나의 세월에서 그대 입 다무니 산속 숲마저도 적막하기만 하다오."라고 말입니다. 다산이 혜장을 얼마나 흠모했고, 그리워하고 있는지를 볼 수 있는 글입니다.

혜장선사는 추사 김정희의 스승인 옹방강이 '해동의 두보'라고 칭송할 만큼 뛰어난 스님이었고, 불가의 학승이면서도 유교의 경전에 관심이 깊었던 사람입니다. 그림에도 능해 지금까지도 그 맥이 이어지고 있는 다재다능한 사람이었습니다. 또한 다산은 혜장이 소개해준 초의선사에게 이런 평을 받았습니다. "이제까지 현인군자를 두루 찾아보았으나 모두 비린내 풍기는 어물전에 불과했다. 다산은 하늘이 나를 맹자 어머니 곁에 있게 했다."고. 무려 500여 권이라는 책을 저술한 다산. 하도 오래 앉아있어 엉덩이가 짓무르고 제자들이 대주는 한지가 부족해 글을 못 쓸 때도 있었다는 위대한 스승. 다산과 함께 세상을 논하고 아파했던 두 사람의 교류는 이처럼 높고 꿈결 같기만 했습니다. 그 길에서는 눈물이 날만큼 안타까움도 있고 고담준론을 열어가는 길이기도 했습니다. 이 길은 적막을 옆에 두고 한참 앉았다 가시면 더욱 좋습니다. 길

백련사 대웅보전. 만덕산의 품에 안겨 바다를 흠모하는 백련사는 절기마다 꽃의 천국을 연다. 동백꽃, 차꽃, 나무 백일홍, 상사화가 잔치를 연다.

수원화성 길

정조의 꿈과 야망, 그리고 백성들이 자원해서 쌓은 성

수원화성에 가면 종을 쳐보세요. 특별한 경험을 하게 될 겁니다. 세상을 열어가는 소리를 들을 수 있습니다. 수원화성에서 가장 높은 곳인 서장대 옆에 범종을 달아놨습니다. 한국 종의 참맛을 알 수 있는 계기가 될 수 있습니다. 한국 종은 기다림을 알아야 종소리의 맛을 제대로 느낄 수 있습니다. 한국 종은 앞선 종소리가 멀리 나갔다가 다시 돌아올 때까지 기다려야 다음 종소리가 맛을 알고 따라갑니다. 기다림이 깨우쳐주는 맛이 그윽합니다. 울림이 서양 종과는 다릅니다. 서양 종은 맑고 경쾌하지만 우리의 종은 웅장하고 깊은 맛이 납니다. 우주를 흔드는 기분이지요. 넓고 깊게 울려 퍼져가는 소리가 감동을 불러옵니다. 한국 종은 특별하게 종 밑에 항아리를 묻거나 빈 공간을 만들어놓아 종을 울린 파장이 큰 허공과 함께 울지요. 빈 허공이 소리를 받아주며 함께 울어주므로 소리가 웅장하고 울림이 유장합니다. 그 공명의 파장이 대단합니다. 한국의 종소리를 들어본 어느 외국인은 한국은 종 하나만을 가지고도 동양의 깊이를 다 가지고 있다고 말하고 있습니다. 한국 종만이 가진 특징은 다른 나라의 종에서는 볼 수 없는 소리통이 있다는 것입니다. 그 소리통이 가진 특별함이 소리를 깊게 합니다.

한국미의 특징은 한국의 범종에서 느껴지는 것과 유사합니다. 서양의 종이 맑은 쇳소리가 나는데 비해 한국의 범종은 세상을 흔들어 깨우는 듯한 강한 떨림과 울림이 있습니다. 앞서 말한 대로 우주가 움직이는 듯한 착각을 하게 합니다. 수원화성이 바로 그러한 한 부분을 가졌습니다. 국가적인 사업이 자칫 집권자와 그 동족 무리를 위한 잔치로 끝나 백성은 그 뒤치다꺼리만을 담당하는 경우가 많아서 백성 원망의 산실이 되곤 하지만 수원화성은 백성사랑의 축성이었습니다. 전례가 드문 일이었지요. 동아시아에서는 드문 평산성이면서도 자연적인 상황을 받아들여 일부는 평성을, 일부는 산성의 양식으로 만들어졌습니다. 종이 설치되어 있는 부분은 그대로 산을 이용해 성곽을 쌓았습니다.

수원화성은 과학이 미학을 만나 악수라도 한 성 같다.

  수원화성은 국방과 궁궐을 방어하는 시설이면서도 미학을 요리조리 들여놓은 이색적인 성입니다. 구석구석 과학적인 기법을 개발해서 방어적인 성으로서는 드물게 작지만, 완벽에 가까운 짜임새를 가지고 있습니다. 수원화성은 정조의 마음으로 계획된 궁성이자 도시였습니다. 수원화성 하면 정조를 빼놓고는 이야기가 되지 않을 정도로 정조의 의욕과 당쟁과 가족사가 얽힌 결과물이었습니다.

수원화성은 군사적 방어기능과 상업적 기능을 함께 보유하고 있으며 실용적인 구조로 되어 있어 동양 성곽의 백미로 평가받고 있습니다. 출발의 동기는 아버지 사도세자가 비운으로 돌아가신 것에서 출발하지만, 당쟁 속에서 정조의 입지가 약화하자 왕권을 강화하고 권력을 분산시키고자 수원화성을 계획하게 됩니다. 정조는 즉위하자마자 선언합니다.

나는 사도세자의 아들이다.

너무나 당연한 것을 엄하고도 중량이 실린 목소리로 선언합니다. 자신의 아버지를 아버지라 할 수 없었던 상황에서 정조는 만천하에 자신의 아버지가 사도세자라고 선언한 것입니다. 이는 권력을 쥐고 있던 권력과의 한바탕 전쟁을 선포한 것이나 마찬가지입니다. 아버지를 죽인 세력이 지금 권력의 기반을 틀어쥔 세력이었으니 그렇습니다. 다시 말하면 일종의 선전포고인 셈이었습니다. 아버지를 죽인 자들과는 거리를 두거나 절연하겠다는 의지의 천명이기도 했습니다. 전운이 감도는 전선을 이루며 개혁을 부르짖는 정조. 정조는 사도세자를 죽음으로 몬 세력에게는 두려운 존재였습니다. 정조는 그들이 힘을 가지고 있던 정치기반인 한양을 떠나 독립되고 한층 강화된 권력을 생산할 수 있는 수원화성의 축조가 필요했습니다. 탕평책과 규장각을 설치하여 새로운 인물을 대거 기용하며 개혁세력과 지지세력을 만들어 정국을 돌파하고 그의 아버지 사도세자를 장조로 추대하여 융릉으로 모시고 수시로 수원을 오갑니다. 이는 과시이기도 했고 인심을 얻고 효를 강조하는 효과도 가질 수 있었습니다.

정조는 정약용 등을 기용하여 가장 과학적인 방법으로 화성을 쌓게 하고 친위부대를 조성하여 만일의 사태에 대비합니다. 정조는 또한 조선 후기에 문예부흥을 이뤄낸 보기 드문 개혁주의자면서 백성에게는 성군이었습니다.

수원화성은 정조 아버지의 능이 있는 곳이기도 했고, 정조가 권력을 만드는 장소로서의 기능을 할 수 있는 곳이었습니다. 정조는 드디어 수원화성을 축조할 것을 결심하고 명을 내립니다. 축성작업이 시작되자 예상하지 못한 일이 벌어집니다. 성곽을 축조하는 일에 백성이 자원해서 몰려온 것입니다.

세상에 어느 나라에서 성곽을 쌓는 일에 백성이 자원해서 참여하는 유래가 있었던 적이 있을까요. 어떻게 하면 부역에서 빠질 수 있을까를 고민하던 시대에 어떻게 해서 이러한 일이 벌어졌는지 신기하기만 합니다. 부역에 끌려가면 죽지 않으면 병신이 되거나 병이 들어 돌아가는 것이 흔하던 시대에 일을 하겠다고 오는 사람을 오히려 달래서 돌려보내는 일이 힘들었다고 하니 언뜻 이해가 되지 않습니다. 정조는 백성을 유난히 사랑한 왕 중의 한 사람이었습니다. 도성을 수원으로 옮길 것을 결정하면서도 백성에 대한 사랑은 변함이 없었습니다. 도시를 이전하고 행궁 관아 건물을 지을 때, 또 성을 축성할 때 예전과는 달리 임금을 지급하면서 일꾼을 모집한 것은 특기할 만한 일입니다. 예전에는 강제 징발된 부역 꾼들이 공사를 맡았습니다. 조정 대신들은 재정적 부담 때문에 백성을 부역시키거나 승려들을 동원하자고 건의했지만, 정조는 이를 받아들이지 않고 임금을 지급하라고 강력히 하교합니다. 그 결과 수원은 물론 전국 각지의 백성이 엄청나게 몰려들어 신도시 건설과 화성 축성을 차질 없이 진행할 수 있었습니다. 오히려 공사가 시작된 뒤 조정에서는 8도의 백성을 돌려보내는 데 크게 고심할 정도였다고 『화성성역의궤』에 기록돼 있습니다. 자발적으로 일하는 사람과 강제로 끌려온 부역자들이 일하는 것은 전혀 달랐습니다. 화성은 예상과는 다른 속도로 진척됩니다.

하나 더 이야기해 볼까요. 수원이 화성유수부로 승격되고 성을 쌓으려고 보니 많은 민가가 성 밖으로 밀려나게 되었습니다. 축성의 책임자들이 어떻게 해야 할지 주저하고 있을 때, 정조는 성을 세 번 구부렸다 폈다 해서라도 모두 수용하라는 하교를 내립니다. 화성을 돌다 보면 한 부분이 유난히 휘어

공심돈과 성곽의 절묘한 만남이 아름답기도 하지만 철옹성 같기도 하다.

져 있음을 보게 됩니다. 계획된 성이 움푹 팬 듯이 들어간 부분이 있습니다. 바로 이 부분이 수정해 쌓은 부분입니다. 원래 계획했던 성곽을 백성이 많이 이주해야 한다는 보고를 받고 정조가 성곽의 선을 수정해서 성을 쌓도록 지시했기 때문입니다. 작은 고을의 주민을 위하여 대역사를 변경하는 일은 드

문 일입니다. 무더위가 극성을 부릴 때 정조는 화성 성역에 참여한 일꾼들의 노고를 생각해서 척서단滌署丹을 지어 하사하기도 합니다. 더위 먹은 데 먹는 환약을 특별히 지어 내려준 것입니다. 백성을 위한 진정한 감동의 정치를 실천한 왕입니다. 화성 축조 공사가 일시 중단되기도 합니다. 무더위와 인건비 미지급으로 말미암은 공사의 일시 중지였지요. 노역비 미지급으로 공사 중단을 했다는 것은 상상하기 어려운 결정입니다. 백성을 진정으로 사랑하지 않고는 있을 수 없는 일입니다. 한민족의 역사에서 백성 사랑을 이토록 실천한 왕은 거의 없습니다.

거기에다 정조는 실용적인 면을 가진 왕이었습니다. 조선 시대 실학 정신을 가진 사람들을 대거 기용합니다. 대표적인 사람으로 정약용과 같은 실학자들을 참여시켜 치밀한 축성 계획과 화성 축조를 실현합니다. 정조의 마음을 실학자들이 화성 축조에 적극 반영한 것을 수원화성을 직접 돌아보면 알 수가 있습니다. 뛰어난 건축 기술과 장인 정신, 책임감을 배울 수 있습니다. 무엇보다 녹로와 거중기, 유형거와 같은 과학 기구를 사용해 인명 피해를 적게 하고, 건축 기간을 줄일 수 있었던 과학 정신을 살펴볼 수 있습니다. 10년이 걸릴 것으로 예상했던 수원화성이 단 2년 9개월 만에, 공사 기간만으로 계산하면 불과 28개월에 완성했습니다. 정조가 직접 챙기는 독려도 한 요소가 되었지만, 임금을 주고 노동자를 쓰고 실용학문을 가진 사람들을 대거 기용한 것에 있습니다. 군주 한 사람의 마음이 한 나라의 운명을 얼마나 좌우할 수 있는가를 확인한 기회이기도 합니다.

정조는 뿐만 아니라 옷과 떡을 지어 일하는 사람들에게 나누어주도록 지시하기도 했습니다. 화성을 짓느라 이주해야 하는 고을 사람들에게 집값과 이사 비용을 준다고 하니 환호성이 터져 나왔다고 합니다. 백성은 전례에 없는 혜택을 받은 셈이지요. 한민족의 역사에서 이러한 일은 정조를 제외하고는 전에도 없었고, 이후에도 없었습니다. 아쉽게도 정조는 한창 의욕적으로 개혁을 이끌어가던 중에 죽음을 맞습니다. 독살되었다는 이야기가 나오기도 합니다.

수원화성을 한 바퀴 산책하듯 돌면 공심돈, 옹성과 같이 뛰어난 방어시설의 우수성뿐만 아니라 방화수류정, 화홍문, 서장대 등과 같이 아름다움도 중시했던 정조의 정치를 느낄 수 있습니다. 성이 이리 고와도 되나 싶을 만큼 아기자기합니다. 이런 표현을 써도 되는지 모르겠습니다. 수원화성은 지극한 효심으로 축성된 근대 성곽건축의 백미지요. 당대의 성곽에서는 볼 수 없는 기발한 과학과 아름다움을 두루 갖춘 성입니다. 규모로 봐서는 크지 않지만 유네스코 세계문화유산에 등재될만한 충분한 이유가 있는 성입니다.

과학적이면서도 하나하나 독립된 풍경을 만들어 내도록 설계된 성

화성은 임진왜란을 겪으며 그 필요를 절감한 수도 한양의 남쪽 방어기지로서의 역할을 담당할 성의 필요성이 대두하였고, 무엇보다 당쟁이 극심했던 정세를 쇄신하고 강력한 왕도정치를 실현하려는 정조 자신의 원대한 구상을 위한 새로운 개념의 계획적 신도시로 건설된 것입니다. 한마디로 조선시대 절정의 역량이 농축된 기념비라고 할 수 있습니다. 효심을 기반으로 군사, 정치, 행정적 목적까지 모두 충족시켜야 하는 화성의 건설에 당대 동아시아의 과학과 기술의 성과가 총결집되었고, 단원 김홍도를 비롯한 예술가들, 번암 채제공과 실학의 거두 정약용을 포함한 당대 최고의 지식인들이 참여했습니다. 그 결과 화성은 근대 초기 성곽건축의 백미로 평가받는 것이지요.

성벽의 외측을 쌓되 내측은 자연의 지세를 이용해 흙을 돋우어 메우는 외축 내탁의 축성술, 실학사상의 영향을 받아 화강석과 벽돌을 함께 축성의 재료로 사용한 전석교축, 목재와 벽돌의 조화로운 사용, 거중기·활차·녹로 등 근대적 기기의 발명과 사용 등 기능성과 과학성, 예술적인 아름다움까지 모두 갖추고 있어 조선 시대 절정의 문화적 역량을 유감없이 보여주는 성입니다.

화성은 기존 성들이 안고 있었던 모든 문제점들을 해결하려는 마음에서 건설됩니다. 동서남북 사대문을 건설하면서 모두 옹성을 설치하였고, 적재적소에 치성을 두었으며, 여장의 높이를 높여 군사들을 보호하려고 했습니다. 서애 유성룡이 『징비록』에서 밝힌 조선 성들의 취약점을 보완한 것입니다. 요소요소에 암문을 설치하여 비상사태에 대비하였고, 남북 수문을 두었는가 하면, 군사적인 위엄을 담은 장대를 동서에 건설했습니다. 치성雉城 제도는 중요합니다. 치성은 성벽을 중간마다 돌출시켜 쌓은 것을 말하는데 꿩이 제 몸은 감추고 남을 잘 공격하는 습성이 있다고 해서 붙은 이름이지요. 치雉자가 꿩 치거든요. 이러한 치성이 없거나 적당한 장소에 있지 않으면 적군들이 성벽을 기어오르거나 파괴하기 쉽습니다. 과거의 성들에도 치성이 있지만, 그 활용도가 그리 높은 편은 아니었습니다. 화성에 건설된 치성들은 다각도로 활용이 모색되었지요. 순수하게 치성의 역할만으로 건설되기도 하고, 대포를 장치하는 포루를 겸하거나, 치성 위에 집을 지어 군사를 보호하려고 한 포루도 있습니다.

수원화성은 걷기에 어느 성보다도 편안합니다. 부분 부분을 살펴보며 걸으면 발걸음도 가벼워집니다. 약 5.4km에 달하는 육중한 성벽을 따라 마흔 개 이상의 시설물을 갖추고 있으니 조형미와 기능을 살펴보며 걸으면 지루하지 않습니다. 산책 거리로 시오리면 적당하지 않으신가요. 5.4km면 시오리가 좀 덜 되잖아요. 천천히 걸어도 두 시간 정도면 즐기면서 걸을 수 있는 거리지요. 미완의 도시 수원화성에 와서 못다 한 사랑이 있으면 이뤄도 보시고요, 못다 한 효성이 있다면 실천하기 위한 마음의 교두보로 삼아서 한 번 방문해 보세요. 오셔서 그냥 가지 마시고 다시 한번 말씀드리지만, 서장대 옆에 있는 범종은 꼭 쳐보고 가시고요. 한국 종의 특별함을 온몸으로 느낄 수 있는 계기가 될 것입니다. 둘이서 왔으면 함께 힘을 주어 두드려보세요. 세상이 열리는 소리를 들을 수 있습니다. 사랑이 공명하는 소리도 들을 수 있습니다.

 축성의 동기가 군사적 목적보다는 정치·경제적 측면과 부모에 대한 효심으로 성곽 자체가 효사상이라는 동양의 철학을 담고 있어 문화적 가치 외에 정신적, 철학적 가치를 가지는 성으로 이와 관련된 문화재가 잘 보존되어 있습니다. 혼자 걸어도 좋지만, 가족이 함께 걸어도 좋습니다. 이 세상에 가족만 한 인적 구성이 어디 있겠습니까. 하늘이 만들어준 집단이지요. 하늘 아래 이보다 결속력과 친화력이 강한 집단은 없습니다. 가장 소규모이면서 연속성까지 보장받은 집단이거든요. 이 안에서는 주인과 객이 없고, 상하의 개념이 보다 인정적입니다. 가족 안에서는 멀고 가까움도 없습니다. 혈연이란 이름으로 모든 것이 용서되기도 하고, 모든 것이 인정되기도 합니다. 가족이 되고자 하는 사람과 놀러 와도 좋고, 가족이 된 사람이 함께 놀러 와도 좋습니다. 역사와 친하게 보내는 시간도 되고 여유로운 산책의 시간이 되기도 합니다. 하긴 이런 이야기를 하는 자리가 아닌 듯한데 시작했나 봅니다. 가족이란 이처럼 강한 연대성을 가진 하늘이 내린 집단인데도 수원화성을 쌓은 정조임금의 아버지인 사도세자는 자신을 낳아준 사람, 즉 친부모에 의하여 죽임을 당했으니 말입니다. 아들을 죽여야 하는 마음이 어떠했는가에 대해 더는 필설이 가능하겠습니까. 하지만, 도저히 이해가 가지 않는 매정함이 있어 보입니다. 권력을 가지면 냉정해질 수 있는 것인가 봅니다. 이해관계에 얽힌 사람이 많

물문이 이렇게 아름다워도 되는 것인지 묻고 싶다. 돌 하나 나무 하나가 모두 꿈꾸는 듯하다.

아지니 그렇겠지요. 정치권력은 부모 자식도 없다는 말이 실감이 납니다.

　당시의 모습을 그대로 간직한 팔달문과 화성의 북문이자 정문인 장안문을 포함한 사대문이 고스란히 남아있습니다. 옹성, 적대와 같은 방어 시설을 갖춘 것이 특색인데 그 군사시설에 미학을 들여놓아 곱거든요. 여성적인 성이라고 할 수 있습니다. 모든 성이 방어적인 면을 강하게 가지는 것이 일반적이지만 수원화성은 유난히 방어를 위한 기술적인 기법을 여러 면에서 활용하고 있습니다. 저는 왠지 성의 가능성보다는 아름다움에 관심을 더 두게 되더군요. 볼수록 아름다운 성이지요. 조금 더 들어가 볼까요.

　화성행궁의 중심이자 정조가 어머니 혜경궁의 회갑연을 치르기도 했던 봉수당, 두 번이나 방화로 소실되었다 복원된 서장대, 남북으로 흐르는 수원천의 범람을 막아주는 동시에 방어적 기능까지 갖춘 북수문인 화홍문, 망루와 포루의 역할을 동시에 하는 독특한 시설물인 공심돈, 군사적 목적의 이름으로는 동북각루이지만 많은 사람들이 가장 아름다운 건물이라는 평을 하는 방화수류정, 자체 방어시설까지 갖춘 봉수대인 봉돈, 샛문인 암문 등이 그 자태를 뽐내고 있습니다.

저 개인적으로는 공심돈의 남성적인 모습이 가장 마음에 닿습니다. 시원한 허리에 튼실한 공심돈을 보고 있으면 잘생긴 청년을 보고 있는 듯하거든요. 성곽이 공심돈을 두르고 곡선으로 돌아간 부분에서는 탄성이 나옵니다. 저 미학이 바로 김홍도의 작품은 아닌가 생각해 봅니다. 김홍도도 수원화성의 축조에 참여했을 것이 거의 확실하거든요. 당대 조선 최고의 쟁이들은 모두 참여했다고 봐도 과언이 아닙니다. 당시만 해도 한 사람이 여러 역할을 동시에 수행해야 했습니다. 조선 최고의 그림쟁이라고 할 수 있는 김홍도도 어떤 방면으로든 참여했을 텐데 화가이니만큼 미학적인 면을 담당했겠지요. 수원화성은 미학에 있어서도 돋보이는 성인데 김홍도 같은 쟁이가 참여했기에 저토록 아름다운 성이 만들어지지 않았나 싶습니다.

화홍문은 어떻고요. 가지런히 마음을 다듬으면 저토록 아름다워지는가 싶기도 합니다. 농익어가는 여인처럼 고운 풍경을 스스로 만들어내고 있습니다. 방화수류정과 화홍문은 바로 옆에 있지만 바라보는 곳은 서로 다릅니다. 방화수류정은 성 밖에서 보아야 물 위에 비친 자신의 모습에 반하지요. 참 멋집니다. 꽃을 찾고 버들을 쫓는 정자라는 뜻이니 풍류가 절로 나오지요. 근세 한국 건축 예술의 대표작 중에 하나지요.

반면 화홍문은 성 안에서 보아야 그 맛이 제대로 나지요. 언덕을 부수거나 망가뜨리지 않고 그대로 이용해서 자연스러운 모습을 줍니다. 이곳에서는 한참을 쉬어가도 시간이 아깝지 않습니다. 시간도 머물러 줄 테니까요. 낮에 보는 맛과 밤에 보는 맛이 영 다릅니다. 조명 시설을 해서 밤이면 또 다른 맛을 느낄 수 있습니다.

성곽의 전돌, 건조물의 기와 등이 독특한 방법으로 제작되어 있습니다. 현재의 기술로 이를 재현하기 어려워 보수 시 문제점으로 나타나고 있을 정도지요. 계속 연구해야 할 과제로 남아 있습니다. 수원화성은 중국, 일본 등지에서 찾아보기 드문 평산성의 형태로 군사적 방어기능과 상업적 기능을 함께 보유하고 있으며 시설의 기능이 가장 과학적이고 합리적입니다. 정조의 철학이 실용을 바탕으로 하였고 당대에 축성작업에 참여한 사람들의 면면이 실학자였기 때문이기도 해서입니다. 그러한 결과 실용적인 구조로 되어 있는 동양 성곽이라 할 수 있습니다.

수원화성은 철학적 논쟁 대신에 백성의 현실 생활 속에서 학문의 실천과제를 찾으려고 노력한 실학사상의 영향으로 벽돌과 돌의 교축, 현안·누조의 고안, 거중기의 발명, 목재와 벽돌의 조화를 이룬 축성 방법 등 그 덕분에 동양성곽 축성술의 결정체로서 희대의 수작이라 할 수 있습니다. 당대학자들이 충분한 연구와 치밀한 계획에 의해 동서양 축성술을 집약하여 축성하

방화수류정은 성 밖에서 물 위에 비친 모습을 봐야 감탄한다. 수원화성 최고의 아름다움이라고도 한다.

장안문의 야경. 옹성으로 둘러 튼튼하기도 하지만 직선과 곡선의 만남이 밤에도 빛난다.

였기 때문에 그 건축사적 의의가 매우 크다고 할 수 있습니다.

축성 후 1801년에 발간된 『화성성역의궤』에는 축성 계획, 제도, 법식뿐 아니라 동원된 인력의 인적사항, 재료의 출처 및 용도, 예산 및 임금계산, 시공 기

계, 재료가공법, 공사일지 등이 상세히 기록되어 있습니다. 기록에 얼마나 철저했는가를 보게 됩니다. 수원화성은 성곽축성 등 건축사에 큰 발자취를 남기고 있을 뿐만 아니라 그 기록으로서 역사적 가치도 큰 것으로 평가되고 있습니다.

　이제 가장 높은 곳에 있는 곳으로 가보시지요. 서장대와 서노대입니다. 서장대는 팔달산의 정상에 선 망대로 사방 100리가 내려다보인다고 하는데 조금은 과장인 듯합니다. 수원 시내가 내려다보입니다. 확 트인 전망이 마음을 후련하게 합니다. 정조는 이곳에 올라 군사훈련을 지켜보기도 했습니다. 화성장대華城將臺라는 편액은 정조가 직접 쓴 것으로 알려졌습니다. 서장대 바로 옆에는 서노대가 서 있습니다. 서노대는 성 한가운데서 다연발 활인 쇠뇌를 쏘기 위하여 높이 지은 곳으로 정팔각형꼴로 전벽돌을 쌓아놓았지요. 화성장대에서 서노대를 가을 하늘과 함께 바라보면 그 구도 또한 한 장의 멋진 구도를 만들어내지요. 가장 높은 곳에 올라왔으니 숨을 고르며 쉬어 가셔도 좋고요.

　수원화성은 18세기에 완공된 짧은 역사의 유산이지만 동서양의 군사시설 이론을 잘 배합시킨 독특한 성입니다. 앞서 언급한 바 있지만, 방어적 기능이 뛰어난 특징을 가지고 있습니다. 약 5.4km에 달하는 성벽 안에는 4개의 성문이 있는데 모든 건조물이 각기 모양과 디자인이 다른 다양성을 지니고 있기도 합니다. 독특한 미학으로 지어졌습니다. 네 개의 문이 기능적으로 방어를 위한 시설인 옹성과 적대를 갖춘 것은 같으나 성문의 모양은 서로 다른 모양입니다. 네 개의 문이 다른 독창성의 기반에 서 있습니다. 하나 하나의 독립된 풍경을 만들어 내도록 설계된 것은 당대의 장인들이 공을 들인 결과겠지요.

성곽을 둘러보고 마지막으로 갈 곳은 행궁입니다. 행궁이란 왕이 궁궐을 벗어나 머무는 곳을 말합니다. 한국의 행궁 중 가장 규모가 크고 아름다웠던 곳이 수원화성의 행궁이었습니다. 행궁은 수원 화성의 부속물입니다. 화성이 정조의 의지의 산물이었던 만큼 행궁이었음에도 한양에서 수원으로 수도를 옮기려한 정조의 계획이 있었기에 정궁의 모습을 갖춥니다. 1796년, 정조 즉위 20년이었습니다. 화성을 축성하고 나서 팔달산 동쪽 기슭에 576칸 규모로 건립하였습니다. 그 전까지는 수원읍치를 화산에서 팔달산으로 옮기면서 관아로 사용했던 건물입니다. 규모는 수도를 옮기려는 의도가 있어 컸지만, 건축물은 당대의 관청의 수준을 넘지 않는 소박한 것이었습니다. 왕이 머무는 봉수당과 장락당 같은 건물도 단청을 칠하지 않았다고 합니다. 사치나 화려함을 멀리 했던 정조의 생활철학이 그대로 묻어나는 부분입니다. 일제강점기 때 사라진 건물을 다시 복원하였습니다. 화성 복원과 함께 행궁 복원의 필요성이 대두되면서 수원시가 '역사 바로 세우기'의 일환으로 복원공사를 시작한 이래 계속 복원이 이루어지고 있습니다. 1796년에 완공을 하였으니 1996년이 200주년이 되는 해였습니다. 화성 축성 200주년을 맞이하여 복원이 다시 시작되었습니다.

수원화성에 가시면 가족을 생각해보시기 바랍니다. 가족은 하늘이 내린 가장 따뜻한 온도를 유지하는 집합체지요. 영원한 언덕이자 온돌방 같은 가족의 연대를 확인하는 자리가 되시기 바랍니다. 꽃

창덕궁 후원 길

동북아 최고의 자연미를 갖춘 정원, 창덕궁 후원

　동북아 최고의 자연미를 갖춘 정원입니다. 왕들의 놀이터이기도 했습니다. 이 곳을 후원이라고 하고, 금원이라고도 하고, 비원이라고도 합니다. 모두가 조금씩 다른 뜻과 어원을 가진 이름이지만 왕의 휴식공간이었던 것만은 변함이 없습니다. 창덕궁과 후원을 잇는 길이 있습니다. 그 길이 가진 아름다움과 맛을 느껴보려 합니다. 그 후원 길의 주인은 왕이었습니다. 창덕궁에서 후원 길로 가는 길은 하나지만 후원에 이르러서는 여러 갈래로 나누어집니다. 길은 끝없이 진화를 해가며 나누어지는데 창덕궁 후원의 길도 마찬가지지요. 진화되는가 하면 이내 끝이 있습니다. 그 끝에서 새로이 길은 발원합니다. 생명 있는 그 어떤 것에 의하여 길은 열립니다. 생성과 점멸이 수시로 일어나는 공간이 길이었습니다. 생명들의 운동성이 멈춘 곳에서는 길은 더 이상 발원하지 않습니다. 도전을 꿈꾸는 자는 길 없는 길을 가고 안식을 구하는 자는 넓은 대로를 갑니다. 왕의 길은 대로였습니다. 하지만, 이곳 후원에서는 은밀한 일들이 이루어지던 곳이기도 했습니다. 사냥과 술자리와 환락의 자리였습니다. 이따금 과거를 보거나 서재를 두어 공식적인 공간으로 쓰이기도 했지만, 공식적인 공간은 창덕궁과 창경궁이었습니다. 이곳은 마음을 내려놓고 휴식과 쾌락의 공간으로 더 많이 이용되었습니다.

　왕이 노닐던 후원은 비밀스런 공간입니다. 절대 지존인 왕, 특권을 가진

한 사람만이 이곳을 자유로이 이용할 수 있었습니다. 만인이 부러워하는 절대 권력을 가진 사람, 그 한 사람의 철학에 따라 많은 사람의 운명과 나라의 흥망이 걸리기도 했던 존재. 만인이 왕의 권력을 가지고 싶어 하지만 한 나라에 하나만을 둘 수밖에 없는 존재가 왕이었습니다.

 그 부러움과 두려움의 대상인 왕이 왕의 자리에 처음으로 오르는 날은 축제가 아니라 슬픔의 날입니다. 세상의 지존 자리인 왕이 되는 날 잔치가 벌어져야 하지만 뜻밖에도 엄숙하고 숙연한 것이 조선의 왕 즉위식 풍경이었습니다. 왕이 둘일 수 없는 절대적인 원칙 때문이었습니다. 한 왕이 사라져야 새로운 왕이 등극할 수 있었습니다. 대부분 선왕인 아버지가 죽어서야 그 아들이 왕위를 물려받았습니다. 그러한 이유로 왕의 즉위식은 자연 선왕의 장례식 기간이 되었지요. 당연히 상중이니 조심스럽고 슬픔에 싸여 있었습니다. 건강의 악화, 반정 등의 이유로 세상을 뜨기 전에 왕이 자리를 물러난 경우는 조선 27대 왕 중 7명의 경우에 불과했습니다. 태조, 정종, 태종, 단

밖의 풍경이 하나의 액자 같다. 안과 밖의 풍경을 하나의 건물이 다 품는 한국미는 미의 절정이며 품격이기도 하다.

종, 연산군, 광해군, 고종이었지요. 나머지 20명의 왕은 모두 죽은 후 다음 왕에게 옥새를 넘겨주었습니다. 따라서 조선 왕 대부분의 즉위식은 선왕의 장례 기간에 이루어졌습니다.

　왕의 즉위식은 환희와 비통이 공존하는 시간이었습니다. 선왕의 죽음과 새로운 왕의 탄생. 왕의 자리는 절대적인 자리였기에 공백이 있을 수 없는 자리였지만 죽음과 더불어 인계가 된 것에는 한마디로 이야기하면 치열한 경쟁의 자리였기 때문입니다. 새로운 왕의 즉위가 미치는 한 나라의 운명은 무겁기 그지없습니다. 붕당정치를 하던 조선의 경우는 더욱 그러했습니다. 신하된 자의 입장에서는 자신의 정치철학이나 붕당이 위험에 놓이게 되니 더욱 어떤 왕을 맞아야 하는가가 생존과 관계가 있습니다. 개인뿐만이 아니라 집안의 멸족까지도 염두에 두어야 하는 일이었기 때문입니다.

　왕의 즉위식은 선왕이 죽은 지 6일이 지나고 나서 거행되었습니다. 선왕의 시신을 모신 빈전의 동쪽에 왕세자가 머물 천막을 치고, 유언장과 옥새를 여러 가지 의장물과 함께 설치하여 새 왕에게 옥새를 건네 줄 준비를 합니다. 왕세자는 천막 안에서 입고 있던 상복을 벗고 예복으로 갈아입고 빈전의 뜰로 나아갑니다. 그리고 선왕의 유언장과 옥새를 받아 각각 영의정과 좌의정에게 전해주고는 천막으로 돌아갑니다. 천막에서 다시 나온 왕세자는 붉은 양산과 푸른 부채를 든 자들에게 둘러싸여 가마를 타고 용상이 설치된 정전으로 향합니다. 왕세자가 오른쪽 계단을 통해 용상에 올라앉는 순간, 새로운 왕이 탄생하게 되는 것이지요. 즉위교서가 반포된 후 정전에서는 향을 피우고, 즉위식장을 가득 메운 대소 신료들은 두 손을 마주 잡아 이마에 얹으면서 "천천세千千歲"라고 외칩니다. 이는 왕조의 운명이 오래도록 영원하라는 뜻이지요. 왕위에 오른 후에 다시 상복으로 갈아입습니다. 한 나라가 국왕의 나라요, 모든 백성은 국왕의 백성이니 상상을 초월하는 권력이지요. 생살여탈권을 가진 존재였으니 두렵기도 하고 절대 신성이 보장되었던 존재였습니다.

　신하들도 왕의 얼굴을 함부로 쳐다볼 수가 없었습니다. 왕을 면담하는 양반 관료들은 모두 꿇어 엎드린 자세로 말을 하였지요. 왕의 얼굴을 보고 싶을 때는 허락을 받아야 했습니다. 만약 마음대로 왕을 똑바로 쳐다보면 중벌을 받기도 했습니다. 연산군 때의 사헌부 장령 심순문은 허락 없이 연산군을 마주 보고 왕의 옷소매가 좁다는 말을 했다가 불경죄로 사형을 당하기도 하였으니 왕의 위치가 얼마나 절대적이고 강력한 권력의 화신일 수 있었나 알 수가 있습니다. 면담은 신하들이 왕에게 네 번의 절을 올리면서 시작됩니다.

　그런 왕이 놀고 쉬던 장소를 마음을 내려놓고 콧노래도 부르며 산책하는 즐거움이 있습니다. 권력이 사라지고 질투와 치열한 논쟁이 사라진 창덕궁 후원 길은 이제 가슴이 시리도록 침묵이 내려앉아 있습니다. 후원 길을 혼자서 걸으면 적막이 온몸을 휘감습니다. 봄에 걸으면 새잎이 막 피어나는 소리가 들리지요. 적막 속에서 봄이 오는 소리를 들을 수 있는 서울에서도 신비한 곳이지요. 가을에 단풍이 든 길을 걸어보세요. 낙엽들이 모두 봄으로 달려가는 소리를 들을 수 있습니다. 낙엽이 구르고 밟히는 소리에 귀가 간지럽지요. 그리움은 마음의 갈피마다 화석으로 남아 추억이 되지요. 겨울에는 더욱 적막이 내려앉아 퇴적층처럼 침묵으로 시간을 쌓는 현장을 보게 됩니다. 혼자 걸으면 눈물이 나지요. 지나온 세월이 조근조근 따라오며 추억을 일깨우거든요. 실패한 사랑이 성공한 사랑보다 오래도록 가슴에 남는다고 하더군요. 추억이 되는 건 실패한 사랑이거든요. 더 애틋하고 그립지요. 창덕궁 후원 길을 조용히 걸으면 그리운 얼굴이 떠오르지요. 아마 후원 길이 가진 적요와 아름다움이 겹쳐서 사람을 흔들어놓기 때문인 듯합니다.

　후원은 어느 곳보다도 미학이 곱게 자리한 곳입니다. 왕궁으로서의 품위와 자연 그대로의 미가 만나서 잘 버무려지고 농익었습니다. 후원 중에서도 가장 아름다운 곳은 부용지이지요. 한국의 미학을 극도로 절제하고 다듬어

계절이 모두 제 몫만큼 고운 길이다. 넘치는 듯, 흥청대는 듯하지만 이내 절제를 갖추는 길이다.

서 조형성의 백미를 창출해낸 곳입니다. 사각형의 연못에 안에는 원을 들여놓은 전형적인 동양적인 연못이지만 주변의 풍광과 건물 배치는 기가 막힐 정도로 절묘한 균형과 조화를 갖췄습니다. 조성한 것은 인위였지만 무심히 어우러진 모습은 자연이었습니다. 인위와 무위가 만나 하나의 풍경을 만들어내고 있습니다. 가만히 부용지를 들여다보면 동산이 내려앉았다 가고 어수문이 슬그머니 곁눈질을 하다 가면 한 발치 떨어져 있던 규장각이 찾아왔다가 그림자를 거두어서는 가는 곳입니다. 정적은 물 위에 나른하고 주변 풍경 또한 소리 없이 왔다가 갑니다.

　지나가는 소리도 없이 세월이 지나가는 곳이 부용지지요. 짙푸른 나뭇잎이 동산을 물들이고 부용지를 녹색으로 만들어놓았다가 다음에 찾아가면 단풍이 들어 부용지는 붉게 타고 있습니다. 낙엽이 지고 떨어져 스산한 날에 수북이 눈이 쌓였습니다. 겨울은 계절 중에 가장 적막하지요. 발자국을 내지 않고 흘러간 건 시간이었습니다. 이내 새싹이 나무에 돋더군요. 부용지에서는 침묵으로 서로 바라보지만 외롭지만은 않습니다. 서로가 서로의 어깨를 보듬어주고 있어서 그렇습니다. 한참을 고요에 젖어 있다가 가만히 일어나 보세요. 깜짝 놀란 듯 풍경들이 함께 일어서지요. 신비한 체험을 할 수 있는 곳입니다. 저는 개인적으로 우리나라에서 가장 정제된 아름다움을 가진 정원은 부용지라고 답합니다. 왕이 즐기던 곳을 평민의 신분으로 맘껏 즐긴다고 죄 될 일 아닙니다. 벌써 왕조는 가고 국민이 주인이 되어가고 있는 세상에서 살고 있습니다. 사실 옛날의 왕들보다는 저희가 자유롭지요. 왕은 갇혀 사는 것이나 진배없거든요. 왕은 특별한 일이 있기 전에는 백리 밖을 나갈 수가 없었습니다. 전쟁이나 반란이 두려웠던 게지요. 조선 왕들의 무덤이 백리 안에 대부분 있는 이유도 거기에 있거든요. 왕들에게는 긴장이 늘 옆에 있었지요.

창덕궁 후원은 1405년 태종이 후원으로 조성하였습니다. 단풍이 들거나 새잎이 눈뜨는 나무들이 연못에 비치고 부용정과 루와 각이 절묘하게 합작하여 만들어낸 풍광에 빠지고 맙니다. 인공미를 더욱 빛나게 하는 한국미의 방법론은 자연을 그대로 끌어들이는 기발하고 때론 발칙한 역량에 있습니다. 부용지의 아름다움도 마찬가지지요. 연못을 둘러싼 작은 산을 그대로 두고 주위에 건물을 배치해서 만들었습니다. 자연미를 유지하면서 연못을 파서 만들어 인위적인 맛이 나지 않고 오히려 아름다움의 극적인 효과를 만들어냅니다. 한국 전통건축을 이야기할 때 흔히 나오는 정자를 말하는 정과 루, 각, 당 같은 것들이 있습니다. 부용지 주위에는 우리가 흔히 정자라고 하는 정亭으로 부용정, 천석정이 있고요. 각閣은 왕실과 직접 관련된 물건을 보관하거나 관측장소 같은 기능을 가지는데 규장각, 서향각, 사정기비각이 있습니다. 규장각은 정조가 의지를 가지고 마련한 왕실 직속 도서관이지요. 루樓는 마루방 형식의 이층으로 이루어져 있으며 주합루가 있지요. 그리고 당堂으로는 영화당이 있습니다. 하나 더 이야기하면 출입을 위한 문으로 어수문이 있습니다. 어수문은 물고기가 물을 떠나 살 수가 없는 것과 같이 통치자는 항상 백성을 생각하라는 뜻을 지닌 문입니다. 그 건축물의 주인이 누구냐 하는 점과 그 쓰임새에 따라 격이 엄청나게 달라질 뿐만 아니라 그 명칭도 다르게 붙여졌습니다. 전통 건축물의 주인과 그 쓰임새 등에 유의하여 살펴본다면 건축물에 대한 우리의 안목도 한층 높아질 것으로 생각됩니다.

'정원庭園'은 뜰庭과 언덕園을 의미하는 합성어지요. 창덕궁 후원은 궁궐의 뒤편에 있는 정원이라는 의미지요. 정원은 주택의 외부공간을 실용적·심미적 목적으로 처리한 뜰을 의미합니다. 정원은 주거문화의 반영일 뿐만 아니라 한 사회와 시대의 생활문화와 가치체계 및 예술이 총체적으로 결집된 장소이기도 하고요. 정원을 구성하는 요소로는 계단, 담과 울타리, 문과 창문, 구조물, 물, 잔디, 수목과 화초류, 조각, 기타 장식품 등이 있습니다.

창덕궁 후원을 걸으면 시간이 무너지는 소리도 없는 경이로운 세상이 있다

한국 정원의 특징은 뜰과 언덕 중에서 언덕, 즉 동산을 꾸미는 방식에서 두드러진 특색을 나타냅니다. 산악국가로 산을 등지고 물을 앞에 둔다는 배산임수의 원리를 사용해 집을 지었습니다. 한국 전통 건축물 대부분은 뒤편의 북쪽 정원에 자연스럽게 동산이 생기는데, 이를 활용해 정원을 꾸몄지요. 작은 산이나 폭포를 만들어 인공 정원을 조성했던 일본이나, 연못을 파낸 흙을 쌓아 언덕을 만드는 등 거대한 규모의 정원을 추구한 중국과는 다릅니다. 한국 정원에서는 특유의 자연미를 엿볼 수 있는데, 동산이나 경사가 가진 높낮이를 그대로 건물 전체로 받아내어 미적 완성을 만들어냅니다. 하늘과 산과 건축물이 들어선 대지 그리고 물을 체화시키는 특별한 방법을 도입해서 자연을 닮은 건축물을 만들고 있습니다. 한국의 정원에 들어서면 자연 속에 건물이 애초에 있었던 듯 편안하게 받아들여집니다. 중국의 정원처럼 엄숙함

동북아 최고의 자연미를 갖춘 궁답게 벚꽃이 하늘을 희롱이라도 하듯 절정이다.

과 위압이 없이 아늑한 숲이나 산에 들어와 있는 기분을 줍니다. 서양은 물론 동북아시아에서도 한국의 정원과 건축문화는 색다른 양식을 가진 문화입니다. 인위 속에 자연을 들이고, 자연 속에 인위를 첨부해 자연스럽게 보이는 것이 가장 큰 특징이지요. 밖과 안이 따로 있지 않고 건물의 안에서는 밖을 들이고, 건물의 밖에서는 안이 독립된 폐쇄 공간이 아니라 소통의 공간으로

나눔과 화해의 건축물이지요. 그러한 원리가 그대로 반영된 시가 있습니다. 송순의 시지요.

십 년을 경영하여 초려삼간 지어내니
나 한 간 달 한간에 청풍 한 간 맡겨두고
강산은 들일 데 없으니 둘러두고 보리라

　방 안에서 문을 열고 보면 밖의 풍경들이 액자를 걸어놓은 듯합니다. 건물 밖의 풍경들이 따로 있는 것이 아니라 건물의 한 부속으로 함께 어우러져 하나가 된 풍경을 만들어내지요. 담마저도 풍경을 만들어내는 데 한 역할을 거드니 더없는 하나지요. 한국의 문들이 두 가지 기능을 가진 것만 보아도 자연과 건축물이 하나로 만들어진 공간이라는 의식 속에 만들어져 있음을 확인하게 됩니다. 옆으로 문과 문을 접고, 접힌 문은 천장에 매달아 문이 전혀 없는 것처럼 활용하게 되어 있음에서 자연을 대하는 건축기법을 알 수 있습니다. 창덕궁 후원에 있는 건축물들이 바로 이러한 기법을 그대로 적용해서 배치되고 건축이 되었음을 음미하면서 정자에 앉아 보고, 마루에서 밖을 바라보면 한국인이 얼마나 자연에 친근하게 다가가려 했나를 보게 됩니다. 다른 나라는 건축 내부로 공간을 한정 짓지만, 한국의 건축물은 외부로의 확장을 지향하는데, 그러한 방법적인 기법은 여러 군데서 발견됩니다. 문을 예로 들었듯이 담장도 중국이나 일본과는 달리 훨씬 낮아 밖의 풍경을 건물 안으로 끌어들이려고 하는 시도를 하고 있지요.

공부보다는 산책이나 여행이 즐겁지요. 창덕궁 후원은 산책하기 더없이 좋은 길입니다. 소풍 나온 기분으로 걸으면 세상이 한결 가벼워져서는 날개를 단 기분이기도 하지요. 길을 내어주는 적막이 발자국마다 고이는 진풍경을 느낄 수 있습니다. 서울 한복판에 적막이 자리 잡은 곳이 있다는 것은 거의 기적일지도 모르지요. 혼자 걸어보세요. 시간이 사라지는 걸 느낄 수 있을 겁니다. 시간이 쌓이지 않으면 지나가는 소리라도 있을 텐데 들을 수가 없습니다. 창덕궁 후원을 걸으면 시간이 무너지는 소리도 없이 경이로운 세상이 만들어지고 또한 사라지는 것을 보게 됩니다. 고목에 새싹이 돋아 자라나는 것을 가만히 바라보고 있으면 하나의 생명이 얼마나 자신을 일으켜 세우려 노력하는지를 느끼게 됩니다. 겨울이 오면 낙엽을 떨어뜨려서는 겨울을 잘 건너려는 필사의 방법을 동원합니다. 생명은 후원에서도 자신의 길을 열어가고 있었습니다. 저는 그 길을 걸으며 생각했습니다.

길을 잃은 것이나 길을 제대로 가는 것이나 별반 다를 바가 없는 것이 생이 아닌가 싶습니다. 어차피 내 인생길이었음을 보았거든요. 어쩌면 길을 잃어야 새로운 세상을 만날 수 있지 않나 싶기도 했습니다. 인생에는 감자알을 캐면 줄기를 따라나오는 여러 개의 감자알처럼 슬픔과 기쁨 그리고 아픔이 한 줄기로 따라나오는 것임을 보게 됩니다. 내 남은 인생의 첫날인 오늘이 찾아왔습니다. 오늘이 가는 방향이 내 인생이 가는 길이 되겠지요. 인생은 잘 갈무리하고 보듬어 안아야만 깨지지 않는 유리그릇 같습니다. 오늘도 조금은 마음을 내어 갈무리하고 보듬어 안아야지요. 눈물에는 소금기가 들어 있더군요. 소금의 방부성을 믿고 싶어지는 날입니다. 자신을 사랑하는 사람에게 찾아오는 희망, 희망이 있는 미래를 만나기 위해 떠나야지요. 눈물이 마르고 나서 남은 소금처럼 사는 일이 버석거리겠지만 결국은 다시 일어나 걸어야 하는 것이었습니다. 내 몸속에 들어 있는 소금의 결정체가 예각을 다듬는 시간입니다. 하늘도 검은 먹구름이 비로 쏟아져 내리고서야 맑아지더군요. 하

구릉의 휘어짐을 그대로 받아들여 길을 만들었다. 왕의 후원이었지만 자연미는 어디에서나 그대로 살아있다.

늘도 한 번씩은 쏟아버려야 맑아질 수 있는가 봅니다. 힘이 든 날에는 창덕궁 후원에서 한참을 쉬다 가면 한결 가벼워진 마음이 될 것 같습니다.

    창덕궁 후원의 길은 높낮이의 위계를 따라 좌로 돌고 우로 굽으며 자연스러운 길을 만들어내고 있습니다. 일직선으로 고집이나 위엄을 표하지도 않고 걷기에 가장 자연스러운 길이 만들어져 있습니다. 다른 나라의 경우와는 사뭇 다른 길입니다. 한 나라의 왕궁의 길이 고의적인 자연미를 만들어내기 위해서 곡선을 도입할 수 있으나 창덕궁 후원의 경우처럼 사람이 걸어 자연발생적인 길이 만들어진 경우는 거의 드물다고 보아야 합니다. 그것이 한국미의 정신이고, 자연을 받아들이는 태도입니다. 지존의 왕이 거니는 후원마저도 자연을 들여놓은 것이 한국인의 마음이지요. 가능한 많은 부분을 자연 상태로 받아들인 것이 한국의 건축이고, 길입니다.

    조선이란 왕국이 있는 동안 당쟁과 권력을 거머쥐기 위해, 그리고 지키기 위해 피 말리는 긴장과 암투가 있었습니다. 하지만 그때도 이 후원 길은 적

담과 나무가 잘 놀고 있다. 나무에게 있어 이미 담은 있으나 마나이다.

막했겠지요. 지금 침묵이 감도는 후원은 치열한 경쟁의 장소였습니다. 사람의 욕망과는 상관없이 이 길은 열려 있었고, 침묵이 흐르고 있었겠지요.

후원에는 북영이라는 훈련원 군영이 있었는데 그곳에서 조선의 왕들은 활쏘기를 즐겼습니다. 왕들은 보다 직접적인 살의를 가진 검술이나 창술보다는 한발 물러서 있는 느낌의 궁술에 더 관심을 보였습니다. 영조는 칠순이 넘은 나이에도 정곡을 명중시키는 기량을 보였습니다. 문예뿐 아니라 무술에도 능했던 정조 또한 활솜씨가 대단했습니다. 50발 중 49발을 명중시킨 후 나머지 1발을 일부러 빗나가게 쏘았다는 놀라운 일화가 있습니다. '무엇이든 가득 차면 못 쓰는 것이다'라고 하여 오만과 편견을 가지지 않겠다는 다짐이었겠지요. 개혁을 이끌던 군왕으로서의 마음가짐을 읽을 수 있는 대목입니다. 자만은 더 받아들일 빈 곳이 없는 호수와 같습니다. 내가 옳다고 확신하는 순간 새로운 세계는 말을 붙일 공간이 없습니다. 비워 두고 사는 자만이 변화와 개혁을 할 수 있습니다. 새로운 물을 받아들이기 위해서는 그만큼의 물을 흘려보내야 합니다. 썩지 않기 위해서는 끝없이 받아들이고 그만큼의 분량을 버려야 했습니다.

정조에 대한 일화를 하나 더 소개하려 합니다. 그것도 후원의 북영이라는 군영에서 있었던 일입니다. 왕의 얼굴을 정면으로 허가도 없이 바라보았다고 하여 신하를 죽인 연산군과는 달리 격의 없이 신하를 훈련하는 모습의 정조를 그려보시기 바랍니다. 정조는 규장각의 여러 신하에게 활쏘기를 시켜 문무를 겸한 재목으로 키우려 노력했습니다. 정약용은 활쏘기와 말 타기에 영 재주가 없었습니다. 재주가 없는 정약용을 잡아놓고 궁술과 기마술을 가르쳤습니다. 평상시에는 활쏘기를 잘 못하면 벌로 술 한 잔씩을 받아 마셔야 했는데 정조는 벌이 아니라 정약용에게는 상을 주겠다며 5발을 쏠 때마다 1발씩 맞혀야 풀어주겠다고 했습니다. 정약용은 활을 망가뜨리고 말 타는 법이 서툴러 보는 사람들의 웃음거리가 될 정도였으나 며칠이 지나자 능숙해지고 열흘이 되어서 풀려났다고 합니다. 강압이 없이 여유로운 정조의 성품을 봅니다.

　그때도 후원의 길을 걸어서 나왔겠지요. 왕궁의 후원이니만큼 부속 건물이 제법 들어서 있습니다. 건물과 건물을 잇는 길이 있고, 건물과 숲을 연결하는 길이 나 있습니다. 길은 소통의 공간입니다. 소통은 사람과 사람의 소통입니다. 사람들이 모이고, 쉬고, 공부하는 공간으로 건축물이 들어서 있습니다. 후원에 지어진 건축물에 대해서 조금은 상식을 가져야겠습니다.

　조선의 건물 중에서 가장 중요한 건물부터 순서를 매기면, 전殿, 당堂, 합閤, 각閣, 재齋, 헌軒, 누樓, 정亭으로서 오늘날 우리는 그 건물 이름만 들어도 대체로 어떤 건물인지 가늠해 볼 수 있다. '당堂'은 전殿에 비교하면 그 격이 한 단계 떨어지는 곳으로서 의전행사장소로보다는 일상 업무나 기거용으로 더 많이 쓰였다. 집을 반으로 나누어 앞쪽 반 빈 부분을 당堂이라 하고, 뒤쪽 막힌 부분을 실室이라 하였다. 또 다른 의미로는 햇볕을 바로 받는 집을 가리키거나, 또는 예의를 밝히는 곳, 다시 말해서 의식을 갖추어 외부 사람을 만나는 장소를 가리켰다. 영화당에서는 과거를 치르기도 했다. '각閣'은 규모 면에서 전이나 당보다는 떨어지며, 왕실과 직접적으로 관련된 물건을 보관하거나 주요한 관측시설과 관련된 기능이 많았는데 규장각은 도서를 보관하고 공부하던 곳이다. 원래는 누樓가 겹쳐 있는 집을 각이라 했다. '루'는 주요건물의 일부로서 마루방 형식인 경우와 2층 건물의 2층이면 혹은 정자처럼 작은 독립건물인 경우가 있다. 마지막으로 '정'은 우리가 흔히 '정자'라고 하는데, 경관이 좋은 곳에 있어 휴식이나 연회 공간으로 사용하는 작은 규모의 집을 가리킨다.

　이 건축물들이 지붕 선을 주고받으며 하늘을 만나고 있는데 참 하늘도 더불어 품위가 있어 보이지요. 후원은 휴식과 향락 공간이 주된 것이었지만 영화당이나 규장각 같은 공식적인 공간도 있었습니다. 공간을 구분 짓는 것도 건축물을 중심으로 나누어지고 있습니다. 부용지와 애련지, 사대부의 살림집을 본떠 왕의 사랑채와 왕비의 안채를 중심으로 지어진 연경당, 깊은 곳에 자리한 존덕정 일원에 정자들이 있습니다. 숲과 능선과 정자가 몸을 주고받으며 만들어내는 자연스러운 후원은 걸을수록 친근감이 오는 곳입니다. 연못에 지어진 정자는 반은 땅에 몸을 내려놓고 반은 물 위에 떠 있는 것처럼 지어져 정자에 앉으면 연못에 들어와 앉은 듯합니다. 물과 땅을 절반씩 받아들여 보다 시원하게 느껴지도록 배려했습니다. 후원은 사람과 자연이 만나서 조근조근 속삭이는 장소지요. 길이 가다가 지치면 마당이 되고 마당 위에는 여지없이 정자나 루가 자리를 마련하고 있습니다. 지칠만한 거리에 건축물이 마련되어 있습니다. 자연이 사람을 배려하고, 사람이 자연에 기댄 듯한 모습이 한국의 정원입니다. 걸을수록 마음도 어느새 자연과 동화됨을 느끼는 길입니다. 꽃

소쇄원 길

한 발 한 발 걸을 때마다 새로운 풍경을 만드는 공간, 소쇄원

한 발 한 발이 다른 경치라고 하는 소쇄원. 걸음을 뗄 때마다 새로운 풍경이라고 격찬하는 소쇄원은 가장 한국적인 정원 중 하나입니다. 민간정원의 극치라고 말합니다. 자연 속에 사람이 지은 건물이 하나의 완성된 풍경이 되었습니다. 사람의 마음으로 지은 자연의 얼굴이기도 합니다. 너무나 조촐해서 내놓을 것 없는 풍경임에도 한국인의 마음이 너무나 다 들어가 있어서 가슴 서늘한 집이기도 합니다.

소쇄원은 한국적인 맛을 모르는 아이나 외국인에게는 너무 보잘것없어 보이는 한옥이 자리하고 있을 뿐입니다. 아이들이나 외국인이 왔다가 바로 내려가는 것을 보았습니다. 한국적인 맛과 멋은 자연과의 교감에서 찾아야 하고 자연과 만나는 방법에서 찾아야 하는데 언뜻 보아서는 그것이 보이지를 않습니다. 한국미는 천연성에서 찾아야 하는데 천연성이란 것이 자연스러워서 눈에 띄지를 않지요. 그 멋을 알려면 가만히 살펴보아야 하고 찬찬히 들여다보아야 합니다. 그리고 무엇보다 몸으로 체험해보아야 다가옵니다. 알고 나면 그 마음씀이 가슴을 덥게 하지요. 부드럽고 내세우지 않고 실천하는 마음이 곱습니다. 천연성은 거칠고 험한 세상을 다 거치고 나서 받아들일 수 있는 미덕입니다. 한국의 전통건축이 그러한데 소쇄원은 그러한 미학과 철학을 행위로 실천하는 정원이자 건축물입니다. 너무나 소소해서 살펴보아야 그 아름다움을 알 수 있지만, 너무나 자연스러워서 자연과 분별이 잘 되지 않을 만큼 편안하게 다가섭니다.

이 민간정원인 소쇄원을 경영하고 지은 사람은 양산보라는 사람입니다. 양산보는 1503년에 태어나 1557년 그 생을 마감하기까지 50여 년을 사는 동안 한국인에게 우리 건축의 백미로 새겨야 할 정원 하나를 남기고 간 사람으로 기억됩니다.

어느 언덕이나 골짜기를 막론하고 나의 발길이 미치지 않은 곳이 없으니 이 동산을 남에게 팔거나 양도하지 말고 어리석은 후손에게 물려주지 말 것이며, 후손 어느 한 사람의 소유가 되지 않도록 하라.

소쇄원을 만든 주인 양산보가 후손에게 남긴 유훈입니다. 어리석은 후손에게 물려주지 말라는 말에서 공감이 오고, 한 사람의 소유가 되지 않도록

나무가 천장에서 만나고 헤어지는 모습이 인위와 자연을 반씩 닮았다.

하라는 말에서 감동이 옵니다. 소쇄원은 인위의 공간이지만 자연을 그대로 받아들인 공간이기도 합니다. 양산보는 유교적인 바탕에 서 있는 사람이었지만 도가적인 자연을 받아들인 공간을 만들었습니다. 공을 들이고 철학을 끌어다 이입시킨 소쇄원은 철저한 계산 하에 지어졌습니다. 그 계산이 인위였지만 인위의 방법이 너무나 자연 친화에 공을 들여서 어색하거나 돌출하지 않는 미학으로 완성되었습니다. 하지만 아쉽게도 정유재란 때 소쇄원의 건물들이 불에 타버리고 주인의 손자인 양천운이 다시 중건하게 된 기록이 남아있으며, 5대손인 양경지에 의해 완전 복구가 된 것으로 알려졌습니다. 은둔을 위한 정자지만 사람들은 소쇄원을 중요한 공간으로 인식하고 주인과 교류를 하게 됨으로써 열린 공간으로 호남 사람의 명소가 되었습니다. 이후 소쇄원은 양산보의 유훈대로 후손들의 극진한 보살핌을 받으며 15대에 이르고 있습니다. 확실한 것은 지금의 소쇄원은 처음 양산보가 의도한 정원의 모습과는 다르며 일부는 변형되어 지금에 이르렀으므로 소쇄원 본래의 모습은 아니라 할 수 있습니다.

 양산보는 열다섯 살 때 아버지를 따라 한양에 올라가 조광조의 문하생이 되고 2년 뒤에 과거에 1차 급제를 합니다. 바로 그 해 기묘사화에 연루돼 스승이 능주로 유배되고 이어서 사약을 받게 됩니다. 충격이었습니다. 정신적인 스승이었던 조광조의 죽음은 세상을 바라보는 시각을 바꾸어 놓는 계기가 되었습니다.

 스승 조광조의 유배길을 따라 낙향했던 양산보는 스승의 장례를 치르고는 자신이 성장했던 고향인 담양에 돌아와 정착하게 됩니다. 인생의 전환점이 되는 시기입니다. 현실정치 공간에서 발을 끊고 은둔으로 접어들지만, 도교적인 은둔이 아니라 정치공간에서만 떨어져 있을 뿐 사람과의 교유나 현실세계와는 관련을 맺게 됩니다. 유교적인 은둔은 사회에 대한 눈길을 그대로 간직하고 있습니다. 귀는 기울이되 몸은 들여놓지 않는 은둔이지요. 유교는 사람을 떠나서 생각할 수 없는 학문이지요. 사람과 사람의 관계를 떠나지 못하는 한계를 가지고 있는 철학입니다.

성리학에 의거한 이상정치 실현을 목적으로 급진적이면서도 배타적인 정치혁명을 이루려던 조광조 일파의 몰락은 모함에서 출발했습니다. 조광조에 의한 개혁에 반대하는 사람들의 모함이 시작됩니다. 왕권에 도전한다는 모함, 아주 원초적인 내용이었고 치졸했지만 가장 큰 급소를 건드리는 일이었습니다. 결국 조광조는 무너지게 됩니다. 반대파들이 궁중 동산의 나뭇잎에 꿀로 '주초위왕走肖爲王'이라는 네 글자를 붓으로 써놓으니 벌레가 꿀이 묻어 있는 글자를 갉아먹습니다. 글자 모양이 나타나자, 그 잎을 왕에게 보여 왕의 마음을 흔들리게 하였던 게지요. '주초走·肖' 2자를 합치면 조趙자가 되고, '주초위왕'은 곧 '조趙씨가 왕이 된다'는 뜻이 됩니다. 중종의 마음을 흔드는 계기를 마련한 것입니다. 권력은 항시 다른 권력과 부딪히게 되어 있음을 보게 됩니다.

이렇게 스승 조광조와 그를 따르던 일파들이 반대파들의 의도대로 처형되자 그 밑에서 공부를 했던 양산보는 정치에 뜻을 버리고 고향으로 돌아오게 됩니다. 정치 일선에서는 물러났지만 어릴 적부터 마음에 담아왔던 구상을 현실로 옮기게 됩니다. 유학에 기반한 정신과 도가의 정신을 일부 들인 정원을 만들기 시작합니다. 인위와 자연, 둘 다를 조화시키고 만나게 해 자연미를 한껏 살려 조성한 것이 소쇄원의 완성입니다. 1530년대에 시작해 3대에 걸쳐 완성한 것으로 전해지고 있습니다.

양산보의 생애는 크게 세 시기로 구분 지을 수 있습니다. 1517년 이전까지의 성장기와 1517년부터 1519년까지의 수학기, 그리고 1519년부터 생애를 마감할 때까지의 낙향 은일기로 나누어 볼 수 있습니다. 그 중 은일기인 20대에 결혼을 하고 자식을 낳고 살면서, 소쇄원에 대한 일단의 공사를 구상한 것으로 보입니다. 30대에는 송순, 김인후, 임억령 등과 학문적 교유를 나누

소슬한 바람을 들이면 바람이 어울리고, 대나무 숲을 들이면 숲과 어울린다. 양산보의 철학이 담긴 집이다.

며 더불어 구체적인 소쇄원의 조영에 들어갔습니다. 사상과 철학이 담긴 소쇄원의 조영은 특별한 의미가 있습니다. 건물 하나를 계획하고 짓는 것이 인생관의 발현이며 정체성의 실현이었기 때문입니다. 큰 틀에서의 이상과 부분으로서의 방법적인 면을 검토하고 구체화시켰습니다. 인위의 절대성에서 출발했지만, 그 출발지점에 무위를 함께 버무리고 끌어안아서 인위와 무위가 절묘하게 만나게 하는 한국적인 아름다움을 구현했습니다. 한국인의 심성에는 고유한 한국인만의 감성이 꿈틀댑니다. 핏속에 흐르는 절절한 한국적 기질이 녹아있기에 소쇄원은 한국적인 정서를 그대로 담고 있습니다. 소쇄원의 주인인 양산보와 양산보의 의식을 현실화한 목수와 석수 같은 시대의 장인들이 함께 만들어낸 역작이었습니다. 소쇄원은 가장 한국적인 모습을 지닌 정원 중 하나가 되었습니다. 인생의 깊은 맛을 알고 여유를 마음 안

물의 길과 사람의 길이 담이라는 하나의 인위에 적응하는 풍경은 절묘하다.

으로 들여놓을 수 있는 40대 초에 소쇄원은 완성됩니다.

   20대는 바람을 끌어안아 흔들리는 세대였습니다. 욕망이 넘치지만 꿈만 크고 나아가는 방법은 서툰 세대지요. 30대는 일어서는 방법을 배우는 세대였습니다. 몇 번의 좌절을 맛보고 정체성에 맞는 일을 시작하고 이루어나가

는 세대였지요. 다시 말씀드리지만 40대는 사는 맛을 아는 세대였지요. 인생과 싸우지 않고 친해지는 방법을 알아가는 세대입니다. 50대는 자신을 바라보는 세대입니다. 이루어놓은 것과 실패한 것들을 새로운 시선으로 바라보는 세대지요. 60대는 정리하는 세대였습니다. 조용히 흐르는 방법을 배워야 할 세대지요. 체념도 배우고 눈물도 배운 세대이기에 용서도 알고 버림도 아는 세대였습니다. 이때 욕망을 잘못 배우면 인생을 망칠 수 있습니다. 조용히 흐르는 강물 같은 세대입니다. 70대는 완성하는 세대였습니다. 돌아가는 것을 체험하고, 살아온 인생 전체로 받아들이는 일이 가장 큰 완성이었습니다. 몸으로 마음으로 기울어가는 자신을 직접 체험하는 현장에서 아픔도 내려놓고 열망도 내려놓고 쉬면서 돌아가는 세대입니다. 한 생이 아름다웠음을 자각하고 가면 성공한 인생일 것입니다. 어떠한 인생도 실패한 인생이 없음을 깨닫고 가야 성공한 마무리를 할 수 있습니다. 성공과 실패는 없습니다. 다만 다른 방법으로 살았을 뿐입니다. 70대가 주는 교훈은 다름도, 다르지 않음도 받아들이고 완성하는 세대였습니다.

소쇄원은 양산보가 40대 초반에 완결을 지었습니다. 양산보는 일어서는 30대에서 소쇄원 조성을 시작합니다. 사는 맛을 알게 되는 40대에는 소쇄원을 다 짓고 인생다운 인생을 다시 사는 성공한 인생으로 거듭납니다. 40대 중반에 벼슬길에 천거를 받았지만 나아가지 않고 이곳에 머물며 부친에 대한 효성을 다하였습니다. 본분을 지키려는 의지였습니다. 자신을 바라보는 50대에 양산보는 생을 마감했습니다. 강물의 발원지를 가보면 작고 조촐합니다. 한강의 발원지 검룡소는 샘물 수준이고, 낙동강의 발원지는 이름 그대로 황지 연못입니다. 하지만 이내 큰 강을 만들지요. 보잘것없어 보이는 발원지의 풍경이 유장한 한강을 만들고 낙동강을 만들었습니다. 이내 바다가 만들어졌습니다. 세상과 일정 거리를 두고 살기 위하여 만든 소쇄원은 개인의 정원이었지만 한국적인 심성을 가장 많이 담은 정원이 되었고, 지금은 한국의 건축을 잘 표현한 공간으로 거듭나서 사람들의 마음 안에 자리 잡게 됐습니다.

사람은 고독한 영혼의 소유자지요. 고래의 등처럼 섬입니다. 그 섬에서 벗어날 수가 없습니다. 사람 스스로도 섬이었으니 그렇습니다. 양산보는 사회를 떠난 것이 아니라 음모와 경쟁의 정치판에서 한발 벗어나 새로운 세계를 열고자 한 사람이었습니다. 섬과 섬은 만나야 한다는 교류의 장을 만든 것이었습니다. 고독으로 은둔을 택한 것이 아니라 사회를 지향한 은둔이었습니다. 양산보에 의하여 만들어진 소쇄원은 어느 순간 개인의 것이 아니었습니다. 조선 팔도의 풍류를 아는 사람들의 장소가 되었습니다. 그리고 교육의 장이 되었습니다. 소쇄원 주인과 교류하였던 인사들의 면모를 보면 마음의 폭과 활동영역을 가늠할 수가 있습니다. 송순, 임억령, 김인후, 기대승, 고경명, 김성원, 정철 등 당대의 기라성 같은 선비들이었습니다.

가장 한국적인 원림인 이유는 인위가 자연을 만나 한 수 배운 공간이기 때문

소쇄원 공간을 이해하려면 두 개의 암호문 같은 문을 통하여 보면 알 수 있습니다. 소쇄원도와 소쇄원 48영이라는 자료입니다. 소쇄원도는 판화로 1755년에 만들어졌습니다. 또 하나의 문은 1548년 하서 김인후가 쓴 소쇄원 48영입니다. 이 두 개의 암호문 같은 자료를 통해서 소쇄원의 당시 모습을 복원할 수 있습니다. 현재는 4,060m² 면적의 담장 안 영역으로 이해되고 있지만 실은 아닙니다. 소쇄원의 범위를 포괄적으로 보면 내원과 담장 밖 공간의 외원으로 대별할 수 있습니다. 지금 우리가 보는 것은 상당 부분이 제외된 축소공간으로서 소쇄원을 만나기 때문에 소쇄원의 공간배치와 철학이 퇴색되어 있습니다. 소쇄원도와 소쇄원 48영을 중심으로 그 시제에 나타난 내용에서 소쇄원의 구성요소를 알 수 있습니다.

우선 지어진 시기를 살펴보면 김인후가 「소쇄정 즉사」를 지은 때가 1528년입니다. 「소쇄정 즉사」는 소쇄정에 올라 즉석에서 지은 시란 뜻입니다. 혼동은 다음에서 발생합니다. 송강 정철이 지은 「소쇄원제 초정」이란 시에서 '자신이 태어난 해에 이 정자가 조성되었다' 하여 1536년으로 적었기 때문입니다. 면앙정 송순의 「종제양언진소쇄정」이 1534년에 만들어진 것을 보더라도 1520년 중반 소쇄원이 만들어지기 시작하여 1536년경 일차적인 완성이 있었던 것으로 추정됩니다.

소쇄원 내원은 소쇄원도와 48영에 의하면 입구 공간, 대봉대 공간, 계류 공간, 화계 공간, 광풍각 공간, 제월당 공간, 담장, 고암정사와 부훤당 터로 구분할 수 있습니다. 소쇄원을 단순한 은둔처나 정자 몇 채가 들어서 있는 정원으로 설명할 수는 없습니다. 자연과 인공을 조화시킨 조선 중기의 정원 가운데 대표적인 정원입니다. 정원은 계곡을 중심으로 하는 사다리꼴 형태로 되어 있습니다. 정원 내에는 대나무, 소나무, 느티나무, 단풍나무들로 된 숲이 있습니다. 주위에는 흙과 돌로 쌓은 자연스러운 담이 있는데 '애양단', '오곡문', '소쇄처사양공지려'의 석판과 목판 글씨가 담벼락에 박혀 있습니다. 세속의 벼슬이나 당파싸움에 나서지 않고 자연에 귀의하여 전원이나 산속 깊숙한 곳에 따로 집을 지어 유유자적한 생활을 즐기려 만들어 놓은 정원입니다. 이러한 것을 별서정원이라고 합니다. 세상과 일정한 거리를 두고 살아가겠다는 의미를 다분히 담고 있습니다. 여기서 그는 처남 김윤제, 외사촌형 송순, 김인후 등을 비롯한 당대의 쟁쟁한 선비들과 교류하고 후학을 가르쳤습니다. 정치 일선에 나서지 않고 조용히 초야에 묻혀 사는 선비라는 뜻의 처사공이라고 부르게 된 것도 이러한 연유에서입니다.

솔숲의 바람소리와 대밭의 바람소리가 다릅니다. 솔숲에서는 바람이 '우' 하고 불고, 대밭에서는 '쏴' 하고 붑니다. 가만히 귀 기울이면 솔숲에서는 바람이 횡으로 불고, 대밭에서는 종으로 일어섭니다. 소나무는 한겨울에도 푸름으로 의지를 표현했다면 대나무는 비움으로 하늘의 소리를 얻었습니다. 대나무가 비어 있지 않다면 대금이나 퉁소 같은 악기로 태어났겠습니까. 비움은 큰 것을 받아들이고 내보내는 완성의 공간이었습니다. 한국의 건축이 비움으로 자연을 받아들이는 큰마음이듯이 말입니다. 숲 사이로 난 길은 역동적으로 몸을 뒤틀며 대숲을 지나고 솔숲을 지나, 활엽수 늠름한 원림에 도달합니다. 고맙고 반가운 길이 안내한 곳은 소슬한 집이 소박하게 자리한 정원입니다. 집이 쓸쓸하게 느껴집니다. 바람이 머물지 않고 지나가고 물은 흘러가고 있었습니다.

소쇄원은 물이 흘러내리는 계곡을 사이에 두고 각 건물을 지어 자연과 인공이 조화를 이루는 대표적 정원입니다. 소쇄원의 화계 담벼락에는 송시열이 쓴 '소쇄처사양공지려瀟灑處士梁公之廬'라는 글귀가 새겨져 있습니다. 처사는 벼슬을 하지 않은 선비를 지칭하고 양공이란 양씨 성을 가진 사람을 높여 부르는 호칭이니 '소쇄처사양공지려'라는 말은 벼슬을 하지 않은 선비의 조촐한 집이나 오두막집, 거처라는 뜻입니다. 물론 '려廬'는 자신의 집을 낮추어 표현하는 것이기도 합니다. 조촐한 집이나 오두막 같다고 낮추어 말하고 있지만, 결코 조촐하거나 오두막집으로는 보이지 않지요. 그리고 소쇄원이 지금의 몇 배나 되는 면적에 현재의 건물 말고도 여러 곳에 지어져 있어 넓은 지역을 포괄하는 별서정원이었음을 감안하면 송시열의 표현은 낯이 붉어지지요. 그때나 지금이나 녹봉이 정해 있는 공직자가 큰 집을 짓고 잘 살 수 있었던 것에는 머리가 갸우뚱해지는 걸 어쩔 수가 없습니다. 나라를

한 발 한 발 걸을 때마다 다른 풍경을 만든다는 소쇄원. 인위가 자연을 만나 한 수 배운 공간이다.

잃은 것을 낙망하여 보길도로 숨어든 윤선도가 누린 향락과 여유는 가차없이 한심스럽고, 나라의 추앙을 받는 청빈한 선비처럼 보이는 퇴계 이황도 노비가 3백여 명이었다는 것을 생각하면 아득해집니다. 황희 정승이 생전에 재산문제로 여러 번 상소가 올려진 것에서도 한 점만을 부각하여 성인화하는 것은 조심해야 할 듯합니다. 공과는 냉정하되 오늘의 잣대만도 아닌 당시의 상황도 고려해야 할 듯합니다. 소쇄원 정원의 아름다움을 이야기하는 오늘의 담론으로는 어울리지 않으니 서둘러 다른 이야기로 옮겨가지요.

 소쇄원은 제월당과 광풍각, 오곡문, 애양단, 고암정사 등 10여 동의 건물로 이루어져 있습니다. 양산보가 계곡 가까이 세운 정자를 광풍각이라 하고 방과 대청마루가 붙은 집을 제월당이라고 했습니다. '가슴에 품은 뜻이 맑고 맑음이 마치 비갠 뒤 해가 뜨며 부는 청량한 바람과도 같고 비 개인 하늘

길은 물이 만나는 장소다. 물은 연속되지만 대지와 대지의 단절이기도 하다. 나무로 길을 이어 두 세계가 만난다.

의 상쾌한 달빛과도 같다'라는 뜻의 이름입니다. 처사로서 양산보의 삶과 마음이 맑고 깨끗할 것을 다짐한 것인지도 모릅니다.

제월당은 정자라기보다는 정사의 성격을 띠는 건물로 주인이 거처하며 조용히 독서하는 곳이었습니다. 당호인 제월霽月은 '비 갠 뒤 하늘의 상쾌한 달'을 의미합니다. 제월당 전면에 여러 개의 단을 만들어 주거형식으로 건축하여 마당을 두었습니다. 좌측 1칸은 다락을 둔 온돌방이며 중앙 칸과 우측 1칸은 우물마루구조입니다. 전면과 좌측면은 개방되어 있는 반면에 뒷면은 판벽과 판문으로 되어 있습니다. 기단은 막돌허튼층쌓기한 기단 위에 덤벙주초를 놓고 방주를 세웠습니다. 이해할 수 없는 단어에 머리가 복잡해진다고요. 그럴 것 같습니다. 저도 그랬거든요. 우리말은 다시 한 번 새겨들으면 아하! 하게 되지요. 조금만 설명을 할까요. 우물마루라는 것은 우물 정井자 아시지요. 바닥모양이 정자 모양을 했다는 것입니다. 다락은 아시지요. 부엌 위에 2층처럼 만들어서 물건을 넣어 두는 곳으로 보통 출입구는 방 쪽에 있습니다. 한옥집에서는 가장 높은 곳이지요. 판벽은 나무판으로 된 벽을 말하고, 판문은 벽이면서 문인 이중성의 벽을 말합니다. 막돌허튼층쌓기란 말 그대로입니다. 막돌이란 다음어지지 않은 돌을 말하고, 허튼이란 말은 감이 오시지요. 바른 것이 아닌 허튼 생각한다는 말의 허튼이지요. 허튼층쌓기란 대충대충 쌓아올린 쌓기 방법을 말합니다. 조금 어려운 단어가 나옵니다. 덤벙주초라는 말이지요. 먼저 주초는 기둥을 세울 때 나무 기둥 밑에 받침돌입니다. 받침돌을 주초라고 하는데 덤벙은 덤벙거린다는 말을 떠올리면 됩니다. 다듬지 않은 자연석을 그대로 사용한 것이 덤벙주초지요. 덤벙주초는 받침돌이 일정하지 않고 울퉁불퉁하니 기둥으로 쓸 나무도 면에 맞게 다듬어야 하니 힘이 들지요. 나무를 받침돌의 불규칙한 면과 맞게 다듬는 것을 그렝이질이라고 하고, 방법을 그렝이기법이라고 합니다. 우리나라 많은 건축물들이 이러한 기법을 상용하고 있습니다. 설명이 더 어렵다고요.

배흘림기둥은 아시지요. 기둥이 가운데 배가 나와서 배흘림기둥인데 이에 반대되는 기둥이 민흘림기둥이지요. 민자라는 말 종종 쓰잖아요. 위아래가 없이 밋밋한 것을 말합니다. 우리말의 묘미는 한 번 들으면 잊어버리지를 않지요. 우리의 마음과 꼭 들어맞아 그렇습니다. 제월당이 주인을 위한 집이라면 광풍각은 객을 위한 사랑방이라 할 수 있습니다. 광풍각은 1597년 불에 타버리고 1614년 4월에 중수하였습니다. 광풍각은 소쇄원의 하단에 있는 별당으로 건축된 정면 3칸, 측면 1칸 전후퇴의 팔작지붕 한식기와 건물입니다. 잘 모르시겠으면 사전을 찾아보시지요. 아는 분들이 지루해 하실 것 같아섭니다.

한옥의 크기는 보통 칸으로 표시하는데 칸은 기둥과 기둥 사이의 공간을 말합니다. 정면 3칸이니 기둥이 네 개인 건물이란 뜻입니다. 초가삼간이 바로 여기에 해당하지요. 팔작지붕은 한옥의 세 가지 지붕 형태의 하나인데 마주 보는 모양이면 맞배지붕, 측면이 팔八자 모양이어서 팔작지붕, 우진각은 지붕 모서리의 추녀마루가 처마끝에서부터 경사지게 오르면서 용마루에서 합쳐지는 지붕을 말합니다. 한마디로 표현하면 처마끝이 올라가는 지붕이지요. 버선코처럼 살짝 든 지붕을 말합니다.

소쇄원에서 가장 풍광이 빼어난 곳은 어디일까요. '소쇄원도'에 의하면 소쇄원에는 정자가 8개 있는데, 48영의 제1영에 나타나는 '소정빙란小亭憑欄'이란 시제가 어떤 정자를 나타내는가를 알면 답이 나옵니다. 소정을 '소쇄원의 경치는 통틀어 소쇄원정이로세, 우러러보니 시원하고 귀에는 영롱한 소리'라며 소쇄원 경치의 중심이 소쇄정이라는 것을 말하고 있습니다. 소정은 소쇄정이지요. 소쇄원의 입구에서 그리 멀지 않은 곳에 넓은 축대가 있습니다. 여기에 초가로 작은 정자를 꾸미고 그 축대 옆엔 물길을 내어 작은 연못을 만들고 고기를 놓아먹여, 손님이 오면 낚시로 건져 회 안주로 삼았다고 합니다. 이 정자는 작고 낮은 데 위치했으나 소쇄원 전체가 한눈에 들어오는 곳입니다. 초정이 서 있는 축대 아래에는 인공으로 조성한 연못인 '상지'와

'하지'가 있는데, 상지로 드는 물은 상류의 자연적 계류에서 나무로 물길을 따로 내어 끌어들이고 다시 이곳 상지의 물은 대나무로 난 가는 길을 통해 하지에 이르게 됩니다. 하지에는 잉어가 여러 마리 헤엄치며 놀고 있습니다. 상류 쪽으로는 아름다운 담장이 둘러져 있으며 '오곡문'이란 글자가 담벼락에 새겨져 있습니다. 문은 문이되 닫을 수 없는 문으로 도가적인 무위의 한 모습을 구현하고 있습니다. 오곡문은 외부의 자연적인 계류를 담장의 조성에 의해 방해 받지 않도록 담장 아래 돌로 만든 수문을 통해 소쇄원 영역으로 이끌어 들이는 곳입니다.

추운 겨울철이라도 볕이 따뜻하게 드는 애향단은 남서향하고 있으며 관념적 동기는 효였지요. 겨울철 북풍을 막아주고 언제나 따뜻한 볕을 준다는 의미부여의 과정을 통하여 애양단에서 효에 대한 신념이 구체화하고 있습니다. 소쇄원은 이 외에도 고암정사와 고훤당 그리고 담장 밖의 소쇄원이 있었으나 지금은 사라지고 없습니다.

400여 년이 지난 지금도 건재한 소쇄원은 나무로 된 건축물입니다. 나무의 수명이 이렇게 긴 것은 나무의 몸이 가진 체질을 읽고 인위의 공간을 축조한 장인의 마음에 있습니다. 이념은 주인이 설계했고 건축물의 축조는 당대의 장인의 손길로 만들어졌으니 그렇습니다. 조선의 마음과 조선의 손길이 만나 풍경은 조촐하나 가볍지 않고, 의미는 새록새록 하지만 원근이 깊은 소쇄원, 즉 원림 하나를 선물 받았습니다.

걷고 싶은 길

웃음을 데리고 따라오기도 하고,
눈물을 데리고 찾아오기도 하는 바람이
향기로운 길을 가다

다랭이마을 _256
주왕산 내원동 길 _272
광양 청매실 마을 _288
삼척 굴피집 길 _303
퇴계 오솔길(녀던길) _319
울진 금강송 군락지 길 _334

다랭이마을

다랭이논이 생긴 모습 그대로 아름다웠듯이 그 땅을 일구는 아름다운 사람들

경남 남해군 남면 홍현리 가천 다랭이마을. 무모함으로 더 아름다워질 수 있다면 무모함을 주저하지 않으리라. 다랭이마을에 가면 좁고 경사진 땅을 일구고 살아가는 사람들을 만나게 됩니다. 바다로 열린 다랭이마을은 좁은 땅에서 무한 확대를 지향한 작은 거인의 마음이 보입니다. 황소걸음이었으면 좋겠다, 싶은데 종종걸음을 걷고 있는 것이 사람의 사는 모습이더군요. 헌데 다랭이마을에 오면 황소걸음을 받아들인 영웅을 볼 수 있게 되니 마음이 후련해집니다. 먹고사는 일이 벅차고 고되지만 바다를 바라보고 사는 일은 호사인지도 모르지요. 든든한 후원자로 산이 마을을 받쳐주고 있는 마을입니다. 경사지를 따라 가지런하게 만들어진 논과 밭. 논과 밭의 모양은 경사진 모양을 닮아 만들어졌기에 기다랗고 좁지만 한 해 농사를 짓기에는 딱 맞춤이도록 잘 정리되고 다듬어져 있습니다. 논과 밭이 그냥 아름다운 풍경이 되었습니다. 저는 이곳 다랭이마을에서 농사를 짓는 마음이, 사람 사는 모습이 그냥 아름다워질 수 있음을 보게 됩니다. 한곳에 머무는 다랭이논이었지만 마음은 바다를 들여놓고 하늘을 들여놓았습니다. 토착의 근거가 작고 경사진 땅이어서 가난하고 힘든 인생을 엮어가야 하지만 다랭이논이 그 생긴 모습대로 아름다웠듯이 그 땅을 일구는 사람들 또한 정말 아름다웠습니다.

다랭이논, 다락논이라고도 한다. 밭 갈던 소가 한눈팔면 떨어질 만큼 작고 경사져 있지만 마음은 무한확대되는 바다와 만나는 곳이다.

모든 일에는 뜻밖에도 뚜렷한 근거와 이유가 없음을 깨닫게 되더군요. 행복의 이유가 행복하다고 생각하는 마음 외에 어떤 것도 없음을 나이 들어 이해하기 시작했듯이 살아가는 이유가 확실한 근거가 있어서가 아니라 그냥 살아있음을 즐기면 되는 것이었습니다. 행복한 사람은 행복하다고 생각하며 살고 불행한 사람은 불행하다고 생각하며 사는데, 그 근본적인 이유는 단지 그렇게 생각하고 있다는 것입니다. 참 신기하지요. 행복의 이유가 단순하다는 것 말입니다. 물론 치명적인 가난은 사람을 힘들게 하고 행복을 빼앗아 가는 것을 여러 군데서 보았습니다. 하지만 아주 기본적인 의식주가 해결되고 나서부터는 욕망이었습니다. 밥 세끼를 먹을 수 있는 그 이상은 욕심이었던 게지요. 더 맛있는 것을 먹고, 더 좋은 옷을 입는 것이 부질없는 것임을 알게 되었습니다. 욕망과 현실의 낙차만큼이 불행의 원인이 되었습니다. 원인과 분석을 하는 합리적인 사람들에게 도리어 불행은 찾아오고 있음을 보았지요. 그 이유는 합리적인 사고라는 것이 아쉽게도 사람이 부조리한 존재에 기반하고 있었기 때문입니다. 사람이 살아갈 수 있는 만큼의 물질 이상을 구하는 것은 부조리였습니다. 그곳에서 새로운 욕망으로 인한 결핍이 생기고 있었습니다.

  밭 갈던 소도 한눈팔면 절벽으로 떨어진다는 말이 있을 정도로 가파른 절벽으로 이뤄진 다랭이논. 겨우 연명할 정도의 땅을 만들어 생을 이어가고 있었습니다. 농경지가 적은 이곳 사람들이 대지를 대하는 양식이 다랭이논이지요. 적게는 3평에서부터 커 봐야 30평 정도의 논이 절벽을 따라 이어져 있어, 보는 이들을 숙연하게 합니다. 드물게 300평 정도의 농지를 가진 사람이 부농이라고 하니 알뜰하고도 살뜰하게 사는 사람들의 마을입니다. 300평이라면 시골마을의 텃밭을 낀 집 한 채의 면적이니 그 크기를 짐작할 수 있을 듯합니다. 다랭이논에 대한 이런 일화도 전해집니다.

    옛날에 한 농부가 일을 하다가 논을 세어보니 한 배미가 모자라 아무리 찾아도 없길래 포기하고 집에 가려고 삿갓을 들었더니 그 밑에 논 한 배미가 있었다.

  배미는 이곳에서 논을 세는 단위지요. 삿갓 하나 정도를 한 배미라고 한다는 것을 은연중에 이야기하고 만 셈입니다. 삿갓만 한 작은 크기의 다랭이논을 다랭이 삿갓배미라 한다는군요. 다랭이마을은 설흘산이 바다로 내리지르는 45° 경사의 비탈에 석축을 쌓아 108층이 넘는 계단식 논을 일구어 놓은 곳으로 사람들의 억척스러움을 느낄 수 있는 곳입니다. 땀 흘리고 노력하는 사람들의 전형을 보는 듯합니다. 바다를 끼고 있지만 배 한 척이 없는 마을로 마늘과 벼가 주 소득 작목입니다. 어촌에 배가 없다는 것도 참 드문 일이지요. 농사는 삿갓만 한 논 몇 배미를 가지고 살아가면서도 넉넉한 인심을 가질 수 있다는 사실에서 부자

일을 하다 논을 세어보니 논 한 배미가 모자라 찾다가 삿갓을 들어보니 그 밑에 논 한 배미가 들어 있었다고 할 만큼 작지만 인심은 넉넉하다.

와 가난한 자의 차이는 마음의 일이라는 걸 다시 한 번 생각해 봅니다. 최남단에 자리하고 있어 한겨울에도 눈을 구경하기 어려운 따뜻한 마을로 쑥과 시금치 등의 봄나물이 가장 먼저 고개를 내미는 곳이기도 합니다. 해풍의 영향으로 작물의 병해충 발생률이 낮아 친환경농업이 가능한 마을입니다. 아직도 개울에는 참게가 살고 있고, 얼레지나 용담, 가마우지 등이 서식하는 천혜의 자연여건을 지닌 마을이지요.

우리의 전통마을이 크지 않습니다. 다랭이마을도 옹골찬 사람들이 모여 작지만, 마음을 나누고 정을 나누며 살아가는 마을입니다. 농토를 한 뼘이라도 더 넓히려고 산비탈을 깎아 곧추 석축을 쌓고 계단식 다랭이논을 만들었습니다. 아직도 농사일에 소와 쟁기가 필수인 마을입니다. 사람의 손이나 소의 힘을 빌리지 않고는 농사를 지을 수 없을 정도로 작은 논과 밭이니 그렇습니다. 마을인구의 90% 이상이 조상대대로 살아오는 사람들이라 네 집 내 집 없이 식사시간에 앉은 곳이 바로 밥 먹는 곳이 되는 아직도 인정이 살아 있는 마을입니다. 논을 갈거나 밭을 갈 때 가파른 경사만큼 힘이 들어도 바다가 열리고 하늘이 열리는 현장에서 일하다 보면 마음도 넓어지나 봅니다. 인정이 넘치는 마을이라니 하늘이나 바다를 이야기하지 않을 수가 없는데 말입니다. 어촌이면서도 배가 없는 마을, 농토라고 하기에는 작은 면적의 다랭이논이 전부인 곳에서 인심은 어떻게 나왔는지 생각하면 행복은 행복하다고 생각하는 사람의 특권이라는 생각이 듭니다.

마을 사람들은 이러한 사람들이 찾아오라고 주문하고 있습니다. 겨울철 집 마당에서 바다에서 바로 떠오르는 집채만 한 태양을 가슴에 품고 소원을 빌고 싶으신 분, 따뜻한 봄 가장 먼저 돋아나는 쑥이나 시금치 같은 나물을 캐고 싶으신 분, 여름철 바지를 걷어붙이고 소가 갈아주는 논에서 손 모내기를 해보고 싶으신 분, 땀 흘린 후 파도소리를 반찬 삼아 논두렁 새참을 맛보고 싶으신 분, 가을철 냇고랑의 돌을 뒤져 참게를 잡고 갯바위에서 씨알이 굵은 감성돔을 낚아보고 싶으신 분은 언제든 찾아오라고 합니다.

설흘산은 다랭이마을 뒷산 이름으로 '소흘산' 또는 '망산'이라고도 합니다. 해발 482m 설흘산 정상에는 자연석 기단으로 폭 6m, 높이 6m의 방형 봉수대가 축조되어 있습니다. 지금도 흔적이 남아 있는 봉수대에 서면 앵강만과 남해 바다가 보이고, 이곳에서 보는 일출은 절경 중의 절경이라는데 저는 다랭이마을에서 일출을 보지 못했습니다. 머무는 날에 구름이 끼어 아쉬웠는데, 바다안개가 바다와 섬을 드러내고 숨기는 풍광은 일품이었습니다. 적막마저도 숨죽이면 가능할 듯한 고요가 바다에는 있습니다. 파도가 끊임없이 육지로의 상륙을 시도하며 철썩이지만 조금만 떨어져서 바다를 바라보면 어떤 소리도 흔들림도 없는 침묵으로 보입니다. 설흘산 봉수대는 임진왜란 때 남해안으로 오는 왜구의 침입을 금산 봉수대와 사천, 전남 등에 연락하기 위해 만들어졌다고 전해 오고 있습니다.

설흘산에서 내려다보면 깊숙하게 들어온 앵강만이 한눈에 들어오고 거기에서 보는 빼어난 일출은 장관이지요. 앵강만은 남해에서도 가장 아름다운 바다로 손꼽히는 절경 중 하나지요. 남해도의 아래쪽 오목하게 들어간 부분에 해당되지요. 꾀꼬리 앵鶯자에 물 강江자를 쓰는데 꾀꼬리 울음소리같이 잔잔한 호수 같다 하여 그 이름이 앵강만입니다. 앵강만의 매력을 제대로 느끼려면 급하게 스쳐가서는 안됩니다. 시간과 평화조약이라도 맺고 아주 천천히 걸어보시기 바랍니다. 바다를 바라보며 걷기에 좋은 도로입니다. 맨발로 걸어도 무방할 만큼 도로가 깨끗합니다. 아쉽다면 흙길이 아니어서 부드러운 감촉을 느낄 수는 없지만 풍광은 뛰어납니다. 바다가 사람의 마음을 얼마나 편안하고 따뜻하게 해 주는가를 깨닫게 됩니다.

인접하고 있는 전남 향일암 주변 해안지역뿐만 아니라 한려수도의 아기자기한 작은 섬들도 조망할 수 있는 곳이기도 합니다. 서포 김만중의 유배지인 앵강만 입구의 노도가 아늑하게 내려다보이기도 합니다. 옛날 이곳에서 배

다랭이논과 바다. 꾀꼬리 울음소리같이 잔잔하다 하여 붙여진 앵강만이다. 바다 건너에는 서포 김만중의 유배지인 노도가 있다.

의 노를 많이 생산했다고 해서 노도櫓島라고 부릅니다. 서포는 숙종 때 기사사화에 연루돼 이 섬으로 유배됐습니다. 노도는 작은 섬으로 지금은 섬 전체에 몇 집이 없지만 서포가 살던 집터는 아직도 남아있습니다. 당시에도 김만중의 유배지에는 달랑 집 한 채만 있었다고 합니다. 파도가 조금만 높아도 들어갈 수 없는 곳이어서 저는 두 번째 방문에서야 겨우 들어갈 수 있었습니다. 들어가면서 먹고살기 어려웠던 곳임을 직감할 수 있었습니다.

바다만 바라보고 한숨만 쉬는 사나이, 노도에서 소설을 쓰기 시작한 김만중

노도의 빈터에는 바람과 햇살만 가득했지요. 그곳도 이곳 다랭이마을과 다름없이 가파른 경사에 겨우 집 한 채를 지을 만큼 좁은 공간이었지요. 김만중은 노도에서 병사한 뒤, 유언에 따라 노도의 산등성이에 묻혔다가 후에 후손들이 이장해 갔습니다. 묘가 있던 자리를 마을 사람들은 지금도 '노지나 묏등'이라 부르지요. 집터 근처에는 서포가 마음을 달래던 옹달샘이 하나 있습니다. 김만중의 집터 골짜기는 노도에서 하나밖에 없는 골짜기이고 유일하게 물이 모이는 곳입니다. 하지만 지금은 샘터만 남아 있을 뿐 먹을 수 있는 물이 고여 있지는 않았습니다. 서포는 여기에 초막을 짓고 살았지요. 온종일 바다만 응시하며 한숨을 쉬던 노인을 두고 마을 사람들은 그를 '묵고 노자할배'로 불렀다고 합니다. 손수 파놓은 옹달샘의 물을 마시고 솔잎 피죽으로 근근이 연명하면서도 당최 일이라곤 안 하니 그런 별칭이 붙었다는 것이지요. 바다만 바라보고 한숨만 쉬는 사나이, 그는 노도에서 소설을 쓰기 시작합니다. 『구운몽』이지요. 구운몽의 탄생은 한 편의 소설 같기도 합니다.

어머니는 자식이 하도 보고 싶어 서울에서 남해까지 왔다. 자식의 적소까지 다 가설 수가 없어서 애를 태웠다. 노도에 있는 김만중을 만나려면 특별하게 마련된 배가 필요했다. 하지만 그것은 불가능한 일이었다. 주석 아범은 백방으로 손 써봤지만, 배를 구할 수 없었다. 먼발치에서라도 소리쳐 이름 불러볼 수 있을 정도로 다가갔다. 김만중은 울음을 참으면서 소리 질러 집안 안부를 물었다. 어머니는 주석 아범 목소리를 빌려서 부디 몸조심하라 신신당부했다. 늦은 봄날이었다. 하루 종일 이름을 부르고 또 불렀다. 마침내 어머니가 혼절했다. 주석 아범은 어머니를 등에 업고, 아내는 나귀를 몰고 돌아섰다. 아내가 가다 말고 자꾸 뒤를 돌아보았다. 세 사람의 모습이 사라져갔다. 김만중은 바닷가에 무릎을 꿇고 앉아 오래오래 울었다. 늦은 봄밤이 깊어 와 파도소리도 따라 울었다.

그날 이후 김만중은 소설 쓰기에 매달리게 됩니다. 어머니께 보내드리기 위해서였지요. 김만중은 어머니께 지키지 못한 약속이 있었습니다. 지난날 그가 중국 사신으로 가게 되었을 때 어머니는 중국 소설책 몇 권을 구해와 달라고 부탁한 적이 있었는데 분주한 나머지 어머니의 부탁을 그만 잊어버렸습니다. 그 뒤로 다시는 중국 여행길이 마련되지 않아 늘 어머니께 송구한 마음이었지요. 김만중은 노도에서 그렇게 어머니와 이별한 뒤로 지키지 못한 어머니와의 약속을 다시 떠올렸습니다. 우리나라 소설의 백미라고 하는 구운몽은 그렇게 귀양지 노도에서 써졌습니다. 노도는 다랭이마을에서 멀리 보이는 곳이라고 말씀드렸지요. 어머니를 생각하며 쓴 소설이지만 어머니는 읽지를 못하고 맙니다. 소설이 완성되었을 때에는 이미 돌아가신 후였습니다. 김만중도 노도에서 쓸쓸하게 죽음을 맞습니다. 귀양살이 3년 만이었습니다.

다랭이마을에서 멀리 보이는 노도의 쓸쓸한 이야기와는 달리 힘없고 가진 것이라곤 다랭이논이 전부인 이곳 사람들의 집에는 오히려 웃음이 넘치고는 합니다. 다랭이논은 계단식 논을 말하는데 높고 좁은 곳에 있다고 하여 다락논이라고도 합니다. 계단식 논보다는 다랭이논이나 다락논이 듣기에 좋습니다. 가천마을에선 원래 달팽이논으로 불렀다고 합니다.

다랭이마을에는 몇 가지의 특별한 점이 있습니다. 그중 하나가 암수바위지요. 보기에 민망할 수도 있지만 원초적인 모습에 빙그레 웃음이 나오기도 합니다. 그렇다고 생긴 모양을 보고 '호호호' 웃지 마시고 '하하하' 웃으셔야 방탕하다는 이야기를 모면할 수 있습니다. 여자 분들은 '호호호' 웃어야지 '히히히' 하고 웃으면 오해받기 십상입니다. 늘 감추고 살아 드러내 놓는 것이 어색하지만 그래도 자연이 만들어놓은 것이니 즐기시기 바랍니다. 많이 닮았거든요. 남근이나 여성의 치부가 가감 없이 솔직해서 멋쩍어지지만 다랭이마을에 온 김에 즐겨야지요. 크기도 나와 있으니 참고하시렵니까. 남근의 크기는 높이가 약 4.5m, 둘레 1.5m 정도이고, 여자의 치부를 닮은 바위의 크기는 높이 약 3.9m, 둘레 2.5m 정도입니다. 직접 보지 않고는 실감이 가지 않지만 보면 웃음이 절로 나옵니다. 전설도 있습니다. 전설이라기보다는 기록이라고 보아야 합니다. 너무 구체적인 기록이어서 믿지 않을 수가 없습니다.

조선 영조 27년(1751년) 어느 날, 이 고을 현감인 조광진의 꿈에 갑자기 한 노인이 나타나 "내가 가천 바닷가에 묻혀 있는데 우마牛馬의 통행이 너무 잦아 세상을 보고 싶어도 보지를 못해 견디기 어려우니 나를 일으켜 주면 필경 좋은 일이 있을 것"이라고 말하고는 사라졌다. 이상하다고 여긴 현감이 이튿날 아침 관원을 데리고 이곳으로 달려와 일러준 대로 땅을 파보니 두 개의 큰 바위가 나와서 암미륵은 파내어 그대로 두고, 수미륵은 일으켜 세워 매년 미륵을 파낸 날 풍요와 다산을 기원하는 미륵제를 지내오고 있다.

암미륵과 수미륵은 여성과 남성의 치부를 그대로 부르기 민망하니 순화시키기 위한 방편인 이름인 듯합니다. 자식을 얻고자 하는 사람이 이 바위에

남근이나 여성의 치부를 닮은 바위가 가감 없이 솔직하고 당당해서 쑥스럽지만 함부로 웃었다간 방탕하다고 오해받기 십상이다.

기도를 올리면 옥동자를 얻는다는 이야기로 많은 사람들이 찾고 있습니다. 일반적으로는 암수바위라고 불리지요.

　가천 다랭이마을의 유래에 대한 자세한 자료는 없으나 대대로 마을에서 살아온 김해 김씨, 함안 조씨가에 전해오는 자료로 미루어 볼 때 신라 신문왕 당시로 추정되어지고 있으며, 미륵 전설과 육조문에 대한 전설로 보아 고려시대 이전에 마을이 형성되었다고 볼 수 있습니다. 400여 년 전에 일어난 임진왜란 시 사용된 것으로 추측되는 설흘산 봉수대는 이미 그전에 이곳 가천 다랭이마을에 집단적으로 사람이 거주했다는 사실을 증명하고 있습니다. 전해오는 마을의 옛 이름은 간천間川이라 불리어 왔으나 조선 중엽에 이

가난하게 살았지만 굶어죽은 영혼들을 위하여 제사를 지내주는 따뜻한 마을이다. 밥무덤은 죽은 영혼들을 위한 제단인 셈이다.

르러 가천加川이라고 고쳐 현재에 이르고 있습니다. 마을 뒷편의 육조문, 설흘산, 응봉산 등에서 자생하는 얼레지, 용담, 춘란, 구절초, 원추리 등 풍부한 야생식물 자원과 마을을 가로지르는 두 하천에 서식하는 참게를 비롯한 민물생물, 바다의 다양한 해산물과 어류 등 많은 생물이 서식하는 것으로 알려졌습니다. 이러한 먹잇감과 따뜻한 기후를 가진 가천마을의 해안가에는 가마우지가 매년 이곳에서 겨울을 나기 위해 집단서식을 하고 있기도 합니다.

그리고 다랭이마을에는 마을 한가운데 돌탑처럼 우뚝 솟아나 있는 '밥무덤'이라는 것이 있습니다. 언뜻 보면 돌탑 같기도 하고 돌무더기 같기도 합니다. 3층의 돌층계 위에 탑 장식 모양을 띤 반원 모양의 돌이 올려진 '빱꾸디'지요. '밥구덩이'라고도 합니다. 밥무덤을 달리 부르는 말입니다. 이 마을 사람들은 해마다 이 탑 가운데 뚫린 네모난 구멍 속에 밥을 묻어 풍년 농사와 마을 사람들의 안녕을 비는 동제를 지냅니다. 제례절차는 강신降神, 삼신參神, 초헌初獻, 독축讀祝, 아헌亞獻, 사신四神, 소지燒紙, 음복飮福의 순서인 유교식으로 행하고 풍년과 풍어를 기원하는 소지를 다섯번 올리며, 소지를 올린 뒤 젯밥을 한지에 싸서 밥무덤에 묻습니다. 옛날에는 제가 끝난 뒤 매구도 치고 횃불놀이도 하였다고 합니다. 매구란 농악을 이야기합니다. 지금은 징, 꽹과리를 치고 노는 것으로 축소되었습니다.

삶의 지속은 먹는 것에 있습니다. 먹어야 살지요. 하지만 이 조그만 마을에서 작은 땅에 씨를 뿌리고 거두어들인 것으로 살아야 하는 일은 고난이기도 했습니다. 가난해 본 사람은 가난한 사람의 마음을 압니다. 배고파 본 자만이 배려를 뼈저리게 생각합니다. 남해군 남면 홍현리 가천 다랭이마을은 58가구에 150여 명이 거주하는 마을입니다. 굶은 사람에게 밥을 지어 주어야겠다는 생각은 굶어보아서 알지요. 다랭이마을에는 밥무덤이란 것이 그래서 생겨났으리라 생각됩니다. 밥무덤 동제는 제삿밥을 얻어먹지 못하는 영혼을 위로하는 일종의 합동제사라고 할 수 있습니다. 제삿밥을 얻어먹지 못하는 영혼에게 밥을 지어주어 위로하고 해코지를 하지 말아 달라는 일종의 액막이 제사지요. 해안에 바짝 붙어 있는 '밥무덤'에서 그 어려웠던 세월을 살아오며 질기게 이어온 생이 보입니다. 밥무덤은 마을 중앙과 동, 서쪽 세 군데에 있는데, 매년 음력으로 10월 15일 저녁 8시경에 주민들이 모여 중앙에서 동제를 지냅니다. 제주는 한 달 전에 마을에서 가장 정갈한 사람으로 지정하는데 집안에 임신을 한 사람이 있어서도 안 되고, 잔칫집이나 상갓집 방문도 삼가고, 집 대문에도 금줄을 쳐서 부정한 사람이 제주 집에 못 들어오도록 정성을 다합니다. 제사를 지내기 전에 마을 뒷산 깨끗한 곳에서 채취한 황토를 기존 밥무덤의 황토와 바꾸어 넣고 햇곡식과 과일, 생선 등으로 정성스럽게 상을 차려 풍농과 마을 안녕을 비는 제를 올립니다. 제사를 지낸 밥을 한지에 싸서 밥무덤에 묻어 둡니다. 전통을 아끼고 보존하는 마음으로 대대로 전 동민이 일심동체가 되어 매년 정성껏 제를 지내고 있습니다. 해가 둥실 떠오르는 날 동제를 지내는 것이지요. 달이 휘영청 밝은 날에 바다가 코앞인 마을에서 제사를 올리는 풍경은 누가 뭐래도 하나의 풍경이겠지요.

다랭이마을은 다랭이논이 주는 풍광이 더없이 사람을 찾아오게 하지만 바다가 찾아와서는 오랫동안 마음을 열어놓고 쉬어가는 곳입니다. 하늘과 바다가 만나는 수평선은 보이지 않습니다. 대신 바다에 동동 떠 있는 섬과 바다 건너 해안에 솟아 있는 회색빛 산이 곱습니다. 산 너머 산이 있고, 그 산 너머 산이 깊어가는 것을 보고 있으면 아스라하다는 것이 실감나지요. 바다 안개가 점령한 바다는 삶과 죽음이 경계를 넘나드는 듯합니다. 희망과 절망 사이를 오가는 감정 같기만 합니다. 하루 종일 앉아 있어도 질리지 않을 한 폭의 그림이 마을 앞에 펼쳐져 있습니다.

마을을 걸어 내려가면 바다를 만날 수 있습니다. 바위로 이루어진 바닷가에서 파도 소리를 듣고 가져도 좋습니다. 바다가 발밑에서 찰랑거리는 소리를 들으며 낮잠에 빠져도 좋고요. 육지에 살던 사람에게는 또 다른 경험이겠지요. 귓바퀴를 맴도는 파도소리에 바다를 꿈꾸어도 좋고 소라의 이야기를 들어도 좋습니다. 인생이 흐르지 않고 정체되어 있다고 생각될 때 남해의 다랭이마을에 와서 웃음을 배워 가시기 바랍니다. 네 집 내 집이 없고, 네 밥 내 밥이 없이, 앉은 자리가 내 집이고, 먹는 밥이 내 밥이라는 다랭이마을 사람들의 넉넉함을 배워 가면 한 달은 여유로 버틸 수 있을 것입니다. 가난은 마음으로 지은 집입니다. 기왕 집을 지으려면 부자를 마음에 들이시기 바랍니다. 다랭이마을에 오시면 비교하는 분별심은 버리시고, 독립된 행복으로 일어서시기 바랍니다. 늘 하는 이야기 한 번 더 하고 마치렵니다. 웃음을 애완동물처럼 데리고 다녀보십시오. 세상이 한결 가벼워지고 살갑게 다가서는 것을 경험하게 될 것입니다. 그렇게 되면 제게 전화 주셔서 술 한 잔 사시고요. 술값이 없으시면 제가 사지요. 웃음은 덤으로 선사할게요.

주왕산 내원동 길

주왕산 골짜기를 따라서 제3폭포를 지나 내원동 마을터까지

마을이 없어졌습니다. 통째로 없어졌습니다. 마을에 살던 사람도 없어졌습니다. 그곳에 갈대가 자라고 바람이 가득했습니다. 침묵이 고스란히 고여 있었는데 신비한 현상을 만나는 듯 망연했습니다. 주왕산에는 내원동이란 마을이 있었지요. 신경림 시인의 시에도 나오는 마을입니다. 전기 없는 마을로 알려져 찾아갔었습니다. 걷기 좋은 길을 취재하기 위하여 찾아갔다가 그만 마을은 못 찾고 사람 사는 세상의 변화가 한순간이라는 생각만 마음 중심에 새겨졌지요. 어느 날 죽음도 그렇게 오겠지요. 모든 것이 끝인 날 말입니다. 살아온 과정과 살아갈 날이 마감된 도대체 어떻게 표현할 수 없는 죽음이 그렇게 찾아오겠지요.

내원동 마을에서 오래전 아내와 막걸리를 마셨는지는 정확하게 기억이 나지는 않지만, 그곳에서 식당을 찾아들어 갔던 기억은 납니다. 아마 보리밥을 먹었던 것 같습니다. 전기가 들어오지 않는 오지의 마을을 가보고 싶었거든요. 내원동 마을은 2000년대 초까지 9가구가 있었다고 합니다. 임진왜란 당시 산 아래에 거주하던 사람들이 골짜기로 피난 오면서 형성된 마을로 일제강점기에는 목탄 생산자들의 거주지로 사용되기도 했답니다. 6·25전쟁을 거치면서 명맥을 겨우 유지해오던 마을은 환경보호를 위해 철거되었다고 합니다. 저는 그것도 모르고 내원동 마을을 찾아갔다가 그만 쓸쓸함만 안고

돌아왔지요.

내원동 마을 입구에는 주왕산초등학교 내원분교가 있었습니다. 한 사람이 걷기에 적당한 넓이의 길을 조심스럽게 따라가다 갑자기 넓어지는 분지를 만나는데 그 첫 자리에 예상하지 못한 학교가 나옵니다. 마을이 있으리라고는 언뜻 생각하기 힘든 곳이었습니다. 1970년 3월 2일에 설립돼 1980년 3월 1일 폐교가 된 이곳은 10년간 총 78명의 졸업생을 배출했다고 합니다. 한 학년이 7, 8명이었다는 계산이 나옵니다. 참 단출한 학교였지요. 산 정상이 바로 마을 앞동산처럼 낮게 보이는 높은 오지에 사람의 마을이 있습니다.

신비로운 마을이었지요. 전기도 들어오지 않는 마을에서 사람들은 정을 나누고 때론 격렬한 질시에 빠지기도 하면서 살고 있었습니다. 평화로워 보이는 산촌마을에 웬 질시냐고요. 사람 사는 마을에는 바람이 멈추지 않고 붑니다. 사람의 욕망에 바람이 멈춘 적이 없었지요. 사람의 행동은 욕망의 산물이었거든요. 수시로 방향을 바꾸며 부는 거친 바람은 그때도 불었습니다. 사

전기 없는 마을로 알려졌던 내원동 마을이 없어져 갈대만 무성하다. 산 깊은 곳에 오아시스 같은 마을이었다.

연을 조금 이야기해 볼까요. 이미 전설이 되어 사라진 내원동 마을에 대해서 말입니다.

전에는 명동재를 넘어 숯을 팔러 가기도 했습니다. 아무리 바깥 동네와 왕래가 있었다고 해도 산이 가로막혀 산 아래 마을은 천 리 먼 길이었지요. 막다른 곳, 내원동. 가진 것 없고 비빌 언덕이 없는 사람들이 몰려든 것은 1930년대였지요. 70여 호로 마을의 인구가 불어났습니다. 한때 내원동은 주민들이 개간한 땅이 5만여 평에 달할 정도로 살림살이의 규모가 컸었다고 합니다. 사람 사는 세상에 풍요만 있을 리 없습니다. 한창 번성할 때 양조장이 생겨날 정도로 커지고 겨울이면 노름꾼들이 찾아들어 마을 주민들의 돈을 축내고 야반도주를 하는 그런 시절도 있었다고 합니다. 6·25를 전후해서 내원동 마을사람들은 더욱 치열하면서도 서로 전투적인 사상의 볼모가 되기도 했습니다. 인민군 낙오병이 찾아들기도 했고, 동해안 지역에서 활동했던 김달삼 부대로 불리는 빨치산이 마을로 들어오기도 했는데 그럴 때면 군경 토벌대들이 들이닥쳐 부역자를 데리고 닦달을 해 댔습니다. 마을사람들 사이에 미리 입막음을 해서 서로 감싸고돌아도 시원찮을 판에 고자질이 예사라 그들이 떠나고 나면 마을에는 원수진 사람들로 또 한 번 죽고 죽이는 살벌한 일이 벌어지고는 했답니다.

또 토벌대가 들이닥치면 큰골 주변 드문드문 있던 화전민들의 집들은 모두 불태워졌습니다. 손바닥만 한 내원동 사람들도 사상 전쟁이었던 6·25의 메마르고 거친 소용돌이를 비켜 갈 수 없었던 것입니다. 사람을 잘 살게 할 수 있는 방법론을 찾자는 것이 사상이라면서 생각이 다르다는 이유 하나만으로 상대방을 죽이는 참담한 전쟁이 조용한 마을 내원동을 휩쓸고 지나간 게지요.

사람을 위한 종교가 사람을 죽이는 종교전쟁으로 치닫는 현상과 굳이 다르지 않았던 겁니다. 사람의 행동이란 것이 참 우습지요. 정답일 수 없는 것을 우리는 너무나 잘 알고 있습니다. 사람은 저마다 다른 사상, 다른 풍습, 다른 종교를 가지고 삽니다. 그리고 자신이 선택한 것이 맞다고 우깁니다. 하지만 정답은 하나일 수만은 없습니다. 어느 하나가 맞는다고 가정하면 나머지는 헛된 것을 믿고 산 셈이 됩니다. 그럼에도 오늘도 종교와 사상이 다르다는 이유로 싸우고 있습니다. 내원동은 바람이 세기로 이름 높은 마을입니다. 바람에 관한 한 제주도와는 사돈지간이었다는 주민들의 말에서 이곳의 바람을 짐작할 만합니다. 바람의 세기로는 제주도 바람에 앞선다고 말하기도 합니다. 내원동 마을에도 사람으로 인한 거친 바람이 불어왔던 게지요.

지금 내원동 마을은 역사가 되었습니다. 전설이 된 게지요. 임진왜란까지 거슬러 올라가는 마을의 역사는 이제 더 이상 이어지지 않습니다. 지금은 갈대만이 무성합니다. 바람이 찾아와 갈대를 흔들고 갑니다. 제가 주왕산 길을 걷기에 좋은 아름다운 길로 소개하면서 찾아간 최종 목적지, 내원동 마을은 사라지고 없었습니다. 황당했지요. 막걸리라도 시원하게 한 잔 걸치려 했는데 갈대와 바람만 만나고 왔으니 말입니다. 그래도 제 가슴에는 예전의 내원동 마을이 남아 있습니다.

전기와 전화가 모두 들어오지 않는 곳, 내원동 마을. 지금은 마을이 흔적만 남아있습니다. 황량한 터에 집의 담장은 다 무너지지 않고 일부 남아있습니다. 그리고 마을입구에는 돌탑이 제법 크게 남아 있습니다. 사람들이 마을을 들고나면서 하나씩 올려놓은 돌로 탑은 만들어졌겠지요. 돌을 하나 올려놓는 사소한 그 마음이 탑이 된 게지요. 오가는 사람의 조그만 소망 하나하나가 쌓여 탑이 만들어지는 모습, 참 아름답지요.

주왕산은 골짜기가 아름다운 산입니다. 그 골짜기를 주방천이라고 합니다. 하늘의 눈물 한 방울이 떨어져 만들어진 주산지가 옆에 있어 주왕산은 더욱 신비로워지지요. 주산지에서는 물보다 하늘이 먼저지요. 슬그머니 하늘이 찾아와 앉아있거든요. 정적이 막무가내로 아름다운 곳입니다. 주왕산

남성적인 바위와 조용히 흐르는 여성적인 시내가 만나 걷기에 눈도 귀도 밝아지는 풍광이 뛰어난 길이다.

에서 그리 멀지 않은 절골계곡 어귀에 있지요. 사계절 모두 풍광이 카멜레온 같은 곳입니다. 변덕이 아름다워지는 곳 중 하나지요. 태고적 고요가 그대로 담겨 있습니다. 연못 북쪽과 동쪽 가장자리에는 능수버들과 왕버들나무 30여 그루가 물속에서 자라고 있습니다. 10여 그루는 수령 300년에서 500년 된 고목이지요. 물안개가 피어오르는 아침에 찾으면 하늘과 물이 만나는 절묘한 풍경을 만나게 되지요. 하지만 크게 기대는 하지 마세요. 규모는 조그맣거든요. 산 그림자가 수면 위로 슬그머니 몸을 누일 때도 일품이지요.

주산지를 만든 것은 조선 경종 때인 1721년이라고 합니다. 마을 주민들이 농업용수와 식수로 쓰려고 주산계곡에 제방을 쌓아 물을 가둔 것이 그 시초라고 합니다. 주산지 아래의 60여 가구는 아직도 이 물로 농사를 짓고 있습니다. 주산지는 아무리 가물어도 지금까지 바닥을 드러낸 적이 한 번도 없었다고 합니다. 하지만 농번기에 찾아가면 실망하게 됩니다. 논에 물을 대느라 물을 빼 허전하거든요.

한 사람이 이 세상에 태어나려면 하늘이 문을 열어주어야 가능하다

이제 주왕산 산책길에 대해 이야기하려 합니다. 주객이 바뀌었다고요. 그렇습니다. 가끔은 그런 맛에 즐거움을 가질 수 있으니 나무라지 마세요. 정해진 대로 사는 건 남의 인생을 사는 거와 별다르지 않습니다. 내 인생이란 것이 남지 않거든요. 남과 같은 인생을 살면 살아도 짜릿한 맛이 나지 않습니다. 이 세상에 태어난 이유가 분명히 있을 겁니다. 가만히 눈을 감고 생각하면 자신이 하고 싶은 일이 있을 것입니다. 그 일을 따라가야 합니다. 마음이 시킨 일을 하지 않으면 몸이 시키는 일을 해야 합니다. 몸이 시키는 일을 하다 보면 욕망의 존재가 됩니다. 좀 더 편하고, 좀 더 가지고 싶어 합니다. 몸이 가고자 하는 길에는 삶의 의미가 실려 있지 않습니다. 마음의 방향을 읽어야 합니다. 그래야 내 길이 보입니다. 사람이란 이름 앞에서 당당한 자신을 만나야 합니다. 그래야만 살아가는 의미가 있습니다. 한 사람이 이 세상에 태어나려면 하늘이 문을 열어주어야 가능하다고 했습니다. 그만큼 사람의 탄생은 저마다 이루어야 할 일을 가지고 있음을 바라보아야 합니다. 길이 모두 길은 아닙니다. 사람이 사람다워지는 길이 진정한 길입니다.

토끼풀밭에서 토끼풀의 세 잎과 네 잎을 구분하여 찾는 마음과 같습니다. 세 잎은 행복이고, 네 잎은 행운이라지요. 네 잎을 따려 세 잎의 토끼풀을 발로 뭉개고 망가뜨리는 어리석음을 저지르는 행동과 같습니다. 행복을 뭉개 버리고 행운을 좇는 어리석음 같은 거 말입니다. 다음부터는 행운만 꼭 집어서 따세요. 토끼풀은 밟지 말고요.

주왕산에 오시려거든 하늘의 눈물 한 방울, 주산지의 마음을 읽고 오세요. 사람의 눈물이 강물이 되어 흐르기 전에 증발하여 사라지듯 다 이루지 못한 아쉬운 마음으로 주왕산에 오세요. 당신 옆에 흘러 줄 시냇물이 있습니다. 오늘 내가 살아있음이 갑자기 행복이 되는 즐거움을 주거든요. 걷는 즐거움을 누리며 가다 보면 문득 행운처럼 감동을 주는 풍경이 한번에 다가옵니다. 예고 없이 다가와 당황스러울 정도지요. 주왕산 골짜기를 걷는 느낌은 아침 산책 같습니다. 산의 골짜기를 흐르는 물답지 않게 친근하거든요. 조용조용 흐르는데 길을 따라 바로 옆으로 흐릅니다. 인생도 그렇게 차분하게 흘렀으면 싶을 만큼 친구처럼 따라오며 흐릅니다. 시냇물은 방정스럽지도 않고 수다스럽지도 않게 속삭이며 따라옵니다. 연인 같다면 질투하실까.

그렇게 평범한 길을 걷다 만나는 제1폭포, 그곳이 가히 토끼풀 네 잎이 의미하는 뜻밖의 행운 같습니다. 기암괴석이란 말 있지요. 기이하게 생긴 바위와 괴상하게 생긴 돌이란 뜻이잖아요. 한마디로 요상한 바위를 만나는데 그 요상함이 정신을 확 깨게 할 정도로 멋지거든요. 감동이지요. 그곳에는 학소대도 있습니다. 학소대에는 전설이 있는데 슬픈 전설이지요. 청학과 백학 한

쌍이 깎아지른 듯한 절벽에 짝을 이루어 살고 있어서 학소대라고 했는데 사냥꾼이 백학을 잡아 죽였답니다. 청학은 슬피 울며 주위를 맴돌다가 사라졌다고 합니다. 전설의 모든 결말은 슬프게 끝납니다. 학소대처럼 슬픔의 산물로 남은 것이 전설이거든요.

주왕산에는 또 다른 전설이 있습니다. 이 전설 역시 슬프지요. 주왕산은

주왕산 입구 초입에 있는 대전사와 뒤의 암산, 깃발바위가 절묘하게 한 경치 한다.

원래 석병산이었던 산 이름을 신라 말부터 이곳에 은거하다 비극적으로 최후를 마친 주왕이라는 사람의 이름을 따서 주왕산으로 바꿔 부르게 된 전설의 산입니다.

주왕은 중국 당나라 때 주도라는 사람으로 진나라의 회복을 꿈꾸며 반역을 일으켰다. 당나라 군사에게 패하여 이곳 석병산까지 쫓기어왔다. 지금의 주

왕산의 원래 이름은 석병산이었다. 당나라 왕이 신라왕에게 주왕을 잡아 달라 요청하여 주왕은 이곳에서 신라 마 장군 형제들에 의해 주왕굴에서 최후를 마쳤다.

주왕굴에서 생을 마친 주왕에게는 대전大典이라는 아들과 백련百蓮이라는 딸이 있었는데 현재 주왕산 내 대전사와 백련암의 이름은 여기서 유래되었다고 합니다. 주왕산 깊숙이 숨어 있는 주왕암과 주왕굴은 이 산의 위엄을 한층 높여 줍니다. 산행 기점인 대전사에서 산길을 따라 20분 정도 오르면 자하교가 나타나지요. 이 다리를 건너 조금 올라가면 통일신라 때 의상대사가 창건했다는 주왕암에 닿습니다. 주왕암에서 나한전 뒤로 뚫린 바위 절벽 길을 백여 미터 오르면 비좁은 철 사다리가 나오는데, 이 사다리 위쪽에 주왕굴이 있습니다. 신라 군대를 피해 숨어 있던 주왕이 어느 날 절벽에서 떨어지는 물로 세수를 하다 화살에 맞아 숨을 거뒀다는 곳입니다. 이곳에는 봄이면 진달래꽃이 화재라도 난 듯 붉게 피어나는데 종류가 다양합니다. 그중에서도 주왕산에서는 수달래가 가진 정감이 다른 꽃과는 다릅니다. 주왕이 화살에 맞아 흘린 피에서 꽃이 피어났는데 그 꽃이 수달래였습니다. 주왕산의 수달래는 여느 꽃보다 파리한 모습으로 봄을 찾아옵니다. 속이 비치는 그 여린 꽃잎으로 봄을 찾아오는 게지요. 주방천의 곳곳에 봄이 옴을 알리는 첨병 역할을 합니다. 수달래와 진달래의 다른 점은 수달래가 진달래보다 붉은 빛이 진하고 꽃잎에 20여 개의 반점이 있습니다. 봄이면 수달래가 주방천을 곱게 물들이며 피어납니다. 실패한 주왕의 꿈이 부활이라도 하듯 피어나는 게지요. 이제 또다시 주왕산에 가게 되면 주왕에 대한 연민이 격정처럼 피어난 수달래를 보고 가슴 아픈 전설을 기억하게 되겠지요. 이렇게 수달래는 주왕산을 대표하는 꽃으로 자리매김했습니다.

사실 성공한 인생도 실패한 인생도 없다는 것이 제 생각이지만 제 억지이

주왕산에서 가장 멋진 풍광을 자랑하는 곳이다. 눈에는 풍경으로 가득하고 귀에는 물소리가 가득하다.

기도 합니다. 어떻게 살아도 내 인생이고, 어느 길을 가도 내 인생길이거든요. 모든 인생길은 외길입니다. 두 개의 길을 갈 수 없음에 내 마음이 가고자 하는 길을 걸었으면 합니다. 인생에서 실패는 없는 대신 힘든 길이 있습니다. 많은 사람들이 그 길을 실패라고 하지만 아닙니다. 우리가 오지여행을 한 후 느끼듯 지나고 나면 힘들었던 고생길이 더 아름다울 수 있습니다. 여행을 하다 길을 잃거나 어려움을 당했던 기억이 더 즐거운 추억이 되듯이 말입니다. 주왕산 길은 대전사에서부터 내원동까지가 하나로 이어진 길입니다. 혼자 걸으면 길옆을 끝까지 따라오는 시냇물이 친구가 되고, 연인과 둘이 손잡고 걸으면 시냇물의 현악 이중주를 들으며 걷는 느낌을 가질 수 있습니다. 길은 그리움이지요. 대지의 그리움이기도 하지만 살아있는 생명의 그리움이기도 하지요. 그리고 그리움의 구체적인 흔적이지요. 길은 어쩌면 감성의 마을에 난 상처이기도 합니다. 주왕산 길은 대전사에서 제3폭포까지가 하나의 분수령입니다. 일단 마무리되지요. 그곳에서 사람들은 올라왔던 길을 다시 내려갑니다. 하지만 진정 침묵을 배우시려거든 내원동으로 더 들어가 보세요. 그늘로 어두워지는 길로 들어서면 폭포를 만들어주는 시냇물이 흐릅니다. 그 시냇물의 발원지가 내원동입니다. 그 길은 대전사에서 제3폭포까지의 길과는 사뭇 다른 감성으로 다가옵니다.

 제3폭포에서 내원동으로 가는 길은 원시림이지요. 전기와 전화가 모두 들어오지 않는 곳 내원동, 아무리 바깥 동네와 왕래가 있다고는 해도 산이 가로막혀 산 아래 마을은 천 리 먼 길입니다. 이 막다른 곳 내원동. 가진 것 없고 비빌 둔덕이 없는 사람들이 몰려 살았지만 인심 하나는 확실했답니다. 전쟁이 한때 서로 밀고하고, 죽이고 죽는 참혹한 상황을 만들었지만 이내 평화가 찾아왔습니다. 사람이란 이름에는 자생력과 개선시킬 줄 아는 의지가 있거든요.

 내원동에도 사람들로 북적이던 때가 있었습니다. 숯가마도 있고 농사도 잘 되어 제법 살 만했습니다. 내원동 마을사람들이 살아내기 위하여 길 없는 길을 내어가며 숯을 이고지고 내려오면, 길은 조금 더 넓어져 달구지가 들어와 내원동 마을 사람들의 특산품을 사 갔던 게지요. 통나무로 다리를 놓서 3폭포까지 달구지가 올라와 산에서 채취한 약초와 직접 구운 숯을 실어갔습니다. 지금은 산책을 하기 좋은 길이 되었지만 장마가 한 번 지나가면 길이 끊어지고 다리는 떠내려갔습니다. 하지만 살기 위해서는 다시 다리를 놓아야 했고, 없어진 길을 다시 내어가며 살아야 했습니다. 그 고난의 장소를 고집한 것은 내가 살 터전이라고 생각했기 때문이겠지요. 하지만 지금 내원동 마을은 사라졌습니다.

산다는 일은 고난스러워 보이지만 그 안에 알토란 같은 행복이 들어 있습니다. 강원도에는 감자밭이 많지요. 수수밭도 있고요. 먹을 것이 풍부하지는 않지만 감자전을 부치고 수수전병을 부쳐서는 옆집 사는 이웃을 소리쳐 불러서 탁주를 나누고, 함께 정담을 나누는 일은 삶의 활력소였지요. 아이를 낳아 기르는 재미, 길러 본 사람만이 맛을 알지요. 자식이 효자 노릇을 가장 확실하게 할 때가 어린아이 때라는 것 들어보셨나요. 아이의 웃음이 주는 행복, 평화. 그것을 두고 살맛 난다고 합니다. 진정한 효자였지요. 흔히 사람들은 사랑은 받아야 고마워하지만 진정 고마워해야 할 사랑은 주는 사랑이지요. 그럼 누구한테 고마워해야 하냐고요. 그야 물론 자기 자신이지요. 그리고 그 사랑을 받아주는 사람에게도 고마워해야지요. 아이를 보고 밥을 먹지 않아도 웃음일 수 있는 건 순전히 주는 사랑이기 때문이었습니다. 아이가 제법 커지면 이제 아이에게 요구하게 되지요. 그때부터 사랑은 힘들어집니다. 모든 사랑은 받을 때보다도 줄 때가 행복한 법입니다. 꽃보다, 꽃을 선물하는 마음이 더 아름다운 거 아시잖아요.

내원동 마을에서 힘들게 살아가던 사람들에게도 웃음이 넘치고 생활의 기쁨이 넘쳤기에 그 힘들고 벅차 보이는 오지에 둥지를 틀었던 게지요. 지금

내원동 마을에서 사람들은 떠나갔지만 냇가에는 마음을 담은 돌이 기원이라도 하듯 직립으로 서 있다.

사람들이 찾아와 산책을 하고 돌아가는 주방천 길은 예전 내원동 사람들의 살아남기 위한 절박한 길이었지요. 그러나 우리는 지금 그 길을 아주 넉넉한 마음으로 걷고 있습니다.

제3폭포에서 내원동 마을로 들어가는 길은 외길입니다. 어두울 정도로 숲이 우거져 있습니다. 한 사람이 지나다닐 만한 정도의 좁고 우거진 나무로 그늘이 진 길입니다. 시냇물은 한층 더 가까이 그리고 조용히 흐릅니다. 햇살이 나뭇잎에 부서져 길바닥과 나그네의 옷자락에 반짝이지요. 그늘을 걸어가는 사람에게 햇살이 부서져 보석처럼 반짝거릴 때면 여름날에도 기쁨이거든요. 내원동으로 들어가는 길은 약간의 두려움을 가지게도 합니다. 언제 길이 끝나는 것인지 길은 제대로 들어선 것인지 확인할 길이 없습니다.

이렇게 어렵게 가다 보면 내원동 마을이 사막의 오아시스처럼 나타나는 게지요. 한때는 내원동 마을에도 찻집이 있었지요. 제가 처음 방문했을 때만 해도 있었습니다. 이곳의 자랑은 내원동차. 천궁과 당귀, 계피, 박하, 진파, 건강, 산사육, 대추, 감초 등 아홉 가지 약재로 만든 차인데 그 맛이 달착지근하고 향이 그만입니다. 피를 맑게 하고 몸을 따뜻하게 하며, 소화를 촉진한다는 이 차는 판매용이 아니라 대접용이지요. 오고 가는 등산객 누구나 이곳에 들러 이 차 맛을 공짜로 볼 수 있었습니다. 다시 이야기하지만 이제는 전설이 되었네요.

주왕산의 매력은 예측하지 못한 곳에서 돌연 만나게 되는 풍광입니다. 남성적인 거석과 주방천의 부드러움과 평지를 걷는 듯한 착각을 불러일으킬 만큼 여성스런 길의 만남이 어우러져 하나의 풍경을 만들어냅니다. 3박자가 절묘하게 맞아떨어지는 것을 보게 됩니다.

주왕산 입구에 위치한 대전사는 뒤에 솟아 있는 산 형상의 기암旗巖과 어울려 멋진 절경을 이루는 사찰입니다. 깃대 모양의 바위라는 뜻을 가졌지요. 주방천 입구에 솟아 있는 주왕산의 수문장이며 얼굴격인 높이 45m의 큰 바바위봉우리입니다. 주왕이 마일성 장군 형제와 싸울 때 이엉을 덮어 노적가리로 위장하여 군량이 많게 보이려 하기도 했고, 마 장군이 점령해서는 대장기를 꽂았다는 전설이 있어 깃발바위, 즉 기암봉이라고 합니다. 마치 게양대와도 같고, 산山의 상형문자 같기도 합니다. 기암은 대전사와 만나 하나의 풍경이 되지요. 임진왜란 때 사명대사 유정이 승군을 훈련시키기도 했던 절집입니다. 조선 중기 이후 목조건축양식의 특징을 잘 보여준다는 평가를 받아 보물로 지정된 보광전엔 임진왜란 당시 이여송이 사명대사에게 보냈다는 친필 서신을 새긴 목판이 보관되어 있습니다. 대전사는 고려 태조 때 보조국사가 주왕의 아들 대전도군의 명복을 빌기 위해 창건한 절이라고 합니다.

　주왕에 대한 다른 이설도 있습니다. 1990년대 말 청송의 향토사학자인 김규봉 씨는 920년 낭공대사가 쓴 『주왕사적』이라는 비기를 해독하게 됩니다. 그 기록에 의하면 주왕산 전설의 실체는 신라의 왕위쟁탈전에서 밀려나 반란을 일으켰던 김주원, 김헌창, 김범문으로 이어지는 3대의 비참한 이야기라고 합니다. 결국 주왕은 반란을 일으켰던 신라의 김헌창이며 후세에 반란자의 신분을 감추기 위해 의도적으로 당나라를 끌어들인 것이라 설명하기도 합니다.

　이중환의 『택리지』에 '골이 모두 돌로 되어 있어 마음과 눈을 놀라게 하며 샘과 폭포가 절경'이라고 극찬한 주왕산은 조선시대엔 조선팔경에 꼽히기도 했습니다. 이런 주왕산에 오시려거든 사랑만 가져오세요. 사랑 아닌 것은 입장불가 한답니다. 주산지의 눈물 한 방울이 주는 마음을 읽어야 하거든요. 오솔길 같은 주방천 길을 걸으면 혼자인 사람에게는 새로운 사랑이 만들어지고, 사랑하는 사람과 오면 그 사랑이 이루어진다네요. 순전히 제 생각입니다.

광양 청매실 마을

꽃을 꺾는 자유와 꽃을 심는 자유 중 하나를 선택하는 일이 사람의 일

꽃을 꺾는 자유와 꽃을 심는 자유 중 하나를 선택하는 일이 사람의 일인가 봅니다. 극단의 선택이지만 어느 것도 쉽게 할 수 있는 일입니다. 마음 하나의 방향이 삶과 죽음의 길로 갈라놓습니다. 상생과 공멸도 마찬가지더군요. 마음 하나 먹기 달렸습니다. 사랑을 주고받는 마음과 미움을 주고받는 마음, 간단히 마음 한번 돌리면 가능한 일이었거든요. 사람 사는 세상에서는 어느 길을 가든 본인의 몫입니다. 자신의 얼굴을 자신이 책임져야 한다는 말은 여기에서 발원했습니다. 내 인생의 지금 모습은 내가 살아오면서 선택한 상황들의 결과지요. 지금같이 살면 다시 지금과 같은 모습을 앞날에 만나겠지요. 더 나은 세상을 만나려면 더 나은 선택을 해야 합니다. 인생은 선택이란 계단을 올라가면서 완성되는 성전 같은 것이었습니다. 성전에 웃음이 가득할지, 한숨이 가득할지는 오로지 자신의 몫이었습니다.

매실마을을 찾아가는 길에 친구를 만났습니다. 울진에서 매실마을을 찾아가다 보니 친구가 사는 사천을 지나가더군요. 반갑고 고마운 친구였습니다. 김구년이라고 목사입니다. 서울에서 태어나고 서울에서 살아온 친구가 시골마을에서 목회생활을 하는 모습이 맑고 순수하기만 해 보였습니다. 그런 그가 자랑스러웠습니다. 찾아가겠다고 연락을 했더니 반갑게 맞아주었습니다. 삼천포에서 회를 사와 여독을 풀어주더군요. 사람은 사람을 통해서 해갈

사람은 길을 만들고, 길은 사람을 소통시켜주고, 매실나무는 봄을 이끌어온다.

되고 그리움도 생기는 것을 다시 한번 실감했습니다.

물은 흐르면서 풀을 기르고 꽃을 피우고 나무를 기릅니다. 물은 흐르다 만나는 생명들에게 자신을 내어줍니다. 생명에게 물은 근원이었습니다. 물의 천진성은 환원에 있는데 어디에서 어떤 모습이든 물의 본질을 잃어버리지 않았습니다. 풀이 빨아올린 물은 다시 물이 됩니다. 꽃에 들어 있을 때에도 물은 변하지 않고 물이었습니다. 매실마을을 흘러가는 물은 강을 이루고 있었습니다. 그 강의 이름은 섬진강이었습니다. 지리산 골짜기마다 풀들의 마음을 어루만지고 노루와 사슴의 마음을 어루만지다 흘러왔겠지요. 산의 마음을 읽고 흙의 마음을 읽고 흘러왔겠지요. 마음이 흘러가는 방향은 그리움을 향하듯이 강이 흘러가는 방향은 바다였습니다. 물과 물의 만남이 이루어지겠지요. 바다에 이르러서는 끌어안음의 거대한 포옹이 있겠지요. 강물은 아주 깊고 천천히 흘러내리고 있었습니다. 세상을 둘러본 마음이어서 그럴

진흙과 돌로 지어진 초가집 굴뚝에서 연기가 피어오르면 사람의 마음도 온돌방처럼 따뜻해진다.

거라고 생각했습니다.

　평생 나무를 심어온 사람과 평생 나무를 베며 살아온 사람이 있습니다. 어떤 사람은 평생을 사람을 위하여 삽니다. 어떤 사람은 사람에게 피해를 주면서 평생을 삽니다. 한 사람의 살아있음이 향기가 되고 빛이 되어주는 사람이 있습니다. 저는 압니다. 매실마을에는 평생을 나무를 심고 가꾸며 그 나무가 길러낸 매실을 가지고 사람들을 위하여 살아온 사람이 있습니다. 청매실공원의 홍쌍리 여사였습니다. 매실마을에 매실이 실하게 열리게 하는데 일조한 사람입니다. 매실마을에는 많은 사람들이 나무를 심어 매실을 기르고 있었습니다.

　매실마을의 원래 이름은 섬진마을이었습니다. 매실마을은 전남 광양군 다압면에 위치해 있습니다. 매실마을 바로 앞으로 섬진강이 흐릅니다. 강 너머는 경남 하동입니다. 마주보고 있는 대안의 경계에 섬진강이 흐르고 있지만 실은 전라도와 경상도를 끌어안고 흘러내리고 있었습니다. 흐르는 일 하나로 세상을 기르고 생명을 길러내고 있는 강의 모습에 숙연했습니다. 흐르는 일 하나로 지리산 골짜기와 태평양 바다는 이어져 있음을 확인시켜 주고 있었습니다. 한 가지의 일을 지치고 않고 한다는 일은 거룩한 일이었습니다. 지속이 아름다워지는 현장에 서 있었습니다. 매실마을에 사는 사람들의 마음에도 매실이 있고 매실마을 건너편 하동 땅에 사는 사람들의 마음 안에도 매실은 있습니다. 섬진강이 양편을 끌어안고 흐르기 때문인지 매실은 어디에나 있었습니다. 마지막 남은 청정의 강이라는 섬진강은 넉넉한 품으로 양안을 보듬어 안고 흘렀습니다. 강물을 따라 걸어보세요. 매화꽃을 구경하러 온 마음으로 매실마을을 다 걷고 나면 섬진강 기슭을 걸어보세요. 자분자분 밟히는 것이 봄이면 어떻고 여름이면 어떻습니까. 생활이 자꾸 의지를 꺾는 날일지라도 사람이란 이름으로 강을 따라 걷다 보면 그리움도 따라오며 도닥거리고 희망 한 자락도 따라오며 힘내라고 어깨를 두드립니다. 사랑도 따라오며 '배운 사랑'으로 '주는 사랑' 해보라고 와락 달려드는 날을 만나게 될 겁니다.

　매실마을에서도 홍쌍리 청매실농원은 잘 가꾸어놓았고 걸을 수 있도록 여러 가지 마음씀이 보였습니다. 홍쌍리 여사가 머무는 청매실농원은 시아버지인 김오천 선생에 의해 출발했습니다. 김오천 선생은 매실마을이 태어나게하고 인생의 대부분을 이곳에 묻은 사람입니다. 섬진마을에서 태어나 평생을 밤나무, 매실나무 묘목과 재배기술 보급에 열정을 쏟다가 1988년 87세로 세상을 떠나셨습니다. 가정생활이 어려웠던 선생은 17세 때 일본에 건너가 13년간 광부생활로 돈을 모아 귀향하면서 밤과 매실 신품종 묘목 각 오천 그루를 가져와 이곳 섬진강변 백운산 기슭에서 집단재배를 시작했습니다. 이후 10년간 일본을 오가며 나무재배에 필요한 선진기술을 배운 선생은 백운산과 지리산 일대를 비롯하여 전국에 밤나무 묘목재배기술을 전파하였습니다. 과실나무로 농사를 짓는 선구자였던 셈입니다.

　시집을 가보니 시아버지 김오천 선생은 섬진강변 백운산 기슭에 밤나무를 심고 식량대용으로 팔고 있었습니다. 당시 밤 1가마를 팔면 쌀 2가마를 살 수 있었다니 소위 말하는 '돈 되는' 농사였습니다. 갓 시집온 새색시는 시아버지에게 밤나무를 베고 매실나무를 심자고 조르기 시작했습니다. 시아버지는 돈 되는 밤나무를 베고 돈도 안 되는 매실나무를 왜 심느냐며 반대했습니다. 이를 설득하기 위해 새색시인 홍쌍리 여사는 시아버지의 머리를 감겨 드리고 손발톱도 깎아 드리고 저녁마다 손발을 주물러 드렸습니다. 노래도 불러 드렸습니다. 그렇게 해서 밤나무를 대신해 백운산 기슭에 매화나무가 한 그루 한 그루 늘기 시작했습니다. 매화를 딸 삼고 매실을 아들 삼고 살기 시작했습니다. 남편이 하던 광산사업이 망해서 빚쟁이에게 땅이 다 넘어가고 돈을 못 받은 빚쟁이들에게 옷이며 머리를 뜯기며 살던 힘들었던 시기에도 매화나무에 대한 열정은 식지 않았습니다. 홍쌍리 여사는 빚 갚고 자신의 아이들에게 밥을 먹여야 한다는 생각으로 악착같이 살았습니다. 빚이 있어도 내 손에 오백 원이 있고 누가 천 원자리 땅을 내놓으면 다시 오백 원을 빚내서라도 땅을 사라고 하셨던 시아버지의 말씀을 따랐습니다. 사람이 못 살 것 같은 악산을 지상 최고의 정원으로 일궈내겠다는 의지로 지금까지 살아왔습니다. 지금은 148만 5천m²에 이르는 청매실농원에서 '아름다운 농사꾼'으로 살아가고 있습니다. 청매실농원에 연간 150만 명이 방문한다고 합니다. 이는 경주 불국사를 방문하는 관광객 수와 맞먹는 수치라고 합니다.

홍쌍리 여사는 38세 무렵 류머티즘으로 걷지도 못할 때 흘린 눈물이 섬진강물이 되었다고 했습니다. 여사는 당시를 회고하며 "내 손이 호미이고 괭이가 되었고 저기 흐르는 섬진강 물이 나의 눈물 보다 많지는 않을 것"이라고 말합니다. 아이들이 밥을 먹고 싶어 할 때 밥그릇에 눈물을 채웠다고 했습니다. 낮에는 소같이 일하고 밤에는 기록하라는 생각을 가지게 된 것은 일어서겠다는 집념이 만들어낸 결과였습니다. 눈물 없는 인생이 어디 있겠습니까. 고난이 사람을 만들고 고난이 사람에 대한 배려를 가르쳐 줍니다. 직접 겪어보니 인생은 끝끝내 쉽지 않은 길이었지요. 홍쌍리 여사는 매화마을로 시집와 43년 동안 매화농장을 가꾸면서 겪은 어려움을 토로했습니다. 부산에서 콧대 높게 멋 부리며 살다가 24살 나이에 시집 온 전남 광양시 다압면 도사리는 사람이 살 수 있을 것 같지 않은 척박하기 그지없는 악산만 있는 가난한 마을이었습니다. 도망가고도 싶었지만 친정인 부산이 어느 방향인지 알 수 없어서 '섬진강과 함께 울었다'고 했습니다. 인생은 파도가 쳐야 한다고 했습니다. 인생을 힘들게 한 것이 고난이었지만 인생의 맛을 알게 해준 것도 고난이었습니다. 자신이 가장 힘들고 어려웠을 때 아무 조건 없이 손을 내밀어준 사람들이 있었기에 참고 견딜 수 있었습니다. 홍쌍리 여사는 "사람의 울타리를 가져야 합니다. 사람이 가장 귀한 재산이기 때문입니다."라고 말합니다. 사람만 한 재산이 없음을 이야기하고 있습니다.

꽃과 길이 한통속이다. 나무는 나뭇가지로 하늘로 길을 내고 사람은 땅에 길을 낸다. 그곳에 꽃이 피니 천국이다.

험난한 세상을 살아가는 것은 사람만이 아니었습니다. 나무도 그랬습니다. 매화의 개화는 사람의 의지를 일깨우는데 한 역할을 합니다. 봄이 오기도 전에 피거든요. 봄의 전령사였습니다. 혹한이 남아있는 이른 봄에 꽃을 피우는 모습은 경이롭기까지 합니다. 여리고 보드랍기까지 한 잎이 찬 바람에 파르르 떨며 향기를 풍기는 것은 신비지요. 사람의 의지가 흔들리고 살아가는 일이 부질없어 보일 때 매화의 개화와 향기는 또 한 번 결연한 의지를 갖게 만듭니다. 그리고, 찬 서리를 이겨내는 강인한 성정이 고난과 역경을 극복해 가는 선비의 의연한 자세와 닮았습니다. 옛사람들은 억압에도 굽히지 않고 불의에 물들지 않으며 오히려 고결하고 맑은 향을 주위에 퍼뜨리는 매화의 모습에서 선비의 기질을 보았습니다. 매화는 시인 묵객들의 작품 소재로 즐겨 다루어졌습니다. 옛 시가에서는 매화가 미인에 비유되곤 하였습니다. 섬진강 매화꽃을 노래한 김용택 시인의 시 한 편 감상해 보시지요.

매화꽃 꽃 이파리들이
하얀 눈송이처럼 푸른 강물에 날리는
섬진강을 보셨는지요

푸른 강물 하얀 모래밭
날선 푸른 댓잎이 사운대는
섬진강가에서 서럽게 서보셨는지요

해 저문 섬진강가에 서서
지는 꽃 피는 꽃을 다 보셨는지요
산에 피어 산이 환하고
강물에 져서 강물이 서러운

섬진강 매화꽃을 보셨는지요
사랑도 그렇게 와서
그렇게 지는지
출렁이는 섬진강가에 서서 당신도
매화꽃 꽃잎처럼 물 깊이
울어는 보았는지요

푸른 댓잎에 베인
당신의 사랑을 가져가는
흐르는 섬진강 물에
서럽게 울어는 보았는지요

_김용택의 「섬진강 매화꽃을 보셨는지요」 전문

끝끝내 푸르러서 생명마저도 푸르게 하는 매화나무

벚꽃을 닮기는 했으나 벚꽃처럼 야단스럽지 않고, 배꽃과 비슷해도 배꽃처럼 청승스럽지가 않은 꽃, 매화. 고우면서도 곧고 도도한 자태를 보여주는 꽃이 매화였습니다. 그윽하면서도 격조 있는 군자의 모습을 연상시키는 꽃이 바로 매화지요. 조선시대에 장원급제하면 머리에 꽂는 꽃이 매화인 것을 아시는지요. 매화는 남성에게는 지조로, 여성에게는 절개로 받아들여진 꽃입니다. '매일생한불매향梅一生寒不賣香'이라 했습니다. '매화는 한평생을 춥게 살아도 그 향기를 팔지 않는다'는 뜻입니다. 청빈한 선비라면 가난을 부끄럽게 생각하지 않으며, 곧은 선비는 지조를 자신의 생명처럼 소중히 여겼습니다.

복숭아꽃과 비슷하지만 창백해 보이는 매화는 매화나무라고도 합니다. 꽃을 매화라고 하며 열매를 매실梅實이라고 하지요. 매실은 익으면 노랗게 되는데 다른 과실과 달리 오히려 덜 익은 푸른 빛의 매실를 상으로 칩니다. 끝까지 초록으로 정점에 이르는 매화는 특별한 나무이자 꽃입니다.

매화와 벚꽃을 종종 혼동하곤 합니다. 서울 여의도 윤중로에서 벚꽃놀이를 하지만 그 중에는 매화꽃도 섞여 있습니다. 같은 꽃이면 되었지 무슨 대수냐고 하면 웃어야지요. 그도 맞는 말이거든요. 즐기면 되지 아름다움을 견줄 것도 아니고요.

매화나무의 껍질이 거칠고 어두운 데 비하면 벚꽃나무의 껍질은 더 밝은 색에 표면이 매끈한 편입니다. 쉽게 구별하는 법은 벚꽃은 꽃받침이 길어서 가지와 꽃이 분리되지만 매화는 가지에 붙어 있다는 게 눈에 띄는 큰 차이점입니다. 매화는 꽃잎이 둥글고 벚꽃은 꽃잎 끝부분에 홈이 파인 듯 들어간 부분이 있습니다. 향기는 매화 향기가 조금 더 진하고 벚꽃은 향기가 덜합니다. 매화는 꽃이 가지만 가릴 정도로 피지만 벚꽃은 나무 전체를 가릴 정도로 많이 피어납니다. 매화는 한 봉오리에 하나둘씩 피는데 벚꽃은 한 번에 5, 6개까지 같이 올라오거든요. 그래서 벚꽃이 더 화려해 보이지요.

꽃피는 시기는 2, 3월에 매화가 피고 벚꽃은 봄기운이 완연한 때인 3, 4월에 핍니다. 매화의 가치는 꽃이 피는 시기에서 찾지요. 북풍한설이 여전할 때 신비하게 꽃을 피우거든요. 매화는 다섯 장의 순결한 백색의 꽃잎을 가진 아름다운 꽃입니다. 모습이 애처롭고 은은한 향기를 지녔습니다. 그러나 꽃이 피면 오래도록 매달려 있지 못해 아쉬운 감이 있습니다. 미인박명이라고 했던가요. 아름다운 것이 오래까지 가면 다른 꽃들은 어이합니까. 때가 되면 떨어져야지요. 꽃이 피어 있던 그 자리가 바로 열매가 맺힐 자리거든요. 순환은 살아가는 방법 중에 하나임을 보여주고 있습니다. 독점보다 순환이 아름다운 이유가 있었던 게지요. 만개 후 80일에서 90일 사이에 수확하는 것이 가장 좋다고 합니다. 광양지역은 3월 27일경 매화가 만개하였으므로 6월 17일에서 26일 사이가 적기인 것으로 추정됩니다.

  매화는 꽃의 빛깔에 따라 청매화, 백매화. 홍매화로 구분됩니다. 순천 승주 선암사에는 우리 토종 매화인 선암매가 있습니다. 선암사 무전 돌담 고샅길과 칠전선원 돌담 둘레에 고려말에 심은 홍매화 4그루, 백매화 10여 그루, 같은 년수의 청매화는 죽었는데 청매화 2세가 있습니다. 홍매화와 청매화는 선암사에 있는 매화나무에서 피는 꽃이 가장 곱고 아름답다고 합니다. 지금의 개량매화나무와는 다르다고 합니다. 무려 600년이나 견뎌왔다고 하니 고목에서 꽃을 피우는 모습은 장관이겠지요. 저는 아쉽게도 못 보았습니다. 꼭 한 번은 찾아가 눈에 호사를 줄 예정입니다. 그런 호사는 부려도 되겠지요. 그림을 보면 매화에는 흔히 휘파람새를 짝지웁니다. 휘파람새와 매화나무에 대한 전설이 있습니다. 애절하지요.

      옛날 시골에 흙으로 질그릇을 만들며 살아가는 용래라는 청년이 있었다. 용래에게는 예쁜 약혼녀가 있었는데 몹쓸 병에 걸려 혼례 사흘 전에 그만 죽고 말았다. 너무나 슬픈 용래는 매일 약혼녀의 무덤에 찾아가서 눈물로 세월을 보냈는데, 어느 날 무덤 옆에 매화나무 한 그루 가 돋아 있는 것을 보았다. 용래는 이 나무가 죽은 약혼녀의 넋이라고 생각해서 집으로 옮겨 심고 그 나무를 가꾸며 사는 것을 낙으로 삼았다. 그런데 약혼녀가 죽은 후로는 왠지 그릇도 잘 팔리지 않아서 고생은 나날이 더 심해져 가기만 하였다. 그릇을 만들어도 그의 슬픔과도 같이 모양이 이지러지고 찌그러졌다. 세월이 흘러 용래도, 매화나무도 나이를 많이 먹었다. 용래는 고생을 너무 많이 해서 눈도 잘 보이지 않도록 늙었다. 그러나 한결같이 매화나무를 사랑하여 "내가 죽으면 이 매화나무를 누가 돌봐 주나?" 하면서 고목이 된 매화나무를 늘 쓰다듬으면서 탄식을 하였지만 이 세상에서 불쌍한 용래와 매화나무를 돌봐 줄 사람은 아무도 없었다. 어느 날, 동네 사람들은 용래 노인 집 대문이 오랫동안 닫혀 있는 것을 보았다. 그래서 노인에게 무슨 일이 일어나지 않았나 생각하여 모두 그 집으로 가 보았다. 그랬더니 그 집에는 사람이라고는 아무도 없었고 용래가 앉았던 자리에 예쁘게 만든 그릇이 하나 놓여 있었다. 그 그릇의 뚜껑을 열자 그 속에서 휘파람새 한 마리가 날아갔다. 용래가 죽어서 휘파람새가 된 것이었다. 지금도 휘파람새가 매화꽃을 따라다니는 것은 바로 용래의 혼이 약혼녀를 못 잊어 매화나무를 애절하게 따라다니는 것이다.

휘파람새, 휘파람새 소리는 천상의 소리라고 했습니다. 아름다운 소리를 지닌 휘파람새는 매화나무을 즐겨 찾는다고 합니다. 전설에서 이야기했듯이 용래의 혼이 약혼자를 못 잊어 매화나무를 따라다닌다는 것입니다. 휘파람새는 전국적으로 매우 흔한 여름철새라고 하지만 지금은 드물어 천상의 소리는 쉽게 들을 수 없는 소리가 되었습니다. 매화나무는 세상에 지천인데 말입니다. 휘파람새 소리는 맑고 투명하지요. 하늘에 불어가는 바람이 순간 쾌청해지는 기분이 들게 합니다. 슬픈 전설과는 다르게 사람의 마음을 밝게 합니다. 무리생활을 하지 않는 휘파람새는 겁이 많은 새지요. 매화나무에서만 위안을 받기 때문에 매화나무를 떠나지 못하는가 봅니다.

매화의 빛나는 계절은 겨울입니다. 겨울철의 매화나무를 '설중매'라고 합니다. 매화의 고자는 '모某'인데 '매梅'의 본자입니다. 시·그림·글씨에 뛰어나 세종 때의 안견·최경 등과 더불어 3절三絶이라 불렸던 강희안은 꽃나무를 9등품으로 나누면서 매화를 1품으로 두었습니다. 그만큼 사람마음을 울리는 나무였습니다. 만물이 추위에 떨고 있을 때 꽃을 피워 봄을 가장 먼저 알려줌으로써 불의와 역경에 굴하지 않는 선비정신의 표상을 고목에서도 꽃을 피워내듯 늙은 몸에서 정력이 되살아나는 회춘을 상징하였습니다. 사랑을 상징하는 꽃으로도 으뜸으로 삼았습니다. 봄이 오면 매화로부터 출발

꽃이 진 자리에 초록빛 매실이 열리고 그 열매가 다 익기 전에 따 장독에 넣어 숙성시키면 엑기스도 되고, 장아찌도 된다.

  한 봄은 매실마을과 순천 일대를 환하게 불 밝히다가 매화가 질 무렵이면 하동의 쌍계사와 화개장터로 옮겨갑니다. 벚꽃으로 옮겨 붙어 세상은 다시 꽃으로 만발합니다. 남도의 봄은 매화로부터 시작하고 벚꽃으로 절정을 이루다가 갑니다. 눈물 나게 서러운 가슴이면 봄이 오는 남도에는 발을 들여놓지 마세요. 꽃이 절정인 걸 보면 더 서러워질 테니 말입니다.
  걸어도 걸어도 맨발이 간지러운 섬진강을 걸어보시지요. 처녀의 순수가 남은 유일한 강이라는 섬진강도 깊어가면서 흘러갑니다. 전라도 사람도 경상도 사람도 짐 하나씩을 이고 지고 화개장터에 와서 나누고 바꾸어가는 하늘 아래 아름다운 마을이 있는 곳입니다. 시장은 작아도 마음은 커서 넉넉한 인정으로 주고받는 곳입니다. 하동의 한 곳을 차지한 화개장터 바로 옆으로 매실마을이 있습니다. 살아있음이 그대로 아름다워지고 싶어 하는 하동의

봄이 익어갈까 말까 망설이는 때에 도발이라도 하듯 꽃을 피웠다. 꽃은 하늘의 마음이다. 나무의 꿈이다.

화개장터를 들러 엿이라도 사 먹어야겠습니다. 엿을 사 들고 강을 건너면 힘들었던 삶에도 입안에 단물이 고여 한결 가벼워지겠지요. 삶이 순간 둥실 가벼워지는 맛에 또 한결 쉽게 인생의 강도 건널 수 있을 것만 같습니다. 걸어도 걸어도 눈물이 나면 정력을 일으켜 준다는 매실차를 한 잔 하시든가 매실주로 시린 가슴을 덥혀주는 것도 좋을 듯합니다. 생이 한 번에 술술 풀리는 몽환의 기쁨을 만나게 될 테니 말입니다.

 매실마을에서 걷던 버릇 섬진강 가를 걷는 것으로 마무리하면 세상이 아는 척하며 다가올 것입니다. 세상을 변화시키는 건 사실 알고 보면 사소한 버릇이었거든요. 길

삼척 굴피집 길

쓸쓸함, 그 위대함에 대한 서사시

　세상을 살면서 쓸쓸함만 한 깊이도 드물 겁니다. 떠나고 버려진 땅에 홀로 남아있다는 것을 느낄 때에 찾아오는 공허. 환호와 번잡함이 사라진 대지에 밀려오는 막막한 마음. 그것이 쓸쓸함이겠지요. 쓸쓸함은 견디기도 어렵지만 즐기기는 더욱 어렵습니다. 혼자를 버틸 줄 아는 사람만의 몫이겠지요. 높고 낮음이나 가지거나 가지지 못함의 비교를 떠나야만 쓸쓸함이 가슴에 샘물처럼 고이겠지요. 바람이 참나무 가지를 세차게 흔들며 지나가고, 텅 빈 공간 속에 바람이 휘몰아쳐도 바람 속에 선 한 사내는 자신의 인생을 고집하고 있습니다. 역사의 중심에 선 사내도 아니고, 세월을 뒤엎을 용기를 가지지도 않았습니다. 애초에 그러한 욕심도 없었습니다. 살아왔고 살아가야 할 인생길에 황소걸음처럼 같은 보폭으로 걸어왔을 뿐입니다. 앞으로 걸어가야 할 길도 다르지 않으리라는 생각입니다.

　뚜벅뚜벅 같은 걸음으로 한 세상을 산다는 것이 가능할까. 세상이 뭐라고 하든 내 길이 있음을 상처의 흔적처럼 지고 살아갈 수 있을까. 드물고 척박한 환경에서 40년을 살고 있는 분이 있습니다. 삼척의 깊은 산속에서 홀로 굴피집을 지키며 살고 있는 정상홍이란 사내입니다.

　분수를 아는 삶은 얼마나 더 아름다울 수 있는 것인가.

"먹을 만큼만 심어요."

 너무나 평범하고 당연한 말에 가슴이 먹먹해지는 것을 느끼는 것은 제가 다른 삶을 살아왔기 때문입니다. 냉장고와 창고가 있는 삶을 당연하다고 여기며 살아온 저로서는 뒤통수를 몽둥이로 한 대 얻어맞은 듯했습니다. 말로 얻어맞아 본 사람은 압니다. 언어가 주는 충격이 몽둥이보다도 상처가 오래 간다는 것을. 정상홍 할아버지의 한마디 내뱉는 말은 하늘을 울리는 잠언 같은 것이었습니다. 먹을 만큼만 심고, 먹고살 만큼만 돈을 벌고, 세상을 살아가는데 필요한 만큼만 지식을 가지면 되는 것을 우리는 모두 용량을 초과하며 살고 있지요.

 산다는 일은 반복이었습니다. 오늘이 반복되고, 계절이 반복되고, 인생이 반복되는 것이었지요. 반복되는 곳에서 무의미한 것이 더 자연스럽고 당연한 일이겠지만 그렇게 되면 허무로 귀결이 되겠지요. 그러기에 삶의 의미를 찾으려고 철학자들이 나서고 인문학자들이 나섰지만 긍정을 끌어안고 살아가는 방법이 고작이었지요. 종교가 나섰지만 천국을 이야기하는 어리석음을 범하고 말았습니다. 이 세상이 천국이 아니라 죽어서 보내주겠다는 게지요. 한마디로 우습지요. 그만큼 삶은 허무와의 전쟁이었습니다. 제가 종종 하는 이야기지만 오죽하면 세상을 바라보는 눈가에 눈물샘을 마련해 놓았을라고요. 눈물은 신의 위로였는지도 모르지요. 가슴이 미어지고 목이 멜 때 펑펑 울라는 것인지도 모릅니다.

 전기가 들어오지 않는 마을. 집이 달랑 한 채만 남아있어 이미 마을이 아닌 곳. 우편집배원도 들어오지 않는 곳. 깊은 산속에서 홀로 살고 있는 정상홍 할아버지를 만나러 가는 길입니다. 몇 번을 확인하고 골짜기로 접어들었는데도 다시 내려와 전화가 통하는 곳까지 옮겨서 다시 확인하고 올라갔습니다. 그렇게 확인하고 올라가면서도 이 길이 맞나 몇 번이나 속으로 물어보곤 했습니다. 그만큼 오지 중에 오지였지요. 사람이 다닌 지 제법 되었는지 길은 이미 지워져 풀이 가득했습니다. 한참을 걸어 들어가자 집이 한 채 나오는데 이미 폐가나 다름없었습니다. '영자네 집'이라고 했습니다. 얼마 전 대중매체를 통해 소개된 부녀가 살던 집이었습니다. 깊은 산속에 아버지와 딸이 행복하게 살아가고 있는 모습을 방영해서 세상에 반향을 불러일으켰던 바로 그 집이었습니다. 깊은 산골에 부녀가 살고 있다는 일이 특별한 일이었거든요. 광고에 등장한 후로 사람들이 찾아오고 돈을 노린 사람에게 아버지가 살해되었습니다. 영자는 절에 들어갔다는 이야기를 다시 매체를 통해 전해들었던 바로 그 집이었습니다. 가슴이 싸했지요. 잘 살고 있는 사람을 매체에 등장시켜 망가뜨려 놓았구나 싶었습니다. 저도 정상홍 할아버지를 찾아가는 일이 그러한 일과 연관이 된 것은 아닌가, 마음이 편하지 않았습니다. 영자네 집에서부터는 경사가 급해져 올라가는 길이 힘이 들었습니다. 정말 이런 곳에 사람이 살까, 몇 번이나 발길을 의심하며 걸었습니다. 한참을 올라가자 집터가 보이기 시작했습니다. 올라가는 내내 길마다 풀섶마다 산딸기와 함께 오디가 풍성하게 열려 있어 입이 즐거웠습니다. 가느다랗게 난 길을 따라가면서 흙이 파인 것을 보니 멧돼지가 파헤쳐 놓은 것 같았습니다.

행정 주소로는 강원도 삼척시 신기면 대평리 사무곡土武谷. 산길이지만 길 같지 않은 길을 한참을 오르자 대숲이 나오더니 이내 굴피집 한 채가 눈에 들어왔습니다. 이런 곳에 사람이 살고 있었다니! 그것도 혼자서. 막막한 마음이 먼저 들었습니다. 수양을 하는 것도 아니고 도를 닦는 것도 아닌 삶을 이어가는 생활의 장소로 살고 있다니. 정말 많은 생각이 들었습니다. 스님들도 안거 때 토굴이나 암자에 들어가 있으면 처음에는 한가하고 마음이 집중되어 좋지만 한 달여를 지나면 혹여 찾아오는 사람이 없나 자꾸 밖을 내다보게 된다고 합니다. 산짐승이나 새만 날아와도 반갑다고 합니다.

정상홍 할아버지. 79세였습니다. 서른 살 때 산 아래에서 이곳 사무곡으로 올라와 40여 년 동안 굴피집을 지키며 살았다고 합니다. 현재 정상홍 할아버지가 살고 있는 굴피집은 40년 전 이곳으로 왔을 때 손수 목수며 미장이가 되어 지은 집입니다. 그 전에 있던 집은 사방 네 칸짜리 너와집이었지만, 불이 나는 바람에 불 난 자리에 새로 굴피집을 지은 것이랍니다. 아들딸 4남매도 여기서 다 키워 내보내고, 부인은 둘째 아들과 함께 속초에서 살고 있다고 했습니다. 부인과도 생이별을 하고 혼자 살고 있는 셈이었습니다.

어둠을 밝히는 불. 정상홍 할아버지는 화전을 불밭이라고 했다. 산을 태워 밭을 일구던 불이 이제는 내부를 밝힌다.

수십 년 전만 해도 이곳에는 열댓 집 정도가 밭을 일구며 살았다고 합니다. 당시 집들은 대부분 억새로 지붕을 이은 샛집이거나 굴피집이었다고 합니다. 이들 산중의 두메마을이 없어진 것은 70년대에 대대적으로 벌어진 화전정리사업 때문이었습니다. 따지고 보면 그도 화전민의 후예인 셈인데, 이 땅에 남은 마지막 화전민이었습니다. 정상홍 할아버지는 사무곡을 떠날 수 없다고 했습니다. 부인과 생이별하고 살면서도 이곳만은 버리지 못하고 있었습니다.

옛날에는 불밭을 일궜지만 지끔은 그만 뒀구. 할 일이 많아요. 낮에는 가끔 약초 캐러 나가구, 누가 오면 놀구, 날 더우면 쉬구, 혼차 사는 게 펜해요. 저물면 들어와 자구, 혼자 잡곡 먹구, 약초 캐구, 봄에는 두릅 따구, 여름에는 초피 따구, 그렇게 살아요. 전에는 개를 한 마리 키웠는데, 산짐승이 나타나면 울구, 사람이 나타나도 울구. 그래, 개가 짖으면 괜히 산짐승이 왔나 겁이 나기도 했는데, 개를 키우지 않으니까 외려 사람이 왔는지 짐승이 왔는지 몰르니까 더 나요.… 도시로 가면 할 일이 없어요. 답답해서 하루도 지내기 힘들어. 고맙게도 아직은 몸이 성해서 일도 할 수 있구, 또 자식들한테 짐 되기고 싶구.

이곳에서 홀로 살고 있는 마지막 화전민의 말입니다. 불밭이라는 말에서는 전혀 다른 느낌이 들었습니다. 정상홍 할아버지는 화전을 '불밭'이라고 했습니다. 우리 언어가 이렇게 실감나고 쉬운 걸 한문을 써 힘들게 하고 있구나 싶었습니다. 이분은 진정 세상이 돌아가는 대로 살아가고 있었습니다. 안 되면 안 되는 대로 되면 되는 대로 일과를 꾸려가고 있었습니다. 도시로 가면 할 일이 없어 답답하고 하루도 지내기 힘들다는 정상홍 할아버지. 혼자서 살아가는 것이 고되고 힘이 들지만 정상홍 할아버지는 일하는 재미로 사는 것만 같았습니다. 침묵이 하루 종일 머무는 마을. 집이 한 채만 있어 적막이 한없이 깊은 산마을. 이곳에서 살아가게 하는 힘은 어디에서 나오는 걸

산의 8부 능선쯤에 달랑 굴피집이 한 채뿐이다. 마지막 화전민이지만 이제는 불밭을 일구지 않는다.

까. 도무지 감이 잡히지 않았습니다. 우선은 외로울 시간이 없는 생활이었습니다. 하루 일과가 쉴 틈이 없이 꽉 차 있습니다. 새벽 다섯 시면 하루를 시작하는데 해가 길거나 짧거나 변함없었습니다. 잠자리에서 일어나자마자 방과 마당을 청소한 뒤 간단하게 아침 식사를 합니다. 밥상은 아주 조촐했습니다. 콩이 섞인 밥에 된장과 부추무침이 전부였습니다. 밥상을 치우고 나면 이틀에 한 번은 물 두 통을 길어 와야 합니다. 가능한 빗물을 받아서 이용하고 식수로 쓸 물은 샘에서 길어 와야 합니다. 20리터짜리 두 통이니 40kg이나 되는데 20분에서 30분 정도 걸리는 산길을 왕복으로 오가는 일은 간단해 보이지 않았습니다. 집안일을 대충 끝내고 나면 해가 산등성이로 올라오고 그 때부터는 밭일을 시작합니다. 옛날 이곳에는 약초밭이 유난히 많았다고 합니다. 땅이 좋아서 약초가 곧잘 됐기 때문이지요. 그래서 그는 사람들이 다 떠난 뒤에도 약초 농사만은 놓지 않았는데, 중국산 약초가 들어오면서 인건비도 건지지 못해 갈아엎었다고 합니다. 일로 시작해서 일로 끝나는 하루를 보내고 계절별로 할 일이 또 있었습니다.

  산초, 황개, 도라지, 더덕, 뭐 이런 거 했지. 교통이 불펜해 그렇지 여게가요, 황개 하면 그래 잘 돼요. 보리, 감자, 옥수수도 잘 되구. 흙이 좋애 가지구, 옛날에는 할아버이덜이 곡석 잘 되니까네 안 내리가구, 밑에 있던 사람덜이 올러오구 했어요. 그땐 토종벌도 꽤 많이 쳤구. 20년 넘게 열댓 통씩 토종벌을 쳐 왔는데, 밭에 약을 잘못 치는 바램에 벌을 잃구는 벌통을 걷어치웠어요.… 옛날에 눈이 마이 올 때는 석 자씩이나 와. 눈 오면 산돼지 잡으러 마이 댕기구, 물 길러 갈 때두 살피 신구 댕기구. 겨우내 낭기 백 짐은 때요. 그래 하루에 두 짐씩 낭기를 했다니까네. 그 전에는 부인덜이 심이 들었지. 물동이 이구 지구 다니니까네.

모두 일거리에 대한 이야기지요. 강원도 사투리가 또 다른 정감을 줍니다. 황기를 황개라고 하고, 눈길을 걸을 때 신는 설피를 살피라고 하고, 나무를 낭기라고 하고 있습니다. 또 힘을 심이라고 하고 있습니다. 여름일은 여름일 대로 하고 겨울 동안에는 나무를 백 짐은 해야 불을 때고 살 수 있습니다. 일 년 열두 달이 하루같이 고된 일로 채워져 있습니다. 정상홍 할아버지를 살아가게 하는 힘은 다름 아닌 일이었습니다. 깊은 산속, 8부 능선쯤 되는 곳에 사람의 그림자라고는 볼 수 없는 곳에서 혼자 살면서 견딜 수 있는 힘은 또 무엇일까 생각했습니다. 한겨울에 눈이라도 오거나 한여름에 장마라도 오면 골짜기에 물이 불어 마을 아래까지 내려가는 것은 엄두도 낼 수 없는 곳에서 살면서 견디어 내는 힘은 무엇인지 진정 궁금했습니다. 외로운 사람들이 흔히 키우는 개도 없이 사는 사내. 노인이 된 정상홍 할아버지는 여든이 내일모레인데도 혼자 살고 있습니다.

굴피집은 정상홍 할아버지의 고향이었습니다. 어린아이가 가장 편안한 곳이 어머니의 자궁이듯이 정상홍 할아버지에게는 사무곡이 자궁 같은 곳인가 봅니다. 정상홍 할아버지의 고향의 터전은 누가 뭐라고 해도 40년 된 굴피집입니다.

마당에는 굴피를 재어 놓은 것이 수북했습니다. 굴피를 처음 본 것이기도 해서 그 광경이 저로서는 신기했습니다. 굴피는 굴참나무의 껍질을 벗겨 돌이나 나무로 눌러놓으면 펴집니다. 펴진 굴피를 지붕 재료로 쓰는 것입니다. 지금은 굴피집이 다 사라지고 없어졌습니다. 사실 굴피집을 지켜간다는 것은 여간 번거로운 일이 아닙니다. 굴피지붕의 수명은 20년쯤 된다고 합니다. 하지만 수시로 덧덮어 주지 않으면 빗물이 새기 십상이어서 2, 3년에 한 번은 손을 봐 주어야 한다고 합니다. 굴피지붕의 재료가 되는 굴피를 채피하러 갈 때는 낫과 지게만 있으면 된다며 정상홍 할아버지는 아주 쉽게 이야기하지만 지붕 하나를 새로 하려면 굴피 양도, 굴피를 벗겨 내는 일도 결코 만

굴피를 벗겨서 마당에 쟁여놓았다. 2년에 한 번씩 부분 손질을 하는데 2백 장 정도가 필요하다고 한다.

만치 않습니다. 지금은 굴피를 가지고 지붕을 잇는 일은 해본 사람도 없습니다.

지끔 사람덜은 굴피 이을 줄 몰래. 그래 가지구 얼마 전에두 혼자 이거 이엇시요. 잇는데 일주일 걸렸다니까네. 오래 되면 풀이 막 나구, 그래. 여긴 함석 같은 거 이으면 안 돼요. 바람이 세어나서, 산이 높으니, 함석이 다 날아간다니까네.

한 번 껍질을 벗기고 3년이 지나면 속껍질이 나온다고 합니다. 나무가 죽지 않고 산다고 했습니다. 벗길 때 상처를 나지 않게 하면 몇 번이나 벗겨도 새로 살이 난다고요. 굴피를 벗길 때 너무 어린 굴참나무는 껍질이 얇아서 못 쓰고, 너무 큰 나무는 억세서 또 못 쓴다고 합니다. 적당히 자란 나무라야 껍질도 부드럽고 잘 벗겨진다는 것이지요. 굴피를 채피할 때는 처서 이전인 8월 정도에 하는 것이 좋다고 합니다. 처서가 지나면 물이 안 올라 잘 벗겨지지 않는다고 합니다.

마지막 불밭을 일구며 소슬하게 기울어가는 일을 받아들이는 작은 거인

굴피집은 멀리서 보면 운치가 있습니다. 가까이 다가가서 지붕 이은 것을 보면 비가 새지 않을까 싶은데 괜찮다고 했습니다. 바람이 숭숭 들어갈 것만 같습니다. 굴피집은 두 개의 방과 부엌, 툇마루가 전부인 세 칸짜리 집입니다. 방은 우리나라 전통가옥이 그렇듯이 아주 작고 어두웠습니다. 살림이래야 이불과 살림살이를 넣어 둘 아주 작은 가구가 전부였습니다. 아주 작게 살아가는 방법을 할아버지는 체득하고 있었습니다. 굴피집은 마디가 가는 산죽으로 지붕 속을 하고 그 위에 굴피를 여러 겹 덧덮는 방식으로 지붕을 이어간다고 했습니다. 굴피집은 추울 것 같지만, 여름에는 선선하구, 겨울에는 들 추워요. 빗물도 안 새구, 라고 말씀하시는 품이 마음 여유롭게 산 사람다웠습니다. 굴피집은 자주 이을수록 수명이 오래가기 때문에 2년 동안 2백 장을 떠 가지고 바꾼다고 했습니다. 사무곡 정상홍 할아버지 집에서 일어나는 일은 한 번에 쉽게 이루어지는 것이 없었습니다. 농사일이 그렇고, 끝없이 반복되는 일이 그렇고, 굴피지붕을 잇는 일도 그랬습니다. 2년 동안 2백 장을 뜬다고 생각해 보십시오. 떡갈나무를 군락으로 심어 놓은 것도 아니고 떡갈나무를 찾아다니며 굴피를 벗겨 내고 지게에 지고 와서 굴피를 펴고 말리고 재단해서 지붕까지 잇는 일을 상상해 보십시오. 이렇게 어렵게 이은 굴피지붕은 보기와는 달리 비가 오거나 습할 때는 부피가 늘어나 비 한 방울도 새지 않을 만큼 촘촘해지지만, 건조한 겨울에는 수축하면서 틈새가 생겨 난방에 어려움이 있습니다. 어느 것 하나 쉬운 일이 없습니다. 하루도 쉬지 않고 일손을 쥐고 있어야 했습니다. 정상홍 할아버지는 이 일을 거의 혼자서 하고 있었습니다.

굴피집의 하루가 저물어가고 있습니다. 산 너머 산만 보이는 곳입니다. 구름이 흘러가고 있습니다. 숲은 푸른빛으로 세상은 단일화된 듯합니다. 어둠이 찾아오고 있습니다. 도시와는 단절된 이곳. 사람과의 소통도 끊어진 이곳 사무곡에는 한 사내가 경영해가는 집 한 채가 전부였지만 일은 끝없이 있었습니다. 하루를 마감하고 지친 몸을 곤히 쉬어야 할 방에는 호롱불이 전부였습니다. 전기가 들어오지 않는 집에서 불을 밝힐 호롱불은 감사한 존재였지요. 이제는 어디에서도 보기 힘든 호롱불입니다. 방에 있는 호롱불은 4살 때에도 정노인 아버님이 쓰셨다 하니 족히 100년은 넘음직 했습니다. 호롱불 주위만 환하고 먼 곳은 어둠이 여전히 남아있는 호롱불이 주는 맛은 어렸을 적 보았던 정취였지요. 물건 하나가 사무곡에 들어오면 오래도록 쓰이고 있었습니다. 부엌에는 산중의 굴피집이나 너와집에서만 볼 수 있는 화티도 옛 모습 그대로 남아 있었습니다. 화티란 아궁이 옆에 또 다른 작은 아궁이를 만들어 불씨를 보관해 두는 곳인데, 옛날에는 한겨울이면 이곳에 언제나 불씨를 모아 둬 겨울이 끝날 때까지 꺼지지 않도록 했지요. 지금은 일회용 라이터가 흔한 시절이라 불이 꺼져 있지만 불은 집안에서 아주 중요한 역할을 했고 불이 꺼지면 살림이 기운다는 속설이 있어 꺼지지 않게 늘 신경을 써야 했습니다. 오래전의 상태를 고치지 않고 그대로 사용하고 있었습니다.

요즘 보기 드문 굴피집답게 집 안팎에는 옛날에나 볼 수 있었을 도구들도 더러 눈에 띄었습니다. 부엌에는 씨앗을 저장하던 바가지 씨오쟁이가, 창고 옆에는 눈 올 때 신던 설피가 그대로 걸려 있습니다. 겨울에 걸어 둔 것이 그대로 자리를 차지하고 있는 듯했습니다. 제가 찾아간 때는 늦은 봄이었거든요.

현재 정상홍 할아버지는 삼척에 있는 둘째 아들 집과 사무곡에 있는 굴피

엉성해 보이지만 여름에는 비가 와도 비 한 방울도 새지 않지만 겨울에는 수축해 난방에 어려움이 있다고 한다.

집을 번갈아 왔다 갔다 하고 있습니다. 아들과 며느리가 맞벌이를 하는 탓에 손주들이나 봐 줄 요량으로 내려가는 것이지만, 그와 평생을 같이한 할머니도 그곳에 머물고 있기 때문이기도 합니다. 정상홍 할아버지는 친구도 없고 서당에도 한 번 간 적이 없이 일만 하며 살았다고 했습니다. 장가가고 군대에 갈 때까지도 삼척 시내에도 한 번 나가본 적이 없었다고 합니다. 22세 때 노곡면에 사는 세 살 연하의 처녀와 결혼해서 2남 2녀를 두었습니다. 지금은 모두 독립해서 나가 살고 있다고 했습니다. 둘째 아들집에 있는 부인과 손주들이 보고 싶으면 삼척으로 간다고 했습니다.

삼척과 사무곡을 오가기 시작한 작년부터 자연 밭일은 소홀해졌다고 합니다. 밭일이란 것이 어린 자식 돌보듯 매양 손이 가는 일인 데다 팔순이 다 되어가는 나이에 밭일하기가 쉽지만은 않은 탓이지요. 그래도 아직은 십 리 넘

산 너머 산만 보인다. 파란 숲과 파란 숲이 만나 숲의 바다를 이루고 있다. 이곳에 정상홍 할아버지가 혼자 산다.

는 산을 오르내리고, 두 개씩이나 되는 물통에 가득 물을 채우고 지게 짐을 지는 일 정도는 거뜬히 해내고 있습니다.

내가 지금 있는 자리가 내 자리려니 하고 살았던 게지요. 내게 주어진 일이 내 할 일이라고 생각하며 살았던 게지요. 욕심도 내려놓고 근심도 내려놓고 살아온 삶이었습니다. 되면 되는 대로 안 되면 안 되는 대로 받아들이고 살아온 삶이었습니다. 땀을 흘리는 노동으로 점철된 인생이었습니다. 불만도 갖지 않고 파안의 웃음도 적당히 갈무리하면서 살아온 삶이었습니다. 정상홍 할아버지의 삶은 하나의 풍경이자 도가적인 무위의 삶을 가장 가깝게 실천하고 있는 분의 삶이었습니다. 자족, 스스로 족함을 아는 마음이야말로 하늘의 마음이 아니고 무엇이겠습니까. 불밭을 일구며 살아온 물 같은 사람이었습니다.

다섯 살 때 계곡에 들어와 아들딸 4남매를 키워 보내고 벌써 오랜 기간을 홀로 지내고 있지만, 할아버지는 여생을 이 굴피집에서 보낼 생각이라고 합니다.

> 이 집을 관리할 사람이 없기 때문에 목숨이 살 때까지는 마음을 그렇게 가지고 있어요.

정상홍 할아버지에게 굴피집은 성전이었고, 삶의 방식 그 자체이기도 했습니다. 더 바라지도 않고 모자란 것이 있으면 모자란 것을 받아들이는 순응은 천부적이기도 했지만, 마음을 잘 다스린 결과였겠지요. 나이만큼이나 오래된 굴피집을 벗 삼아 자연 속에서 살아가는 정상홍 할아버지의 모습은, 마치 할머니가 들려주신 옛날이야기 같습니다. 달빛 휘영청한 밤에 감자와 옥수수를 삶아서 마당에 멍석을 깔아놓고 가족 모두 둘러앉아 정담을 나누는 보름날처럼 넉넉하게 느껴집니다. 정상홍 할아버지의 삶은 겨울날에 소리

없이 깊이 쌓이는 눈처럼 한 사람의 인생이 쌓여가는 것이 느껴집니다. 흐르는 것이 아니라 유독 쌓인다는 느낌이 드는 것은 머물러 있는 사람의 장함 때문입니다. 영웅이 되고 싶어 하지 않은 도인이었습니다. 일상을 받아들이고 스스로 족함을 아는 작은 거인이었습니다.

    노을이 서편 하늘을 지피고 있을 즈음
    노인이 재 너머로 시선을 던지며 말을 한다

    사람들은
    짐을 내려놓으려고만 하는데
    짐 진 무게 때문에 인생을 사는 거여
    자식도 짐이고, 사는 것도 짐이여
    그 짐 벗으면 살 것 같지만
    그 짐 진만큼이 사람 살게 하는 힘이여

    어둑해지는 골목길로 들어서는
    노인의 작은 체구가 둥실 커보인다

    _신광철의 「꿈」 전문

아름다운 사람이었습니다. 작은 영웅이었습니다. 세상을 소슬하게 기울어가는 일을 그 누가 쉽게 받아들이겠습니까. 있는 것을 그대로 받아들이는 일은 쉬운 듯하지만, 몹시 어렵고 지치는 일입니다. 정상홍 할아버지의 삶은 숭고하고 위대한 일입니다. 세계를 정복하는 일만큼 힘든 일입니다. 일에 묻혀서, 자식을 위해서, 아내를 위해서 살아가는 일을 순명으로 받아들이는 일은 분명히 큰일이었습니다. 짐 진 만큼이 살아가게 하는 힘이라는 것에 저는 감동을 받습니다.

뒷간이 스러져 가고 있었지만, 그 스러져가는 퇴락마저 아름다웠습니다. 산에서 산을 닮은 한 사내가 늙어가는 모습이 당당하면서도 순한 초식동물을 닮아있습니다. 자신의 생을 이토록 잘 이끌어가기란 쉽지 않은데 말입니다. 힘든 일을 내 일이라며 날마다 밭으로 나가고, 지치지 않고 꾸려가는 일이 예사롭지 않았습니다. 천명을 받아들인 사람처럼 반복되는 일상을 당연하게 다시 시작하는 마음가짐이 보통사람이면서도 보통사람으로 보이지 않게 합니다. 사람이 아름다울 수 있음을 보여준 승리의 서사를 엮어가는 장인을 보았습니다. 분명히 삶의 장인이었습니다. 이런 분이 있어 제 삶에도 고마워하는 마음을 들여놓을 수 있었습니다. 진정으로 고맙습니다. 길

퇴계 오솔길(녀던길)

문학과 철학이 만나는 길이 바로 예던길, 퇴계 이황과 농암 이현보

　청량산에 들면 도적의 마음으로 왔다가도 선비의 마음으로 돌아가는 곳이란 생각을 해 봅니다. 청량淸凉이란 맑음 중에도 서늘하게 맑은 것이 선비의 마음이지요. 이황이란 큰 산 하나를 발견할 수 있는 곳이 청량산인 이유도 다 거기에 있었나 봅니다. 큰 산이 큰 인물을 끌어안고 있음을 확인하게 됩니다. 태초에 길이 있지 않았습니다. 길이 끝나는 곳에서 새 길이 다시 출발하는 것이 세상의 이치지요. 누군가 먼저 걸었을 뿐입니다. 길이 없으면 만들어가라는 하늘의 계시인 게지요. 처음으로 걸어간 그 누군가가 바로 자신이어야 함을 깨달아야 합니다. 남이 간 길을 따라가는 것이 인생이라고 하는데, 아닙니다. 여행이나 인생길은 자신이 만들어가야 하는 지난한 길이어야 더욱 가치가 있습니다. 내 길을 가는 것은 살아있는 자의 의무이기도 하고요.
　경상북도는 낙동강 프로젝트 사업의 일환으로 봉화군 청량산에 낙동강을 따라 옛 선비들의 유람길인 예던길을 복원하여 낙동강의 생태경관 자원과 역사·문화자원을 활용한 체험 길을 조성할 계획이라고 밝혔습니다. 아직은 예던길을 걸으면서 길을 잃어버리기 십상입니다. 십상이란 십상팔구의 줄임말이지요. 열에 여덟이나 아홉 정도로 거의 예외가 없음을 말하고 있습니다. 쓰면서도 모르는 것이 우리말이더군요. 예던길도 우리말이긴 한데 생소합니다. 옛말이기 때문입니다.

청량산에 들면 도둑의 마음으로 왔다가도 선비의 마음으로 돌아간다. 아름답고 맑아서다.

 이 길을, 농암종택을 지키고 있는 농암 이현보 선생의 17대 종손 이성원 씨가 퇴계 이황이 지났던 길이라 하여 '가다'의 예스러운 표현인 '예다'에서 '예던길'이라 이름 붙였습니다. 다른 이름으로 '퇴계 오솔길'이라 명명되어 있기도 합니다. 공식 명칭은 퇴계 오솔길이 맞습니다. 헌데 퇴계 오솔길의 이름은 왜 농암 이현보의 후손이 이름을 붙이는 일이 벌어졌는가, 궁금하지 않습니까. 퇴계를 만든 것이 농암 이현보라고 할 수 있기 때문입니다.
 퇴계는 농암이 놓아준 다리를 건너갔다고 말할 정도로 퇴계를 이야기할 때 농암을 빼놓고 이야기할 수 없습니다. 농암이 작은 존재가 아니었음에도 후학인 퇴계 이황을 위해 다리가 되어준 큰 선비였던 게지요. 세상의 이치에 잘 어울리는 선비를 속유俗儒라고 합니다. 세상이란 울타리를 허물어버리고 큰 원리를 받아들인 선비를 통유通儒라고 합니다. 농암은 통유의 큰 그릇이었습니다. 그럼에도 후학 퇴계 이황을 위하여 스스로 다리가 되어준 넉넉한 사내였습니다. 인생을 만들어갈 줄 아는 사내였던 게지요. 농암과 퇴계가 만날 당시 퇴계는 감히 농암을 처다볼 수 있는 존재가 아니었습니다. 고을의 수령과 경상도 관찰사를 지내고, 형조참판을 지낸 사람과 벼슬길은커녕 과거에도 급제를 못한 퇴계의 처지였으니 벼슬의 높낮이로 보나 나이로 보나 사회적인 위계로 보아도 도저히 만나기 어려운 사이였지요. 농암은 이미 문학적으로도 성숙의 단계에 들어가 있었으며 학문의 깊이도 농익은 단계였습니다. 퇴계는 발랄한 철학과 인생관을 가지고 있었지만, 사회적으로는 애송이였고요. 무엇보다 나이에서 현저한 거리를 보일 수밖에 없었습니다.

한고향 사람이기는 하지만 나이 차가 무려 서른네 살이나 납니다. 퇴계가 34세에 과거 급제할 때, 농암은 벌써 68세였습니다. 나이가 주는 거리감이 다른 어느 것보다도 컸겠지요. 보통 사람 같으면 농암의 나이는 벌써 이 세상 사람이 아니었을 시기지요. 그나마 두 사람 모두 그 당시 나이로는 천수를 누렸기에 이러한 만남이 가능했습니다. 나이도 트고, 벼슬의 위계도 트고, 마음도 트니 두 사람 간에는 통유의 하늘이 열리는 만남을 가질 수 있게 되었던 겁니다. 앞서간 사람이 뒤에 오는 사람을 위하여 다리가 되어주고, 뒤에 오는 사람은 기꺼이 그 다리를 건너 더 큰 세상을 열어가는 역사적인 만남과 헤어짐이 있었던 겁니다.

농암은 과거보러 떠나는 젊은 퇴계에게 격려의 시를 지어주었고, 이것으로 두 사람의 본격적인 인연이 시작됩니다. 퇴계는 공무 중에도 예안을 지나는 길이면 시간을 내어 스승인 농암을 찾아 인사를 드렸고, 휴가를 받아서는 농암과 강호의 즐거움을 함께 누렸습니다. 사제간이였지만 학문으로는 벗이었습니다. 하늘은 두 사람을 끌어안았습니다.

퇴계에게 생전의 농암은 나이로도 견수肩隨를 훨씬 넘어섰으며 벼슬로도 절석絶席에 해당되니 두 사람 간에 친함을 얻는다는 것은 실로 어려움이 따르는 일이었습니다. 견수란 5살 이상의 나이 차이가 나면 같이 걷지 못하고 한 발 뒤에서 따라가야 하는 것을 말하고, 절석이란 같은 자리에 함께 앉을 수 없을 만치 이미 높아져 감히 합석할 수 없게 된 것을 말하지만 농암은 퇴계와 이에 거리낌 없이 사제지간이면서도 벗 같은 교감을 나누었던 게지요. 그릇이 크면 받아들임의 품새 또한 큰 법입니다. 세상을 품으려는 사람이 세속의 법도에 얽매일 수 없는 것입니다. 여기서 우리는 농암의 대인다운 기질과 시인다운 풍모를 보게 되지요. 젊지만 활달한 정신세계를 가진 후학을 옆에 두고 함께 즐거움을 누릴 줄 알았던 농암이야말로 당대 시인 묵객들의 진정한 스승이었습니다.

　예던길이 퇴계의 오솔길이란 이름을 가진 것도 이러한 관계가 만들어낸 풍경을 고려한 것입니다. 도산서원에서 낙동강을 거슬러 청량산까지 이어지는 풍류와 절경이 어우러진 길입니다. 퇴계가 청량산에 있는 오산당, 지금의 청량사 아래 자리한 청량정사로 갈 때 지났다는 퇴계 오솔길의 백미는 농암종택에서 하류로 옹달샘까지 이어지는 강변길의 멋스러움입니다. 이렇듯 젊은 퇴계가 늙은 스승 농암을 찾아가던 길이 예던길이었습니다. 예던길은 학문의 길이었고, 사제의 길이었고, 사색의 길이었으며, 통유의 하늘을 걸머진 길이었습니다. 예던길은 절경을 품에 안았으나 제대로 볼 수는 없습니다. 퇴계가 걷던 그 시절에도 그랬겠지요. 우거진 나무줄기와 나뭇잎 사이로 조금 문을 열어주는 풍경에 걷는 즐거움이 한층 더했습니다. 시야가 확 열리는 즐거움이 없었던 것은 아쉬움이었지요. 전망대라도 몇 개 만들어주면 하는 마음이 간절했습니다.

퇴계는 이 길을 바라보던 풍경을 '그림 속' 같다 했고, 이 길을 지나는 것을 '그림 속으로 들어간다'고 했다.

굽이굽이 크게 휘어지는 낙동강을 거슬러 한 발 한 발 올라가다 보면 꿈틀 거리는 마음의 격정이 가라앉습니다. 연둣빛이 진초록으로 옷을 갈아입는 6월의 초입에도 혼자 길을 걷다 보면 꿈길을 걷는 듯합니다. 아마 그 옛날 퇴계의 가슴 한가운데를 흘러가는 서늘한 산바람이 감흥을 불러오게 했겠지요. 퇴계는 이 길에서 바라보던 풍경을 '그림 속' 같다 했고, 이 길을 지나는 것을 '그림 속으로 들어간다'고 했습니다. 정말 아름다운 길입니다. 아름다움은 산과 물이 만나고 그곳에 사는 사람들의 마을이 풍경 속에 들어가면서 완성되었습니다. 청량산과 낙동강 상류가 만나서 서로 교감을 주고받으며 흐르는 풍경을 만나는 일은 영광스러운 일입니다. 혼자 걷다가 노루가 놀라 도망가기도 하고 꿩이 바로 앞에서 푸드덕거리며 날아올라 기겁을 하고 놀란 건 저였습니다. 그만큼 지금의 모습이 바로 퇴계 이황이 걷던 길의 모습을 그대로 간직하고 있다고 생각됩니다. 개발되기 전에 걸어봄직 합니다.

문학의 이현보와 철학의 이황이 만나는 곳은 산수가 독자적으로 아름답듯 두 인물도 스스로 아름답다.

예던길은 도산서원에서 시작해서 농암종택에서 마무리가 됩니다. 물리적인 거리는 더 가지만 예던길이 사람과 사람의 통로가 주는 짙은 향기가 워낙 크기에 농암종택까지가 실제의 거리일 수 있습니다. 퇴계로 시작해서 농암에 이르는 길이 예던길이기 때문입니다. 예던길의 다른 이름인 퇴계 오솔길은 퇴계 자신의 길이자 사색의 길이었습니다. 살아있는 자가 생각하지 않으면 살아도 산 것이 아니고, 살아있는 자에게 진지함이 없으면 살아도 살아있을 이유가 없습니다. 성찰과 사유는 살아있음의 이유이고 가치이기도 합니다.

예던길은 큰사람과 큰사람이 만나는 통로였고 큰사람이 큰사람을 만나서 더 큰 세상을 열어간 길이었습니다. 완성을 향해 길은 열렸습니다. 퇴계退溪는 퇴계의 고향 지명인 토계兎溪로 물러난다는 뜻입니다. 퇴계가 55세 때 벼슬을 버리고 고향 토계로 은거했다는 소식이 들리자 농암은 시 한 수를 퇴계에게 보냅니다. 농암이 89세로 세상을 떠나게 되는 해이기도 합니다. 농암은 세상과의 이별을 앞두고 관직을 버리고 돌아온 퇴계가 못내 안타까워 시 한 수를 적어 보냅니다. 일부를 소개하면 "자네는 어찌 젊은 나이에 그리 하였는가 / 바르지 못한 이론 스스로 알고 비록 사람들은 말을 하나 / 훗날에 다시 그것을 옳고 그름을 다툴 일이나 없을지." 마지막 부분에 부연해서 이렇게 적었습니다. "이 사는 것이 모두가 잠깐 동안인데 헛이름 가지고 주인 손님 상관할 것 아니지." 세상 사람들이 옳고 그름을 따지고 탓할지라도 남아로서 세상에 자신의 뜻을 펴고 세우는 일이 필요한 것인데 어찌하여 젊은 그대는 일을 마다하는가, 라고 질타하는 듯합니다. 그러면서 마지막으로 '이 사는 것이 모두가 잠깐 동안인데 헛이름 가지고 주인 손님 상관할 것 아니지'라며 89년을 살아온 총체적인 결말을 한마디로 던지고 있습니다. 결국은 자네가 선택할 문제라는 것을 살짝 암시하고 있습니다.

희망과 낙망이 함께 어우러진 생을 살았고, 속박과 자유가 치열하게 겨루던 날도 견뎌왔고, 이제 아집과 욕망의 부질없음을 깨닫고 조용히 평화를 마음에 담은 노구의 학자가 퇴계의 귀향을 안타까워하면서도 사람을 경영하는 것은 스스로일 수밖에 없음을 말하고 있습니다.

농암은 우리나라 어부가의 전통을 처음으로 연 사람이기도 합니다. 농암은 화산 양로연에서 여자와 천민을 가리지 않았다고 합니다. 노구의 농암이 색동저고리를 입고 춤을 추어 부모님을 기쁘게 해 드렸다고도 하지요. 파격이 그를 키운 것은 큰 사람됨에 있습니다. 유학자이면서도 정신의 발원지를 사람에서 찾았기 때문입니다. 성리학이란 그릇의 원천은 학문 이전에 사람이었음을 지나치지 않았음을 봅니다.

격을 무너뜨린 후, 농암은 국문학사에서, 퇴계는 철학사에서 빛나는 인물이 되었습니다. 문학과 철학이 만나는 길이 바로 예던길입니다. 인생을 다 건너온 노구의 경륜과 생의 절정을 탐구하던 젊은 패기를 만나게 하는 장소가 예던길이었습니다. 출발지가 도산서원이거나 농암종택이거나, 종착지가 도산서원이거나 농암종택이거나 그 시원은 사람에게서 출발해서 사람에게로 마무리 지어지는 길이 예던길입니다. 사람과 사람의 만남으로 한 나라의 격이 높아질 수 있는 교우가 이루어진 길을 걷는 것은 축복입니다. 농암에 의한 국문학의 발전과 퇴계에 의한 유학의 정점을 확인 받을 수 있는 교유가 예던길에서 이루어졌습니다.

예던길의 중간 중간에는 당시의 선비들이 만나 학문을 이야기하고 세상을 바로잡아 보겠다고 호언하던 장소들이 있습니다. 선비의 자질로서 풍류를 빼면 허전하기 이를 데 없는 것이 조선의 양반사회였습니다. 절제가 따라야 하는 것이 풍류의 기본이기도 했지요. 농암은 문학자였습니다. 기질이 호방하고 활달했음을 보게 됩니다. 44년간의 벼슬길, 9개 고을의 수령과 경상도 관찰사를 지내고, 형조참판과 뒤이어 주어진 호조참판의 자리를 다 거치고 물러나 고향으로 내려옵니다. 이듬해 농암은 퇴계에게 편지를 보냅니다.

자네 옛적에 이곳에 살며 스스로 영지산인이라 불렀으나 이제 내가 먼저 돌아와 지산와사至山蝸舍를 차지하였으니 손님이 주인을 몰아낸 꼴이 아니고 무엇인가. 될 수 있으면 빨리 송사를 하여 찾아가는 것이 마땅할 것이네.

농암다운 발언입니다. 농암이 퇴계를 일러 영지산인이라고 말하는 까닭은 퇴계의 고향 토계에 있는 산 이름이 영지산이고, 젊은 시절 퇴계는 이곳에다 지산와사至山蝸舍를 지어놓고 글을 읽곤 했기 때문이었지요. 퇴계는 벼슬에서 물러나면 이곳으로 돌아와 와사蝸舍, 즉 달팽이집 같은 집에서 기거하고자 마음먹고 있었습니다. 그때까지 이황의 호는 퇴계가 아니라 영지산에서 따온 지산이었고요. 농암이 먼저 은퇴해 퇴계가 젊은 날 머물렀던 곳에 먼저 돌아와 자네의 거처를 빼앗은 꼴이니 송사를 벌이라는 농담이었지요. 농담 속에 사제의 정이 듬뿍 들어 있음을 보게 됩니다. 퇴계는 강직하고 빈틈없는 선비였음을 보게 되는데 농암은 보다 여유와 문학자다운 화통함을 가졌던 인물입니다.

　퇴계 이황은 개인사로 보면 고난이 많았던 인물입니다. 자식을 먼저 보내기도 하고 아내와 사별하고 나서 얻은 사람을 다시 잃기도 합니다. 인생사가 내 뜻대로 되지 않기에 우리는 의지라는 단어를 입에 달고 삽니다. 욕망을 다스리는 일이 번거로워서가 아니라 벅차서 운명을 이야기하기도 합니다. 퇴계를 모르는 사람도 없지만, 퇴계를 아는 사람도 없다, 라는 말처럼 조선 성리학의 완성자인 퇴계 이황에 대하여 많은 사람들은 엄격하고 깐깐한 유교의 정상에 올라선 학자라고 알고 있으나, '밤 퇴계와 낮 퇴계'라는 말이 있을 정도로 열정적이고 정감이 있는 인물이었나 봅니다. 퇴계는 과부가 된 며느리를 개가시켜 줄 정도로 도량이 넓었습니다. 퇴계는 사람 그 자체의 본성을 존중했으며, 그의 이기이원론의 근본적 사상도 자신을 우주의 중심에 놓는 것이었습니다. 운명이 있고 없고를 떠나서 사랑에는 어떤 변명도 사치도 필요 없을 듯합니다. 깔끔하고 곧은 성격의 퇴계에게도 거부할 수 없는 사랑이 찾아옵니다.

퇴계와 두향의 사랑은 행복했었던 때가 절정이 아니라 이별을 수습하고 정돈하는 자세에서 빛나다

부인과 사별한 후 새로 얻은 부인마저 사별하고 단양군수로 있을 때입니다. 당시 48살이었던 퇴계는 첫째부인 허씨를 산후 풍으로 잃고 나서 재혼을 하지만 둘째부인 권씨마저 두 해 전에 사별하고 홀로 지내고 있는 상태였습니다. 권씨는 죽기 전 실성하기까지 했었습니다. 정신 질환을 앓았던 부인 권씨를 부임지로 갈 때도 동행하며 진심으로 살갑게 챙겼고, 그 부인이 병을 앓다 결국 죽자 전실 자식들에게 장례를 친어머니같이 챙길 것을 당부했습니다. 죽은 아내의 기일에는 술과 기름진 음식을 멀리 하는 등 사람에 대해 성심이었던 퇴계의 삶은 질풍처럼 거칠었고 노도처럼 출렁였습니다. 단양군수로 부임한 지 한 달 만에 둘째아들을 잃어 비탄에 잠겨 있었으니 세상이 차갑고 허무했을 것입니다.

퇴계가 사랑한 여인의 이름은 두향이었습니다. 관기였고요. 가야금과 노래에 능하였고, 매화를 무척 좋아했던 관기 두향을 데리고 옥순봉을 유람하곤 하였습니다. 두향의 출현은 퇴계에게는 생의 위로이자 도피처였을 수도 있습니다. 기관의 장과 관기의 사랑. 퇴계의 나이 48세, 두향은 꽃다운 18세였으니 나이가 주는 결핍과 단절은 쉽지 않았을 테지만 두 사람은 감당할 수 없는 사랑에 빠지고 맙니다. 결코 바람직스럽지 못한 관계였을 사랑의 첫 단추는 이미 끼어지고 말았습니다. 옷을 입으며 옷깃을 여미듯이 단추는 채워지고 두 사람은 사랑에 빠졌습니다. 그러나 퇴계와 두향의 사랑은 사랑을 나누며 행복했었던 때가 절정이 아니라 이별을 수습하고 정돈하는 자세에서

500년이 넘은 목조건물 긍구당 내부모습이다. 미리 예약하고 가면 하루 묵어갈 수도 있다.

더욱 빛납니다.

　퇴계와 두향의 사랑은 아홉 달 만에 끝이 납니다. 퇴계가 풍기군수로 발령이 나 떠나가야 했습니다. 고을 수령의 임기가 보통 5년이었지만, 퇴계의 넷째 형 이해가 충청도 관찰사로 부임하게 된 것이 그 이유였습니다. 형제가 같은 도에서 근무하는 것이 온당치 않다 하여, 퇴계는 자원하여 고개 너머 경상도 풍기군수로 옮기게 됩니다. 육체적인 사랑은 끝이 납니다. 사랑하는 두향을 두고 가는 마음이나, 사랑하는 퇴계를 보내고 남아야 하는 두향의 마음은 갈피를 잡기 어려웠습니다. 급작스런 이별은 퇴계와 두향에게 큰 충격이었습니다.

　이별을 앞둔 마지막 날 밤, 밤은 깊었으나 퇴계와 두향은 말이 없었습니다. 드디어 퇴계가 무겁게 입을 엽니다.

　　내일이면 떠난다.
　　기약이 없으니 두려운 마음뿐이다.

두향은 말없이 먹을 갈고 붓을 들어서는 시 한 수를 써내려갑니다.

　　찬 자리 팔베개에 어느 잠 하마 오리.
　　무심히 거울 드니 얼굴만 야윗고야.
　　백 년을 못 사는 인생 이별 더욱 설워라.

두향은 떠나는 퇴계에게 수석 2개와 매화 화분을 정표로 건네주었습니다. 이날 밤의 이별은 결국 긴 이별로 이어졌습니다. 두 사람은 1570년 퇴계가 69세의 나이로 세상을 떠날 때까지 21년 동안 한 번도 만나지 않았습니다. 9개월을 사랑하고 21년을 그리워한 사랑이었습니다. 그리워하는 마음이야

가슴에 묻어놓고 문드러지는 아픔을 달래야 했습니다. 두향은 퇴계가 떠난 뒤 새로 부임한 수령에게 자신을 관기의 기적에서 빼내 줄 것을 부탁하고는 살아있는 날의 전부를 퇴계의 안녕을 기원하는 데 썼습니다.

퇴계가 도산서원에 머물 때 두향은 인편을 통해 난초를 보내왔고, 퇴계는 자기가 마시는 우물물을 두향에게 보냈습니다. 단양에서 함께 기르던 것임을 알아본 퇴계는 밤새 잠을 이루지 못했습니다. 이튿날 새벽에 일어나 자신이 평소에 마시던 우물물을 손수 길어 두향에게 보냈습니다. 두향은 그 물을 차마 마시지 못하고, 매일 아침 퇴계의 건강을 비는 정화수로 사용하였습니다. 퇴계는 늙어 초췌해지자 매화를 다른 방으로 옮기게 하였습니다. 두향이 준 매화를 곁에 두고서 자신의 초라한 모습을 매화에게 보일 수 없다고 했답니다. 사랑이 어떻게 하면 이렇게 맑을 수 있을까요. 사랑이 어떻게 하면 이렇게 투명하게 빛날 수 있을까요.

두향은 어느 날 그 정화수가 핏빛으로 변하는 것을 보고 퇴계가 죽은 것을 짐작하고 4일을 걸어 도산서원으로 찾아갑니다. 먼발치서 퇴계를 향해 절을 올리고는 돌아와 남한강에 몸을 던져 퇴계의 뒤를 따릅니다. 헤어진 지 21년 만에 퇴계와 두향은 죽어서야 만날 수 있었습니다. 두향의 묘는 지금 충주댐으로 생긴 충주호 곁 강선대에 있습니다. 수몰될 뻔하였으나 이장하였습니다. 세상을 떠날 때 퇴계의 마지막 한 마디는 이것이었습니다.

    매화에 물을 주어라.

퇴계가 운명하기 전 유언 같은 말의 깊은 곳에는 두향이 있었습니다.

    前身應是明月 전신응시명월
    내 전생은 밝은 달이었지

幾生修到梅花 기생수도명화
몇 생애나 닦아야 매화가 될까

  퇴계의 시 한 편입니다. 그때 두향이 퇴계에게 주었던 매화는 그 대를 잇고 이어 지금 안동의 도산서원에 그대로 피고 있습니다. 매화의 고운 자태와 향기는 여전하지만 두향은 이미 옛사람입니다. 생애 전반을 바치는 두향의 사랑은 아프기까지 합니다. 퇴계 또한 두향에 대한 사랑을 드러내지 못하고 안에서 태운 사랑이었습니다.

  퇴계는 매화를 사랑하였습니다. 매화라는 단일소재로 여든다섯 제목에 118편의 시문을, 그것도 자필로, 자서하여 우리나라 문학사상 유례없는 매화 시를 지을 만큼 매화를 아끼고 사랑하였습니다. 나이 60세에 완공한 도산서원에도 매화 여러 주를 심어 유명한 도산매원陶山梅園을 이룩하였습니다. 퇴계가 매화에 관하여 특별히 애착을 느낀 시기는 40대 후반에 관기 두향으로 부터 매화 한 그루를 선물로 받은 이후부터임을 알 수가 있습니다. 도산서원에 가시거든 매화나무를 스쳐 지나가지 마시고 두향과 퇴계의 사랑을 음미해 보세요. 지금쯤 매실이 초록빛으로 서늘하겠지요.

  지금도 퇴계 선생 종가에서는 매년 두향의 묘를 벌초하고 그녀의 넋을 기리고 있습니다. 두향에게 18년은 퇴계를 모르고 살아온 삶이고, 21년은 퇴계를 그리워하면서 산 생애입니다. 한 사람을 알고 나서는 그리움으로 일관된 생애를 살았습니다. 진정으로 사랑을 사랑답게 알지 못하는 사람하고는 예던길에 함께 가지 마세요. 영혼을 사랑할 수 있는 사람과 함께 예던길을 방문하시기 바랍니다. 그 사랑 영원할 수 있을 테니 말입니다. 퇴계가 두향에게 보낸 시입니다. 두향의 소식을 접하고 나서 물리적인 사랑이 멀어졌다고 아쉬워 말라는 은유로 들리니 저만의 생각일까요.

긍구당은 이곳의 절경과 어우러져 하나의 풍경이 된다. 농암종택의 상징적인 건물이다.

黃卷中間對聖賢 황권중간대성현
누렇게 바랜 옛 책 속에서 성현을 대하며

虛明一室坐超然 허명일실좌초연
비어 있는 방안에 초연히 앉았노라

梅窓又見春消息 매창우견춘소식
매화 핀 창가에서 봄소식을 다시 보니

莫向瑤琴嘆絶絃 막향요금탄절현
거문고 마주 앉아 줄 끊겼다 한탄을 말라

울진 금강송 군락지 길

왕이 살던 궁궐과 왕의 마지막 자리까지 함께한 금강송

나라에서 보호하던 나무가 있었습니다. 조선시대에 이 나무를 베면 곤장을 맞아야 했고 변방으로 추방되기까지 했습니다. 일반 백성이 함부로 베어 쓸 수 없었던 나무지요. 그런 꽃도 있었다고 하는데 능소화지요. 능소화를 상놈의 집안에 심으면 양반에게 불려가 곤장을 맞았다고 하는데 금강송은 한술 더 떠서 왕명으로 법으로 제정되기도 했습니다. 그렇습니다. 힘없는 놈은 낙락장송을 바라보기만 해야지 사용하는 것은 금지된 나무였지요. 지금도 마찬가지로 이 나무는 국가에서 보호하고 있습니다. 지존의 왕과 함께하게 된 것이 복 받은 것인지 길러져 재목으로 쓰여지는 것이 불행한 것인지는 가늠할 길이 없습니다. 죽어서 궁궐 같은 큰 집의 재목이 되든가 왕의 마지막 가는 자리에 함께 하는 나무가 금강송이었습니다. 영광과 비극은 동전의 양면처럼 하나의 줄기에서 따라 나오더군요. 줄기를 잡아당기면 영광만 나오는 것도 아니고 비극이나 치욕만 따라 나오는 것도 아니었습니다. 뒤섞여서 나옵니다. 인생길은 예정되지 않은 초행길이었거든요.

제가 이곳 금강송 군락지를 가다가 되돌아온 적이 있었습니다. 눈이 많이 내린 때였는데 어둠이 내리고 있었습니다. 입구까지 왔으니 그래도 보고 가야 한다며 차를 몰고 외길을 들어가는데 더 갈 수 없었습니다. 차바퀴가 겉돌고 외길에서 후진도 어려운 처지였습니다. 눈이 무릎까지 내렸거든요. 세상은 욕심으로 되는 것이 아니더군요. 아쉬움을 두고 발길을 돌렸던 기억이 납니다.

  금강송을 보러 가는 울진 금강송 군락지는 봉화에서 울진 사이의 불영계곡을 통과해야 만나게 됩니다. 이 길이 아주 환상적입니다. 불영사도 있습니다. 계곡을 끼고 한 바퀴 더 들어가야 불영사를 만나는데 색다른 기쁨을 만난 기분이 듭니다. 불영계곡을 끼고 도는 길은 사람이 자연과 만나서 하나의 풍경이 되게 하는 길이지요. 불영계곡에서 금강송 군락지를 찾아 접어들면 아주 작은 길을 만납니다. 외길이지요. 야생을 느끼게 하는 길입니다. 외길을 따라 들어가다 보면 송림지대가 펼쳐집니다. 여름에 다시 찾은 군락지는 좋더군요. 들어가는 좁은 길은 깊어만 갔습니다. 물을 끼고 난 길은 물의 이야기를 들어주며 가기에 적격이었지요.

  소나무, 우리에게 참 친근한 나무지요. 푸름의 상징으로 자리 잡았습니다.

소나무는 중국에서는 황제의 나무이고, 우리나라에서는 왕의 나무였다. 그 중 금강송은 궁에 재목으로 쓰이거나 왕의 관으로 쓰였다.

우리의 정서와 맥을 같이하는 나무지요. 어느 마을을 가나 산에 자리하고 있는 나무이기도 합니다. 봄·여름·가을·겨울, 사철 푸른빛을 잃지 않아 우리 민족의 절개와 자존심을 상징하기도 합니다. 울진 소광리 금강송은 그런 소나무 중에서도 전국 최고의 혈통을 가진 걸로 널리 알려져 있습니다. 우리나라에는 울진 서면 소광리와 영양 수비면 본신리, 봉화 석포면 대현리와 소천면 고선리 청옥산, 봉화 춘양면 서벽리가 금강송 군락지지요. 조선시대 궁궐이나 큰 절 등을 짓는데 쓰여 '소나무의 왕'이라 불리는, 수령 150년에서 500년 된 아름드리 금강송이 숲을 이루고 있습니다. 강원도 삼척과 경북 울진, 봉화, 영양의 금강송 군락지 중에서도 울진의 군락지가 국내 제일로 꼽힙니다.

금강송은 목재는 재질이 연하고 부드러우며 강인하고 무늬가 아름다워 건축용재, 일반용재, 펄프재 등으로 널리 쓰입니다. 솔잎, 내피, 송진, 꽃가루는 식용으로 가능합니다. 잎은 각기·소화불량 또는 강장제로, 꽃은 이질에, 송진은 고약의 원료 등에 약용으로 씁니다. 화분이 송홧가루지요. 송홧가루

금강송은 베면 곤장을 맞거나 변방으로 추방되기까지 한 보호수였다.

로는 다식을 만들어 먹었던 것을 기억합니다. 그리고 송기떡이라고 껍질로 떡을 해 먹는다고 하는데 이 사실을 아는 분이 드물듯 합니다.

금강송은 경상북도 울진에서 시작하여 백두대간을 중심으로 금강산 일대에 걸쳐 자라며 줄기가 곧바르고 마디가 길고 수피의 밑 부분은 회갈색, 윗부분은 황적색이고 결이 곧은 것을 말합니다. 금강송은 불리는 이름이 많습니다. 나무가 붉은빛을 띤다고 해서 적송이라고 하고, 봉화의 춘양역에서 모아졌다가 전국으로 흩어졌다고 춘양목이라고도 합니다. 춘양목이란 이름은 봉화·울진·삼척 등지에서 벌채한 질 좋은 소나무를 1955년 7월에 개통된 영암선의 춘양역을 이용해 열차편으로 서울 등지로 실어내던 것에서 유래됐습니다. 보다 정확한 이름은 황장목黃腸木입니다. 속이 노랗거나 붉은빛을 띤다는 의미지요. 황토를 묻힌 듯 불그스름한 껍질의 빛깔이 맑고 곱습니다. 옹이도 없이 말간 얼굴을 가졌습니다. 줄기가 휘어지지 않고 곧게 자랍니다. 곁가지는 없거나 짧고 가늡니다. 늠름한 모습을 하고 있는 잘생긴 나무지요. 얼마나 기품 있고 필요한 나무였으면 나라에서 벌목을 막는 경계표까지 해 놓았을라고요. 조금 더 설명해 볼까요. 금강송에 대한 사랑은 뛰어난 재질 때문입니다. 일반 소나무는 단단한 속 부분인 심재가 차지하는 비율이 52%인데 비해 춘양목은 몸통 속이 일반 소나무보다 훨씬 많아 심재율이 87%에 이릅니다. 나무의 강한 정도를 나타내는 압축강도는 춘양목이 640kg인 반면에 일반 소나무는 430kg, 휨강도는 금강송이 975kg인 반면에 일반 소나무는 741kg으로 조사되었습니다. 금강송의 재질 특성은 일반 소나무에 비해서 그 강도가 월등히 뛰어남을 알 수 있습니다. 금강송의 이런 특성은 미국이나 캐나다에서 수입한 미송보다도 재질이 더 뛰어난 것으로 보고된 바 있습니다.

우리 민족은 소나무에 대한 관심이 유달랐습니다. 멀리는 신라시대로까지 거슬러 올라갑니다. 신라의 화랑들이 소나무를 심었고, 고려시대에 들어와서는 1013년에 "성내의 송백남벌을 금함과 아울러 공용에 쓸 것 이외에는 시기에 어긋나서 벌송伐松함을 일체 금지하였다."는 기록이 있습니다. 소나무를 함부로 베어낼 수 없음은 천 년 전에 벌써 있었습니다. 지금 우리가 찾아간 울진의 금강송 군락지는 조선 후기 숙종 때 '황장봉산黃腸封山'으로 지정·관리해 왔으며 일반인의 이용을 금지해 왔습니다. 봉계표석은 자연석을 다듬지 않고 그대로 사용하였으며 높이는 195cm 정도 됩니다. 앞면에 새긴 표석의 내용은 "황장목의 봉계지역은 생달현, 안일왕산, 대리, 당성의 네 지역을 주위로 하고 이 지역을 '명길'이란 산지기로 하여금 관리하게 했다."고 적혀 있습니다.

현 정부에서도 1982년 이곳을 천연보호림으로 지정해 보호하고 있습니다. 조선시대에는 금산禁山과 봉산封山 제도가 있어서 소나무숲의 벌목금지가 엄하게 다스려졌지요. 태조는 즉위하던 해에 고려조 종묘의 소나무를 베지 말 것을 명했다는 기록이 있듯이 종묘의 소나무 벌채를 금하였고, 1398년 태조는 경복궁 왼쪽 언덕의 소나무가 말라죽자 부근의 민가를 다른 곳으로 옮겼는가 하면, 송충이가 종묘의 솔잎을 먹자 사람을 동원해서 그것을 잡게 하기도 하였습니다. 우리 민족은 소나무 사랑에 남달랐습니다. 어기면 어떠한 벌을 받았는가를 보면 조금 당황스럽기까지 합니다.

세조 7년에 금송에 관한 상벌을 상세하게 규정하였습니다. 가혹한 형벌이었지만 지난 일이니 재미삼아 보시지요. 소나무 1, 2그루를 벤 자는 곤장 100대, 산지기는 곤장 80대, 해당 관리는 매를 40대 맞아야 했습니다. 곤장 100대면 거의 초주검이 되는 상태지요. 쉽게 말해 야구방망이로 100대를 맞았다고 생각해 보세요, 사람이 살아남겠나. 벤 사람은 물론 산지기와 관리까지 처벌을 했으니 상당히 엄한 벌이었습니다. 소나무 1, 2그루 베었다고 인생을 접어야 할 판입니다. 3, 4그루를 벤 자는 곤장 100대에 군인으로 보내고 산지기는 곤장 100대, 관리는 곤장 80대였으니 그 벌이 너무 가혹하지만 현실이었습니다. 10그루 이상 벤 자는 곤장 100대에 전 가족을 변방으로 쫓아 보내고 그리고 산지기는 곤장 100대에 군인으로 보내고 관리는 곤장 100대에 파면시켰으니 얼마나 소나무에 대한 애착을 가졌는가를 알 수 있습니다. 반면 10년 동안 나무 한 그루 벤 사실이 없을 때에는 그 산지기는 상을 주어 산관직으로 승진시켰습니다.

  이제 좀 숨을 고르고 즐거운 이야기로 돌아가야겠습니다. 공부만 하면 질리거든요. 모범생하고 이야기하면 재미가 없는 것과 같지요. 인생에 모험을 들여놓지 않고 살았으니 밋밋하지요. 울진의 금강송 군락지를 대한민국에서 걷기 좋은 곳으로 만들 계획을 가지고 있다고 합니다. 인생은 한바탕 여행이잖아요. 여행 속에서 여행을 하는 즐거움도 별미지요. 맨발에 밟히는 숲의 흙이 자분자분 밟히는 감촉은 포슬포슬하지요. 솔잎이 주는 까칠함도 반갑게 느껴지기도 하고요. 낙락장송 밑에는 다른 나무들이 자라지 못한다고 합니다. 마찬가지로 왕과 그 일가를 위하여 백성의 존재는 가볍기 이를 데 없었습니다. 지금은 좋은 세상 됐지요. 적어도 법 앞에서는 평등함을 인정받거든요. 그 시절에는 법마저도 형평에 맞지 않았지요. 지존과 지존을 위하여 존재하는 사람이란 체계가 있었거든요.

  금강송 군락지에는 아픈 과거가 있습니다. 불영 계곡을 따라 올라오다 보면 황장봉계표석이 있었지만 일제강점기 때 마구 수탈을 당했습니다. 많은 소나무들이 일본의 관서지방으로 옮겨졌습니다. 해방 후 혼란기에는 마구 도벌되거나 남벌되고, 6·25전쟁까지 겪어야 했습니다. 줄기가 휘어진 나무들과 덜 자란 나무들이 사람들의 손길을 피할 수 있었습니다.

  그럼에도 울진 금강송 군락지에는 2백 살 넘은 나무가 8만여 그루가 있고, 그 중 5그루가 5백 살이 넘었습니다. 면적도 무려 천6백십만m^2에 이릅니다. 서울 면적의 2.5배가 넘습니다. 숲은 2006년도에서야 47년 만에 일반인들에게 개방이 되었습니다. 산림청에 의해 '22세기를 위해 보존해야 할 아름다운 숲'으로 지정되기도 할 만큼 그 가치를 인정받고 있습니다. 나무는 지하에 뿌리를 내려 정착하고 있지만 하늘로 가지를 뻗어 하늘에 살고 있습니다.

소나무 종류도 다양합니다. 머리에 지진이 난다고요. 한 가지만 더 상식으로 알아두면 좋겠습니다. 이시진은 『본초강목』에서 소나무류에는 2침, 3침, 5침의 구별이 있다고 했습니다. 2침은 적송, 해송, 반송이며, 3침은 괄자송이라고도 하며 백송, 리기다소나무, 테다소나무입니다. 5침으로는 오엽송섬잣나무, 잣나무 등이 있습니다. 그리고 소나무 잎의 수명은 얼마인지 아세요. 1년이라고요. 아닙니다. 2년입니다. 소나무가 늘 푸를 수 있는 건 2년 동안 살기 때문입니다. 소나무에 새잎이 돋아 1년생 잎이 되면 그 전 해에 났던 2년생 잎은 떨어지게 되고 새잎은 그 이듬해까지 푸름을 간직한 채 나무에 달립니다. 2년생 잎이 수명이 다해 떨어질 시기가 되면 또다시 새잎이 피어날 준비를 하기 때문에 소나무 가지에는 항상 1년이나 2년생 잎이 달려 겨울에도 푸른빛을 간직할 수 있습니다.

소나무가 우리에게 주는 감동은 남다릅니다. 쭉쭉 뻗은 소나무들이 군집을 이룬 숲을 보면 마음까지 든든하지요. 조경수로 소나무만한 것이 없습니다. 다른 어떤 나무보다도 소나무가 멋지지요. 숲을 걸을 때 비가 내리면 마음이 확 열립니다. 숲에서 비를 만나면 빗소리가 남다르거든요. 나뭇잎과 비가 만나는 소리가 빗소리지요. 빗소리는 다양합니다. 냄비 위에 떨어지거나 양철지붕 위에 떨어지는 소리는 그 나름대로 음감을 가졌습니다. 피아노를 치는 듯하기도 하고 천상의 음악 같기도 합니다. 숲에서 만난 비와 빗소리는 웅장한 교향악을 듣는 기분입니다. 거기다 바람까지 거칠게 불면 숲은 요동을 칩니다. 이리저리 쏠리는 바람 따라 숲은 거친 혼란에 빠지지요. 세상 전체가 움직이는 환각 같은 것을 보게 됩니다. 두려울 정도로 휘몰아치는 혼란을 만나게 됩니다. 저는 그럴 때 기쁨을 보게 됩니다. 그 거친 혼란이 자연 속에서는 통쾌한 자극이 되곤 합니다. 천둥과 벼락이 치는 날이면 저는 종종 산

나무로 공손하를 넣어 대접한 나무가 소나무松다. 500여 년이 된 소나무의 위용이 대단하다.

으로 가지요. 천상의 음악과 혼란을 동시에 듣는 기분이 들어 즐겨 산을 찾지요. 그러다 바람이 잦아들면 다시 빗소리가 숲을 깨웁니다. 다시 피아노 연주를 듣는 분위기로 바뀝니다. 온몸이 비로 젖어 빗소리를 들으면 상쾌하기 이를 데 없습니다. 비에 젖은 자는 다시 젖지 않는다는 시구가 있지요. 이미 젖은 자는 비를 두려워하지 않습니다. 비가 오면 비를 맞으러 나가는 저는 비 애호가지요. 벌판을 걸으며 빗소리를 듣는 것과 숲 속에서 빗소리를 듣는 것은 다르지요. 소나기가 내릴 때 산이나 벌판에서 비를 맞아보세요. 그리고 하늘을 올려다보세요. 바닥에 누워 하늘을 보면 비의 군무가 펼쳐지는데 닫혔던 가슴의 대문이 활짝 열리는 기분입니다. 거대한 비의 군무는 자연의 꿈틀거리는 행위 같습니다. 전율이 오지요. 군무는 후련하고 벅찬 감동을 줍니다.

　울진의 금강송 군락지도 커다란 기쁨을 줍니다. 비의 군무처럼 동적인 활력을 주지는 않지만 정적인 고요를 선물합니다. 격정과 고요. 두 개의 세계가 하나의 숲에 있습니다. 이 둘은 하나의 숲에 있으면서 만날 수 없습니다. 사람의 마음 안에 자리한 기쁨과 슬픔이 서로 딴 세상이듯 말입니다.

나무 목木자 옆에 벼슬이나 존칭을 쓸 때 사용하는 공公을 붙여 소나무를 대접

　금강석처럼 단단하다 하여 금강송이라 불렸다는 금강송 군락지에서 소나무의 진가를 확인해보시기 바랍니다. 용 비늘 같은 소나무의 껍질과 기상은 금강송을 바라보고 있으면 실감합니다. 소나무 껍질의 깊은 골을 바라보고 있으면 용의 피부 같습니다. 하늘로 승천하는 용처럼 보이기도 합니다. 생긴 것만큼의 기상을 가져서인지 소나무는 중국에서는 황제의 나무였으며, 우리나라에서는 왕의 나무였습니다. 중국 황제의 능이나 우리나라 왕의 능에 소나무를 심었습니다. 품격에 어울리는 나무지요. 절대강자를 상징하는 나무였던 것입니다. 소나무는 한민족과 생사고락을 같이해왔으며, 한자로도

모든 나무의 으뜸이라는 뜻으로 송松자를 씁니다. 나무 목木자 옆에 벼슬이나 존칭을 쓸 때 사용하는 공公을 붙여 소나무를 대접했습니다. 나무에게 공이라는 호칭을 사용하는 일은 소나무밖에 없을 듯합니다.

소나무는 우리 조상들의 그림과 글 속에서도 살아 숨쉬는 나무지요. 절개를 나타내기도 하고 견딤의 중심에 소나무를 놓기도 합니다. 휑한 허허로움 속에 선비의 절개를 표현했던 김정희의 '세한도'에서 보여지는 나무도 소나무였습니다. 육지뿐만이 아니라 섬까지도 소나무는 우리나라 사람의 중심에 있었습니다.

소나무의 이름에서도 우리 민족 특유의 소나무에 대한 존경을 엿볼 수 있습니다. 소나무의 줄임은 '솔'입니다. 솔의 뜻은 '으뜸'이고요. 이는 우리나라 사람들이 나무 중에서 소나무를 으뜸으로 생각했다는 것을 의미하는 예 중에 하나지요. 한민족이 소나무를 좋아하는 이유 중 하나는 이 나무가 늘 푸르면서도 오래 살기 때문입니다. 외양의 기품도 빼놓을 수 없는 이유 중 하나입니다. 어디에서 만나도 의젓하거든요. 소나무는 십장생十長生 중에 하나지요. 십장생은 해, 산, 물, 돌, 구름, 불로초, 거북, 학, 사슴 그리고 소나무가 한 자리를 차지하고 있습니다. 절반가량이 무생물이고 전설 속의 불로초도 들어 있습니다. 나무로서는 소나무가 유일합니다.

우리나라 소나무의 위력은 2005년 경상남도 창녕군 부곡면 비봉리에서 발굴한 신석기 시대의 통나무배에서도 확인할 수 있습니다. 카누처럼 생긴 통나무배가 바로 200살 정도 먹은 소나무로 만든 것입니다. 배는 현재 남아 있는 실물 기준으로 최대길이 310cm, 최대폭 60cm, 깊이 약 20cm의 배입니다. 두께는 2.0~5.0cm 정도가 됩니다. 현재까지 한국에서 출토된 고려시대 이전 선박으로 발견된 실물로는 경주 안압지 출토 통일신라시대 배가 가장 오래된 배인데 8세기경의 배입니다. 다음으로 완도선과 십이동파도선이 11세기, 안좌도선이 13~14세기 정도 됩니다. 이 배의 중요성은 지금까지 발견된 배와는 변별성이 있습니다. 모두 역사시대에 속한 반면 비봉리에서 발견된 배는 선사시대의 배입니다. 비봉리의 배는 약 8천 년 전의 배입니다. 일본에서 가장 오래된 배로 알려진 도리하마鳥浜 1호나 이키리키伊木力 유적 출토품보다 무려 2천 년 이상 앞선 것입니다. 현재 이 배는 보존처리 중이라고 합니다. 8천 년을 견뎌온 나무가 소나무였습니다. 대단합니다.

한국인이 가장 좋아하는 나무를 조사하면 단연 1위로 소나무가 차지합니다. 한민족의 심정 속에 자리한 나무지요. 굽은 나무는 굽은 대로 정취가 있고, 곧게 자라 하늘을 찌르는 나무는 낙락장송인 대로 우리의 가슴에 머물러 있는 나무가 소나무지요. 소나무는 우리의 가슴 깊은 곳까지 침투하고 있습니다. 울진의 금강송 군락지를 찾아가기는 멀지만 먼 만큼 감동 또한 클 것입니다. 우리나라에서만 자라나는 금강송은 자랑이기도 합니다. 금강송 군락지를 찾아오시려면 들러야 하는 불영계곡은 왕피천의 지류인 광천이 휘어지고 뒤틀리면서 흘러내려 만들어낸 골짜기지요. 왕피천王避川의 유래는 이름에서 느낄 수 있듯이 왕이 피난한 냇가라는 뜻 그대로입니다. 고려 말 개혁을 이끌었던 공민왕이 홍건적의 난 때에 피난 간 하천이지요. 원나라로부터 독립하려 무진 애를 쓰기도 했던 왕입니다. 원의 간섭과 홍건적의 침입까지 겹쳤으니 침통한 심정이야 물어 무엇 하겠습니까. 왕이 피난 가던 마을 이름도 남아있습니다. 왕피리王避里라고요. 민족의 아픔이 그대로 묻어나 있는 마을이름이지요. 왕이 왕도인 개성을 버리고 떠났으니 백성은 어떻게 살아야 하나 막막했겠지요. 왕의 피난길이 이토록 후미지고 깊은 골짜기였으니 고생이 말이 아니었을 것입니다. 산은 높고 깊은 골을 지나는 왕의 피난 행렬, 그때는 겨울이었거든요. 공민왕이 이 산을 넘을 때 한 나라의 왕으로서 피난길을 선택한 자신의 처지가 한심하고 고생이 한스러워 통곡을 하였다고 해서 통곡산이라고 하였는데 지금은 통고산이라고 부른답니다. 이 일대의 이름들도 재미있습니다. 통고산이나 왕피리라는 곳의 지명부터 그렇

소나무 연리목. 얼마나 질긴 인연이고 사랑했으면 저렇게 안고 천 년을 살아갈까.

지만 속사 임광터·뱀밭·햇내·거리굿·시리들·톱거리 같은 토종 우리 이름이 남아있습니다. 가을에 서리가 가장 먼저 내렸다는 서리두들 또는 서리들도 있습니다. 재미있습니다. 우리의 지명은 우리의 산하와 잘 어울리지요. 지명에 어울리는 말을 기막히게 만들어냈고 절묘하게 뜻을 전달하거든요. 그중 임광터는 공민왕이 피신했던 곳이라고 합니다. 지금이니 그렇지 불영계곡 왕피천은 정말 깊은 골짜기입니다. 지금도 수달이 살고 연어와 은어가 올라오는 곳이거든요. 1급수를 유지하고 있는 곳이기도 합니다.

'등허리 긁어서 안 닿는 곳'이 울진이라고 했습니다. 『택리지』에도 '한때 유람하기는 좋으나 오래 살기는 불편한 곳'이라고 경북 울진을 기록하고 있습니다. 울진은 그만큼 우리나라에서 오지에 위치하고 있습니다. 울진에서도 불영계곡 왕피천은 더 깊은 골이었습니다. 그만큼 골이 깊어 사람이 들어오기에 힘이 들었던 곳입니다. 그러한 곳에 보물처럼 금강송이 군락을 이루

150년 된 것부터 500여 년이 된 아름드리 소나무가 숲을 이루고 있다.

고 있으니 얼마나 고마운 일입니까. 해가 늦게 뜨고 해가 일찍 지는 곳. 게으름을 다 피우고 늦으막히 떠올랐다간 홀딱 넘어가는 해를 잠깐 볼 수 있는 곳이 금강송 군락지입니다. 산촌의 낮은 짧은 만큼 밤은 길어 겨울을 나기에는 춥고 배고프지요. 먹을 것 부족하고 입을 것 없는 두메산골에서 생을 일구어온 사람들이 대견하기만 합니다. 아침을 일찍 보기 위래 금강송 군락지 근처에서 잠을 청하고자 민박을 찾던 중에 불영계곡 찻길에서 차를 세워놓고 먹을거리를 파는 마음씨 좋은 아줌마에게 막걸리 한 잔과 라면을 시켰습니다. 어찌나 막걸리가 단지 시원하게 한 잔을 했습니다. 어둠이 내리고 있었는데 호롱불 하나 걸어놓고 라면을 먹었지요. 라면도 참 맛있었습니다. 시장이 반찬이었던지 눈 깜짝할 사이에 해치워버렸지요. 구수한 강원도 사투리가 여름날의 으스름한 밤을 허전하지 않게 하더군요. 오는 사람마다 라면을 시키더군요. 라면은 국민 식품이었습니다. 옆 사람은 못 먹는 막걸리를 한 잔 하고는 얼굴이 빨개져 있는 모습이 귀엽기도 하고 재롱이라도 부릴 듯한 모습이더군요. 아마 여행 중에 막걸리 한 잔으로 바람을 닮아보고 싶었던 사람인가 봅니다. 고운 분이었습니다. 술을 못하는 분이었는지 한 잔에 얼굴이 빨개지더군요. 감자떡과 엿을 사먹는 불영계곡의 밤은 아주 빨리 찾아왔습니다. 어둠이 주는 여름날의 넉넉한 한때가 기울어가고 있었지요. 물소리가 귀를 씻어주고 바람소리가 마음을 씻어주더군요. 산촌의 밤은 금방 깊어졌습니다. 저는 서둘러 민박을 찾았습니다.

　울진 소광리 금강송은 우리 고유의 희귀 수종입니다. 다른 지역에서도 간혹 심재부가 붉은 적송이 발견되나 금강송이라고 인정하지 않는 게 일반적인 의견입니다. 소나무 중의 소나무, 기개와 절개, 장수를 상징하는 우리 민족의 대표적 소나무인 울진 소광리 금강송을 세계자연유산으로 등재하기 위한 작업이 시작됐습니다. 유전자 보호를 위해서입니다.

　금강송 군락지의 가장 오래된 소나무는 1480년 성종 9년에 심은 것으로 추정됩니다. 그때 심었다는 기록이 있으니 추정이 가능합니다. 못난 자식이 효자 짓 한다는 말과 마찬가지로 등 굽은 소나무가 선산을 지켜 아직 살아 있습니다. 일제강점기와 그 이후에도 구불구불하고 볼품없고 목재 가치도 없어 내버려둔 게 아직까지 이렇게 살아남았으니 그렇습니다. 잘 자라주어 고맙지요. 당시엔 못생겼는지 모르지만 지금은 가장 오래된 소나무로 굽은 게 오히려 멋스러워 보입니다. 울진 소광리 금강송 군락지에 가시면 이것 하나는 빠뜨리지 말고 보고 오시기 바랍니다. '금강송과 참나무의 공생목'입니다. 연리지라고 하지요. 같은 수종끼리 연리목은 드물게 있지만 참나무와 금강송이 몸으로 끌어안으며 수십 년간 공생하고 있는 모습은 더욱 보기 어렵습니다. 연인들의 사랑하는 모습을 보는 듯합니다. 120년 된 금강송과 80년 된 떡갈나무입니다. 금강송이 자라면서 수십 년 뒤 나온 참나무를 감싸 안으며 자란 모습이지요. 아름답습니다. 같이 가신 분이 있으시다면 연리목처럼 꼭 붙어서 한 생을 꽃피우시기 바랍니다. 행복하시고요. 길